Marie-Agnès
NICOLLE
1995

COMMENT APPRENDRE L'AUTODISCIPLINE AUX ENFANTS

Conception graphique de la couverture: Katherine Sapon
Photo: SuperStock

Pour vous familiariser avec l'approche décrite dans cet ouvrage, vous pouvez participer à une formation ou obtenir une consultation en communiquant avec les organismes suivants:

Canada: **Actualisation,** Place du Parc, C.P. 1142
300, Léo-Pariseau, bureau 705, Montréal, H2W 2P4
Tél.: (514) 284-2622 Télécopieur: (514) 284-2625

France: **Formation Gordon France**
22, rue Royale, 75008 Paris
Tél.: (1) 42.60.16.30 Télécopieur: 40.15.09.38

Belgique: **École des parents et des éducateurs**
14, Place des Acacias, B-1040 Bruxelles
Tél.: (2) 733.95.50 Télécopieur: 733.02.26

Suisse: **Gordon Suisse Romande**
C.P. 23, CH 1224 Genève
Tél.: (22) 49.79.63 Télécopieur: 49.24.23

DISTRIBUTEURS EXCLUSIFS:

- Pour le Canada et les États-Unis:
  LES MESSAGERIES ADP*
  955, rue Amherst, Montréal H2L 3K4
  Tél.: (514) 523-1182
  Télécopieur: (514) 939-0406
  * Filiale de Sogides Ltée

- Pour la Belgique et le Luxembourg:
  PRESSES DE BELGIQUE S.A.
  Boulevard de l'Europe, 117
  B-1301 Wavre
  Tél.: (10) 41-59-66
  (10) 41-78-50
  Télécopieur: (10) 41-20-24

- Pour la Suisse:
  TRANSAT S.A.
  Route des Jeunes, 4 Ter
  C.P. 125
  1211 Genève 26
  Tél.: (41-22) 342-77-40
  Télécopieur: (41-22) 343-46-46

- Pour la France et les autres pays:
  INTER FORUM
  Immeuble ORSUD, 3-5, avenue Galliéni, 94251 Gentilly Cédex
  Tél.: (1) 47.40.66.07
  Télécopieur: (1) 47.40.63.66
  Commandes: Tél.: (16) 38.32.71.00
  Télécopieur: (16) 38.32.71.28
  Télex: 780372

THOMAS GORDON

COMMENT APPRENDRE L'AUTODISCIPLINE AUX ENFANTS

Traduit de l'américain
par Louise Drolet

actualisation

le jour,
éditeur

Données de catalogage avant publication (Canada)

Gordon, Thomas, 1918-

Comment apprendre l'autodiscipline aux enfants

(Actualisation)
Traduction de: Teaching children self-discipline — at home and at school.
Comprend des références bibliographiques: p.

ISBN 2-89044-427-9

1. Enfants — Discipline. 2. Maîtrise de soi chez l'enfant. 3. Discipline scolaire. I. Titre. II. Collection.

HQ770.4.G6714 1990 649'.64 C90-096763-3

L'ouvrage original américain a été publié par Random House
sous le titre *Teaching Children Self-Discipline*
(ISBN: 0-8129-1780-4)

Dépôt légal: 4e trimestre 1990
Bibliothèque nationale du Québec

ISBN 2-89044-427-9

Préface

Dans ce nouveau livre, Thomas Gordon, s'appuyant sur de nombreuses recherches, démontre l'inefficacité de la discipline imposée pour développer l'autonomie chez l'enfant.

La discipline imposée obtient des résultats immédiats grâce à la peur, la soumission et la dépendance. Difficile de former ainsi des adultes courageux, créatifs et autonomes dans leur vie personnelle, sociale et professionnelle!

Quand on veut «obtenir» un comportement ou une attitude d'un enfant, on a deux moyens d'y parvenir: le forcer ou l'influencer. Le motiver demande plus de communication, d'écoute, d'authenticité, de confiance et de soutien.

Ces éléments sont indispensables pour aider l'enfant à construire une solide estime de soi, élément clé d'une personnalité accomplie et d'une vie réussie.

Utilisant l'approche de Thomas Gordon depuis 1977, j'ai constaté que les principes énoncés dans ses livres et les procédés enseignés dans ses stages amélioraient considérablement la qualité de relations entre les adultes et les enfants grâce à leur simplicité, leur authenticité et leur efficacité.

Ce modèle clair et à la portée de chacun repose sur cinq fondements de la psychologie de la communication.

Quand on éprouve une difficulté dans la relation avec un enfant, on constate un manque dans un ou plusieurs de ces cinq points:

- notre perception de l'enfant (et de nous-mêmes)
- notre compréhension de l'enfant
- notre affirmation
- notre processus de résolution des conflits
- notre reconnaissance de l'enfant.

Pour chacun de ces points, Thomas Gordon offre une réponse efficace:

- pour clarifier notre perception: la fenêtre d'acceptation
- pour améliorer notre compréhension: l'écoute active
- pour nous affirmer plus clairement: le message «je»
- pour exclure le rapport de force: la méthode de résolution de conflits sans perdant
- pour créer un vrai climat de reconnaissance: le message d'appréciation

Aujourd'hui, les entreprises investissent d'énormes budgets dans la formation humaine pour pallier les lacunes de nos systèmes éducatifs (formation à l'écoute, à l'affirmation de soi, à la négociation, à la prise de décision, au leadership, etc.).

Et si toutes ces habiletés pouvaient s'apprendre dès le plus jeune âge? Et s'il y avait des moyens simples et fondamentaux de développer l'estime de soi et le potentiel des enfants? Combien de comportements d'agression ou de repli sur soi, de sentiments d'exclusion ou de non reconnaissance seraient évités! Les enfants apprendraient à développer leur confiance en soi, leur autonomie, leur responsabilité, leur sentiment d'appartenance et sauraient choisir plus librement leurs valeurs.

Pour cette raison, par ses recherches et son enseignement, Thomas Gordon apporte une contribution importante à la création d'un monde sans perdant.

L'utilisation des procédés qu'il décrit ici peut faire une différence véritable dans nos systèmes éducatifs à la recherche de nouvelles valeur, si nous nous engageons enfin à développer l'être autant que le savoir.

Stéphane Donadey
Responsable de la formation
GORDON France

La discipline: une idée controversée

La discipline est devenue une question très à la mode. C'est le plus fréquent sujet de querelle entre maris et femmes. Il inspire de fougueux débats au sein des associations de parents et de professeurs ainsi que dans les conseils d'administration scolaire. La discipline stricte, qui englobe le droit (et le devoir) des parents de punir leurs enfants, constitue un point critique de la plate-forme électorale de la majorité bien-pensante et des soi-disant partisans de la vie de famille. En outre, selon les sondages, la discipline se situe au premier rang des préoccupations parentales.

Il est clair que la discipline est devenue une question politique, juridique, éducative, religieuse et familiale qui divise fortement les parents, les enseignants, les moniteurs, les administrateurs scolaires et les autres personnes qui s'occupent de nos enfants.

Les étagères des librairies regorgent d'ouvrages destinés aux parents. On y voit des titres tels: *Liberté et autorité devant les enfants, Éducation stricte ou éducation libérale, L'autorité des parents dans la famille*, etc.

On peut juger de la popularité du sujet en constatant le nombre d'articles de journaux et de magazines qui lui sont consacrés. Voici un tout petit échantillon des titres d'articles sur la discipline et les châtiments dans nos écoles que j'ai rassemblés:

> L'Angleterre met fin à la pénible tradition de la discipline scolaire.
> Finie la fessée.
> La lanière de cuir officiellement bannie de nos écoles à compter du 1er novembre.
> Les écoles de Santa Fe envisagent d'interdire les châtiments corporels infligés aux enfants.
> Les punitions corporelles bannies des écoles de Spokane.
> Moniteur poursuivi en justice pour avoir frappé une adolescente.
> Du ruban adhésif sur la bouche.
> Un professeur laisse ses élèves maltraiter une fillette de onze ans.
> Le projet de loi sur les châtiments corporels infligés aux élèves fait l'objet d'une lutte continuelle.
> Châtiments corporels à l'école: 29 professeurs sont suspendus de leurs fonctions.

Il est clair, également, que la question de la discipline entraîne un conflit *intérieur* chez la plupart des parents. En effet, la majorité des parents qui s'inscrivent à notre programme *Parents efficaces* sont partagés entre la sévérité et la tolérance. Une mère avoue: «J'ai été sévère avec mon premier enfant et cela n'a pas marché, aussi ai-je opté pour la tolérance avec le second.» Une autre reconnaît: «Je ne veux pas être aussi stricte et autoritaire que mes parents, mais j'emploie contre mon gré les mêmes méthodes, les mêmes *mots* qu'eux et je me déteste.»

De nombreux enseignants sont aux prises avec le même dilemme. Ils veulent être chaleureux, aimables et tolérants et se voient devenir le maître traditionnel, sévère et autoritaire que chacun de nous a connu à un moment ou l'autre de ses années d'école. Les enseignants reçoivent encore le vieux conseil de ne pas sourire à leurs élèves avant d'avoir traversé la moitié de l'année scolaire.

Comment définit-on la question de la discipline? Comment l'exprime-t-on? Que disent les tenants des diverses approches aux parents et aux enseignants? Étudions ces questions de plus près.

> Plusieurs discours d'administrateurs publics invitent à «remettre cette bonne vieille discipline à l'honneur», «renforcer les codes de discipline et appuyer les enseignants qui les appliquent». (Cordes, 1984)

Devant le problème de la violence dans les écoles, on souligne la nécessité de renforcer la discipline; on plaide en faveur d'une «autorité» accrue dans la façon dont enseignants, directeurs et administrateurs règlent les problèmes liés à la discipline.

Certains chercheurs en sciences sociales, notamment des psychologues, ont affirmé qu'il est *inefficace* et même nuisible d'imposer une discipline stricte et punitive aux enfants et aux jeunes. William Wayson, président d'un comité sur la discipline au sein de la prestigieuse association d'éducateurs que représente la Phi Delta Kappa, et professeur à l'université de l'Ohio, témoignait récemment à une audience du Congrès des États-Unis:

> Si elles ne s'accompagnent pas d'efforts importants visant à faire participer l'élève et à l'aider, les politiques restrictives entraînent inévitablement une *dégradation* de la discipline et même la violence ou encore l'expulsion des élèves qui ont le plus besoin d'attention et la méritent le plus... (Cordes, 1984)

Le rapport poursuivait en expliquant que les écoles de qualité se caractérisent par: la coopération entre maîtres et élèves et entre parents et maîtres; la prise de décisions selon un mode démocratique; des méthodes visant à inculquer aux élèves un sentiment d'appartenance et de propriété; des règles destinées à promouvoir l'autodiscipline plutôt qu'une dépendance machinale envers les règlements des adultes; un programme et un enseignement stimulants et intéressants; la capacité des élèves et du personnel de régler leurs problèmes personnels; des installations et des structures hiérarchiques aptes à renforcer cette approche.

Irwin Hyman, psychologue spécialisé dans l'enseignement et directeur du National Center for the Study of Corporal Punishment and Alternatives (Centre national pour l'étude des punitions corporelles et des solutions de rechange dans les écoles affiliées à l'université Temple), affirmait devant un sous-comité de la Chambre:

> Bien que les enseignants soient victimes de violence, l'attitude punitive à l'égard des enfants qui caractérise l'enseignement aux États-Unis représente davantage une cause qu'une solution à la mauvaise tenue des élèves... «Cette bonne vieille discipline» est le moyen le moins efficace de modifier le comportement des élèves... (Cordes, 1984)

Dans une lettre adressée à l'assemblée législative de la Californie, le célèbre psychologue behavioriste B.F. Skinner écrivait:

> J'ai entendu dire que les groupes fondamentalistes organisaient une campagne pour protester contre le projet de loi visant à abolir les châtiments corporels dans les écoles californiennes; ces groupes faussent la lettre du projet de loi en prétendant qu'il risque d'empêcher la prévention du terrorisme et d'autres formes de violence dans les écoles. Cette idée n'a, bien sûr, aucun fondement. (Quelle ironie de constater que les gens se rangent de ce côté et emploient de telles stratégies au nom d'un Dieu d'amour et de vérité!)
> Qu'elles soient administrées par la police, par les enseignants, par les époux ou par les parents, les punitions produisent toujours le même effet: 1. fuite (que les professeurs nomment «absence non autorisée»; 2. contre-attaque (vandalisme et agression contre les professeurs); et 3. apathie (l'élève se renfrogne et ne fait rien)... L'une des conséquences immédiates de ce projet de loi serait d'encourager les enseignants à chercher d'autres façons de tenir leurs élèves, ce qui pourrait s'avérer plus efficace à long terme. (Skinner, 1986-1987)

Aux États-Unis, la discipline à l'école fit les manchettes en 1977 lorsque le recours aux châtiments corporels fut contesté devant la Cour suprême dans l'affaire *Ingraham* contre *Wright*. Cette affaire impliquait deux adolescents que le directeur de l'école avait battus avec des palettes de bois. Les jeunes avaient subi de graves blessures; si graves, en fait, que si les parents avaient été en tort, l'hôpital aurait été forcé de déposer une plainte contre eux. En dépit de cela, le jury décida avec une mince majorité que les corps de nos élèves n'avaient pas le droit à la même protection que la Constitution offrait déjà aux adultes, y compris les détenus. Prenant la parole au nom de la majorité, le juge Black soutint que les élèves n'avaient pas besoin de la protection offerte par le huitième amendement qui interdit l'emploi de punitions cruelles et inhabituelles dans notre pays. Le juge Lewis Powell déclara, pour sa part, que l'application de la procédure légale dans les écoles pourrait «empêcher les enseignants de faire respecter la discipline dans la classe». Il affirma également que la «correction des enfants récalcitrants constitue depuis toujours une façon acceptable de promouvoir le bon comportement et d'inculquer des notions de responsabilité et d'étiquette aux élèves espiègles».

Certains lecteurs seront peut-être surpris d'apprendre que seulement huit États américains ont promulgué des lois interdisant l'emploi de châtiments corporels dans les écoles: la Californie, Hawaï, le Maine, le Massachusetts, le New Hampshire, New York, le Rhode Island et le Vermont.

Le débat sur la discipline fit l'objet de fougueuses discussions en Suède, il y a quelques années, lorsque le Parlement adopta un projet de loi visant à interdire aux parents non seulement d'administrer des punitions corporelles aux enfants, mais également de les insulter ou de leur infliger tout traitement susceptible de les plonger dans la détresse. Le projet de loi fut adopté malgré une forte opposition. Il y avait belle lurette que les Suédois avaient banni les châtiments corporels des *écoles*.

En Chine, les professeurs qui lèvent la main sur les élèves sont passibles de châtiment. À Singapour, les directeurs et certains professeurs peuvent frapper les garçons de plus de dix ans qui ont commis une faute grave, mais on épargne les fillettes. Les Japonais ont interdit les châtiment corporels après la Seconde Guerre mondiale mais ils outrepassent souvent la loi en invoquant le peu de rigueur de leurs punitions. En Turquie, il y a un dicton qui dit: «Là où frappe le professeur, une rose fleurit.» En Amérique latine, où les châtiments corporels sont officiellement interdits, on utilise encore la lanière de cuir dans certaines régions rurales. Au Kenya, les punitions corporelles sont permises, mais dans le cadre de règlements si sévères qu'elles frisent le rituel: seul le directeur de l'école peut les administrer en présence de témoins et elles doivent être décrites en détail dans un «livre des punitions» mentionnant même le nombre de coups de bâton; en outre, elles ne s'appliquent qu'aux infractions exceptionnelles comme le mensonge, la brutalité et l'ivresse. En Belgique, le professeur qui frappe ses élèves est passible d'emprisonnement. En Thaïlande, toute punition doit être infligée avec un bâton dont le diamètre n'excède pas deux centimètres.

La plupart des pays industrialisés ont adopté des lois qui interdisent les châtiments corporels dans les écoles. Mentionnons entre autres l'Autriche, la Belgique, Chypre, le Danemark, l'Équateur, la Finlande, la France, l'Islande, l'Irlande, Israël, l'Italie, le Japon, la Jordanie, le Luxembourg, l'île Maurice, les Pays-Bas, la Norvège, le Portugal, le Qatar, la Roumanie, l'Espagne, la Suède, la Suisse, la Turquie et l'URSS (Bacon et Hyman, 1976). La Pologne, croyez-le ou non, a aboli les châtiments corporels dans ses écoles en 1783.

Quelqu'un m'a déjà fait remarquer qu'à quelques exceptions près, ce sont les pays qui ont déjà été sous la tutelle de l'empire britannique qui tolèrent encore les punitions corporelles dans leurs écoles, par exemple l'Écosse, le pays de Galles, les États-Unis, l'Afrique du Sud, l'Australie, le Canada, les Bermudes. (L'Angleterre elle-même a fini par les abolir dans ses écoles d'État en 1986.)

En Russie, la controverse entourant la discipline connut un regain de vigueur dans les années trente à la suite de la publication d'un livre d'un illustre enseignant russe, A.S. Makarenko. Cet ouvrage devint un best-seller en Russie. Makarenko formulait des idées provocantes et controversées, car il critiquait ouvertement la famille excessive des parents et 2) dépendance des parents envers les châtiments corporels. (Makarenko, 1967)

La discipline occupe désormais une grande place parmi les questions religieuses. Sous la bannière «pro-famille» de la majorité bien-pensante, plusieurs groupements religieux s'opposent fortement aux mouvements en faveur des droits des enfants. Ils condamnent les cheveux longs, l'éducation sexuelle, la liberté d'expression, la musique rock et la liberté sexuelle des adolescents qu'ils voient comme des symboles de l'échec des parents à imposer leur «autorité» aux enfants. Ils appuient fortement les familles patriarcales où le père a non seulement la responsabilité mais le *devoir* de discipliner ses enfants et de les garder sous sa férule.

Le populaire écrivain catholique James Dobson préconise une discipline rigoureuse envers les enfants. Dobson est évidemment soucieux de préserver l'intégrité de la famille mais, à son avis, cela n'est possible que si les parents «osent imposer une discipline» comme l'indique le titre d'un de ses ouvrages (Dobson, 1970).

Dobson explique pourquoi la discipline est reliée à la religion dans son esprit. Il croit qu'on doit obéir à ses parents pour apprendre à obéir à tous les autres adultes et, ultimement, à un être suprême. Les parents chrétiens devraient exiger ni plus ni moins que l'obéissance absolue (Dobson emploie l'euphémisme «soumission»). À la lumière de ces convictions, on comprend facilement pourquoi la révolte apparaît comme le pire des crimes: «[Les parents] reconnaissent les dangers de la provocation délibérée telle que l'exprime Samuel (15:23): «Un péché de sorcellerie, voilà la rébellion, un crime de teraphim, voilà la présomption!» (Dobson, 1978)

À la suite d'une autre série d'événements, la discipline fit l'objet d'importantes discussions chez les professionnels de la santé. En 1962, un médecin du nom de C. Henry Kempe et ses associés publièrent dans le *Journal of the American Medical Association* une étude désormais classique intitulée: «Le syndrome de l'enfant battu» (Kempe et al., 1962). Cette étude pavait la voie des recherches subséquentes sur la pathologie cancéreuse qui prévaut dans notre société sous le terme «violence faite aux enfants». Vers la fin des années soixante, on adopta des lois obligeant les médecins et les hôpitaux à signaler tous les cas de violence à des organismes chargés de faire appliquer ces lois. À l'heure actuelle, plusieurs États et pays obligent quiconque est témoin d'actes violents à l'endroit des enfants à le signaler. Plusieurs centres de recherche et d'intervention ont été créés afin d'accroître et de répandre les connaissances sur les causes de la violence faite aux enfants et d'élaborer des méthodes de prévention.

J'ai touché de près cette question lorsque je siégeais au conseil consultatif du National Committee for the Prevention of Child Abuse (NCPCA), fondé à Chicago par Donna Stone en 1972. On m'avait alors demandé d'écrire une brochure intitulée *Ce que tout parent devrait savoir*, qui offre aux parents plus d'une douzaine de solutions de rechange aux punitions. Cette brochure faisait partie d'une série de documents éducatifs publiés par la NCPCA à l'intention des parents et des professionnels. J'y décrivais les moyens d'imposer la discipline autrement que par la punition corporelle que nous enseignions dans le programme de formation *Parents efficaces* (Gordon, 1975) et montrais aux parents comment les employer. C'est pendant mon mandat au sein du conseil de cet organisme que je pris douloureusement conscience du nombre et de la fréquence des agressions dont sont victimes les enfants.

Puis, en 1980, un groupe de sociologues publia un ouvrage qui fit époque. Cet ouvrage présentait les résultats de huit années d'entrevues et de recherche sur *toutes les sortes de violence familiale* et non pas seulement sur la violence concernant les enfants.

Les auteurs et les principaux chercheurs ayant contribué à cette étude sont d'éminents professionnels et professeurs de sociologie dans diverses universités. Leur étude constitue un brillant exposé sur la nature et l'étendue de ce type de violence moderne qu'est la violence pratiquée par les parents envers leurs enfants, entre enfants, par les enfants envers leurs parents et entre maris et femmes. Depuis la conviction puritaine qui veut que l'on «exorcise l'enfant» à l'attitude moderne qui prétend qu'une petite tape sur les fesses ne lui fasse pas de mal, ce livre retrace les origines de la violence familiale en Amérique et présente les résultats d'une enquête menée auprès de deux mille cent quarante-trois parents de toutes les couches sociales (Straus, Gelles et Steinmetz, 1980).

Parmi les surprenantes découvertes qu'ils ont faites dans leur étude d'un vaste échantillon de familles américaines, mentionnons les suivantes:

- 70 p. 100 des personnes interrogées jugent «nécessaire» de gifler un enfant de douze ans ou de lui administrer une fessée; 77 p. 100 trouvent cela «normal»; 71 p. 100, «acceptable». 73 p. 100 ont admis avoir utilisé une certaine forme de violence* à l'endroit de leurs enfants à un moment donné de leur vie.
- Les mères qui frappent leurs enfants le font plus que bimestriellement, soit 7,2 fois par année en moyenne.
- 86 p. 100 des enfants de trois ans avaient subi une certaine forme de violence parentale, ce chiffre s'élevant à 82 p. 100 chez les enfants de cinq ans, à 54 p. 100 chez les enfants entre dix et quatorze ans et à 33 p. 100 chez les adolescents entre quinze et dix-sept ans.

Les chercheurs ont également découvert qu'une grande proportion des mauvais traitements infligés aux enfants était beaucoup plus grave qu'une simple «tape sur le derrière». Voici quelques chiffres:

- Entre 3,1 et 4,0 millions d'enfants américains ont déjà reçu des coups de pied, ont été mordus ou frappés par un parent à un certain moment de leur vie.

---

* Aux fins de cette étude, les chercheurs ont défini la violence comme «un acte commis dans l'intention d'infliger une souffrance ou une blessure physique». La violence abusive se rapportait aux actes hautement susceptibles de blesser une personne comme donner des coups de poing ou de pied, battre, mordre, frapper avec un objet dur, poignarder ou blesser d'un coup de fusil.

- Entre 1,0 et 1,9 million d'entre eux ont reçu des coups de pied, ont été mordus ou frappés en 1975.
- Entre 1,4 et 2,3 millions d'enfants ont reçu une *raclée* au cours de leur croissance.

Les auteurs de *Behind Closed Doors* avouent leur surprise lorsqu'ils ont découvert qu'un enfant pouvait être maltraité par ses parents aussi souvent qu'une fois par mois. Force leur fut de conclure que «la violence dont sont victimes les enfants pourrait bien être une condition chronique pour nombre d'entre eux et non pas une expérience unique pour quelques rares sujets».

Les adultes semblent presque aduler l'idée qu'on frappe ou batte leurs enfants: «C'est bon pour les remettre à leur place»; «Une petite raclée n'a jamais fait de mal à personne»; «Si c'était bon pour moi, c'est sûrement bon pour mes enfants»; «Ils ont besoin qu'on leur mette du plomb dans la cervelle».

Bien que nous soyons un peuple obsédé par l'idée que les enfants *ont besoin* de discipline, certains parents avouent être partagés à cet égard. Une de mes premières participantes avoua: «Je suis tolérante avec mes enfants jusqu'au moment où je ne peux plus les supporter; je deviens alors tellement autoritaire que je ne me supporte plus moi-même.»

Combien d'entre nous se rappellent avoir été frappés par un parent qui exprimait son sentiment de culpabilité en disant: «Cela me fait plus de mal qu'à toi»? Je crois qu'au fond, bien des parents détestent maltraiter leurs enfants. Personne n'aime vraiment s'acharner sur un plus petit que soi.

Très conscients de la forte inclination des parents à employer les châtiments corporels, les auteurs de *Behind Closed Doors* plaident passionnément en faveur de leur abolition:

> Bien que la majorité des parents américains considèrent les châtiments physiques comme nécessaires et bénéfiques et que nombre d'entre eux s'accrochent à l'idée que les raclées sont bonnes pour les enfants, nous *devons* réduire et petit à petit éliminer l'emploi des sanctions physiques et inventer de nouvelles façons d'éduquer les enfants. Il est possible d'élever des enfants en santé, heureux et sages sans [employer la] violence... Bref, on peut éliminer la chaîne d'expériences précoces qui habituent

> des millions d'enfants américains à employer la violence à l'endroit de ceux qu'ils aiment. (Straus, Gelles et Steinmetz, 1980)

Cependant, tous les psychologues ne sont pas d'accord avec ce point de vue. Récemment, je suis tombé, à ma grande surprise, sur un ouvrage intitulé *Parent Power* (Le pouvoir parental), écrit par un psychologue du nom de Logan Wright. En 1977, l'American Psychological Association lui décernait une mention honorable pour son ouvrage, qui commence ainsi:

> La règle d'or pour tout parent qui désire demeurer sain d'esprit, c'est d'obtenir et de garder le contrôle. Mais la raison la plus importante tient au fait qu'*il faut dominer un enfant avant de le soutenir et de l'aimer vraiment* [texte en italique dans la version originale]. (Wright, 1980)

La lecture de cet ouvrage eut des répercussions profondes sur moi. Je me rappelle avoir brusquement refermé le livre et pensé: «Que se passe-t-il? Pourquoi un éminent psychologue conseille-t-il aux parents de discipliner et de dominer leurs enfants avant de les aimer?» Cela me poussa à entreprendre une étude approfondie de la discipline et à partager mes découvertes avec les parents et les enseignants.

Je dévorai tous les ouvrages prônant le pouvoir-aux-parents et la discipline-à-tout-prix et fouillai les publications en psychologie afin de lire tous les rapports d'études publiés sur la discipline, les châtiments, le pouvoir, les styles d'éducation parentale, et ainsi de suite. Je découvris un nombre étonnamment élevé de ces études, comme vous le constaterez en lisant ce livre.

Au cours de mes recherches, je fus frappé de constater l'extrême complexité du sujet. En essayant de m'y retrouver et de mieux comprendre la discipline, je pris la décision de partager mes découvertes avec d'autres personnes qui cherchaient à comprendre la discipline et son effet sur les enfants. Ce livre est l'aboutissement de mes recherches; j'y discute de la discipline en profondeur dans la première partie. Ainsi, j'ai découvert qu'il existe plusieurs types de discipline assez différents, certains bons, d'autres mauvais, ce fait étant ignoré de bien des auteurs. Je me suis rendu compte que la plupart des gens associaient la discipline à l'emploi de récompenses et de punitions comme celles que l'on utilise avec les animaux familiers. J'ai compris pourquoi les récompenses étaient inefficaces avec les enfants plus âgés et pourquoi une punition doit être sévère pour être efficace. La plupart du temps, je tombais sur des réflexions plutôt confuses parce que les ouvrages sur la discipline ne reconnaissent pas qu'il existe plusieurs sortes très différentes d'«autorité», certaines bénignes et d'autres nocives. Je me suis rendu compte que les punitions, surtout si elles sont légères, sont parfois gratifiantes pour l'enfant tandis que les récompenses peuvent être ressenties comme des punitions. J'ai découvert que la punition n'est pas un *remède* à l'agressivité de l'enfant qui frappe son petit frère, mais habituellement la *cause* de cette agressivité.

Je présente ici de nombreuses méthodes efficaces et non violentes applicables à la maison et à l'école, et non fondées sur l'usage du pouvoir: elles augmenteront nettement votre efficacité globale face aux comportements inacceptables des jeunes; elles remplaceront la discipline imposée par les adultes par une autodiscipline; elles aboliront la domination exercée par les adultes et développeront la maîtrise de soi chez les enfants; enfin elles favoriseront l'établissement conjoint (adultes et enfants) et non plus unilatéral de règles et de limites et substitueront aux solutions gagnant-perdant des solutions sans-perdant (ou gagnant-gagnant). Dans la seconde partie de ce livre, je tenterai d'ex-pliquer et d'illustrer ces méthodes plus efficaces, plus démocratiques et plus humaines.

Au cours de mes recherches sur la discipline, un fait m'est apparu clairement: en tant que société, nous employons des stratégies inefficaces pour réduire les comportements autodestructeurs et inacceptables des jeunes: alcoolisme, tabagisme, toxicomanie, délinquance, abandon des études, conduite en état d'ébriété, vandalisme et autres formes de violence, grossesses précoces, viol, suicide. La fréquence croissante de ces comportements prouve sans nul doute que nos méthodes disciplinaires traditionnelles, tant à la maison qu'à l'école, sont inopérantes. En fait, elles pourraient bien être davantage la cause de ces comportements que leur remède.

Les méthodes employées pour contrer ces graves problèmes visent à faire quelque chose *à l'enfant*. Ainsi, les méthodes que préfèrent systématiquement les parents, les autorités scolaires, la police, les tribunaux pour enfants et les programmes fédéraux et provinciaux visant à traiter l'alcoolisme, le tabagisme, la toxicomanie et la conduite en état d'ébriété se concentrent sur l'enfant: cours destinés à éduquer et à effrayer les jeunes en leur montrant les dangers de leurs comportements destructeurs; programmes visant à persuader les enfants de «dire non»; lois augmentant la sévérité des punitions infligées aux jeunes; programmes d'aide à la jeunesse; programmes visant à persuader les parents de se montrer plus durs avec leurs enfants (avec amour, bien sûr) ou à «savoir où se trouve leur enfant en tout temps» ou à «être à la maison lorsque l'enfant revient de l'école» et ainsi de suite.

Plus je découvre les principales causes des comportements qui nuisent aux jeunes et affaiblissent notre société, plus je crois que notre plus grand espoir de prévention réside dans un autre type de stratégie: aider les adultes qui vivent ou travaillent avec les enfants à apprendre une nouvelle façon de diriger leur famille, leurs écoles et les organismes pour la jeunesse. Cette stratégie exigera d'eux une attitude plus démocratique et moins autoritaire, et non pas l'inverse comme le prônent certains.

PREMIÈRE PARTIE

COMPRENDRE LA DISCIPLINE

CHAPITRE PREMIER

Définitions et précisions

L'un de mes professeurs préférés au collège harcelait constamment ses étudiants en leur répétant sans cesse: «Définissez les termes que vous employez si vous voulez discuter intelligemment.» Or, à mon avis, c'est exactement ce que les gens ne font pas lorsqu'ils parlent de la discipline, ce qui entraîne de nombreux malentendus. En clarifiant les plus courants parmi les termes utilisés dans les pages qui suivent, j'espère pouvoir éclaircir les éléments les plus nébuleux du sujet qui nous préoccupe, en l'occurrence la discipline.

Le nom et le verbe

Il importe, dès le départ, d'examiner la différence critique qui existe entre *discipline* et *discipliner*. Le premier mot désigne généralement un comportement et un ordre conformes à des règles ou préservés par le biais d'un entraînement, par exemple la «discipline dans la classe» ou la «discipline d'une bonne équipe de basketball», et suscite rarement une controverse.

En effet, tout le monde semble favoriser ce type de discipline associé aux mots «ordre, organisation, coopération, savoir, respect des règles et des procédés, et prise en considération des droits d'autrui».

Le *Petit Robert* définit ainsi le verbe *discipliner:* «Donner le sens de l'ordre, du devoir, de l'obéissance à» et «assujettir, soumettre». Exemples: «Discipliner une classe. Discipliner une armée.» Le *Dictionnaire de la langue française,* pour sa part, le définit ainsi: «Régler en exerçant un contrôle sur, maîtriser.»

Dans les discussions sur la discipline, on présume souvent que la seule façon d'imposer la discipline à la maison et à l'école consiste à «discipliner» les enfants, c'est-à-dire à les commander, à les punir et à les corriger.

J'ai pourtant trouvé de multiples preuves de l'inexactitude de cette croyance populaire. En fait, j'ai découvert que discipliner les enfants est peut-être la façon la *moins* efficace de faire régner la discipline à la maison ou à l'école. Des études ont révélé qu'à l'école, la discipline s'évanouit dès que le professeur «disciplineur» quitte la classe ou se tourne pour écrire au tableau noir. Le scénario est le même à la maison, comme chacun sait. En outre, comme la volonté de discipliner les enfants implique habituellement l'emploi du pouvoir sous forme de punitions ou de menaces, les enfants se défendent en se révoltant, en résistant, en se vengeant ou en mentant, tous les moyens étant bons pour éviter d'être forcés, limités ou contraints.

Des recherches ont également démontré que les punitions rendent les enfants agressifs et violents. En effet, les enfants les plus fréquemment punis sont plus agressifs, plus hyperactifs et plus violents à l'égard de leurs camarades que les enfants peu ou pas punis à la maison. Une étude menée aux États-Unis a révélé que presque tous les enfants punis avaient attaqué leur frère ou leur sœur pendant la dernière année, contre vingt pour cent seulement des enfants non punis (Straus, Gelles et Steinmetz, 1980).

À mon avis, une autre raison justifie l'importance de comprendre la différence entre *discipline* et *discipliner:* cela nous éclaire sur la véritable controverse entourant la discipline, qui touche la *façon* de traiter les enfants (les *moyens*) et non ce que nous voulons qu'ils fassent (le but). La plupart des gens seraient d'accord pour dire qu'ils souhaitent que les enfants soient ordonnés, coopératifs et prévenants tant à la maison qu'à l'école, mais ils ne s'entendent pas pour déterminer si les discipliner constitue le meilleur *moyen* de leur imposer une discipline, ce qui est le *but* recherché par tous.

Enseigner ou contrôler

Le verbe *discipliner* possède deux significations différentes. Nous venons de parler de la première: discipliner dans le but de soumettre. La seconde se rapporte à l'acte d'instruire, d'éduquer. Le dictionnaire offre la définition suivante: «Plier à une discipline intellectuelle ou morale, éduquer.» Voici des synonymnes qui se rapportent à ce type de discipline:

> entraîner, former, dresser, instruire, enseigner, donner des leçons, édifier, informer, éclairer, inculquer de solides connaissances, endoctriner, préparer, qualifier, élever, guider, familiariser.

Cette forme de discipline est, elle aussi, peu controversée. On met rarement en doute le bien-fondé des activités énumérées ci-dessus. En fait, la plupart d'entre nous considèrent qu'il est du *devoir* des parents efficaces et des maîtres compétents d'offrir aux enfants ce type de formation, d'enseignement et de soutien. Personne ne veut éliminer cette forme de discipline qui consiste à enseigner, à instruire et à former.

Toutefois, il en va tout autrement de la forme de discipline qui vise à soumettre. Voyons d'abord la liste des différents synonymes de cette forme de discipline:

> commander, corriger, diriger, gouverner, surveiller, présider, gérer, maintenir en ordre, réglementer, imposer une discipline trop stricte, restreindre, vérifier, refréner, contenir, arrêter, mettre la bride à, museler, contraindre, confiner, inhiber, corriger, châtier, réprimander, désapprouver, blâmer, critiquer, punir, fustiger, pénaliser.

Évidemment, ces termes éveillent des réactions très différentes par rapport à la forme de discipline précédente. La tension artérielle et la voix montent d'un cran quand on prononce des mots comme *comman-*

der, restreindre, maîtriser, museler, fustiger, pénaliser et (comme nous le verrons) surtout le mot *punir*.

Je suis convaincu que cette forme de discipline est malsaine pour les enfants, mais je sais que la plupart des parents et des enseignants s'obstinent à l'appuyer. En fait, la plupart des ouvrages destinés aux parents soutiennent que les enfants non seulement en ont besoin mais la souhaitent; qu'ils souffriront d'insécurité sans elle, croiront que vous ne les aimez pas ou se changeront en petits monstres sauvages. Je réfuterai une à une ces croyances populaires dans les prochains chapitres.

Il convient également de reconnaître que la discipline instructive s'efforce d'*influencer* les enfants tandis que la discipline restrictive cherche toujours à les *dominer*.

La différence entre *dominer* les enfants et les *influencer* n'est pas très connue; or, elle est cruciale. Il va de soi que les parents et les enseignants ne souhaitent rien de plus que d'influencer les jeunes afin d'avoir un effet bénéfique sur leur vie. Mais dans leur zèle, la plupart d'entre eux tombent dans un piège: plutôt que de se borner aux méthodes aptes à influencer les enfants, ils imposent des limites, donnent des ordres, punissent ou menacent de le faire. Ces méthodes restrictives n'ont aucune influence sur les jeunes et ne font que les brimer ou les contraindre. Lorsqu'un enfant est forcé de faire quelque chose, il n'est pas vraiment influencé; même s'il se soumet, il le fait habituellement par crainte d'être puni.

Afin d'exercer une influence profonde et durable sur la vie des jeunes, les adultes doivent renoncer aux méthodes restrictives et fondées sur le pouvoir et se tourner vers des méthodes susceptibles d'améliorer nettement leur capacité d'exercer cette influence positive. Ces méthodes, que je décrirai et illustrerai dans les prochains chapitres, contribuent à réduire la tendance naturelle des enfants à résister au changement, les incitent à modifier leur comportement de leur propre initiative et à respecter les ententes conclues, et stimulent leur considération pour les autres.

Voici une vérité peu connue et quelque peu paradoxale: *on influence davantage les jeunes lorsqu'on ne cherche pas à exercer son pouvoir sur eux!* Le contraire est aussi vrai, bien sûr: *plus on cherche à dominer les gens par le pouvoir, moins on influence leur vie*. Pourquoi? Parce que les méthodes fondées sur le pouvoir poussent l'enfant à résister (il refuse d'obéir), à se révolter (il fait le contraire), ou à mentir (il dit qu'il a fait ce qu'on lui a demandé alors que c'est faux).

Discipline imposée et autodiscipline

Le moment est venu de distinguer deux formes de discipline restrictive totalement différentes. La première est imposée de l'extérieur tandis que la seconde émane de l'intérieur de soi-même; contrainte de la part des autres par opposition à maîtrise de soi.

Tout le monde a déjà entendu parler *d'autodiscipline,* mais que signifie au juste cette expression? Les psychologues emploient l'expression *source de détermination,* que je crois utile d'utiliser dans ce contexte. Leurs recherches ont démontré que cette source était située *à l'intérieur* chez les personnes possédant une autodiscipline et *à l'extérieur* chez les personnes obéissant à une discipline imposée par un tiers, en l'occurrence par le dominateur.

Tout le monde est d'accord pour dire qu'il est souhaitable de posséder une certaine maîtrise de soi. En fait, presque tous les gens apprécient les enfants capables de se dominer et de faire preuve d'autodiscipline. Toutefois, la meilleure façon de stimuler ces qualités chez les enfants et les jeunes suscite une vive controverse qui nous ramène au conflit de base concernant les moyens d'atteindre un but particulier.

La plupart des parents et des enseignants croient que les enfants apprendront automatiquement à se maîtriser s'ils leur imposent une contrainte extérieure (discipline). Cette conviction tire son origine d'une théorie freudienne bien connue qui affirme qu'en grandissant, les enfants assimilent graduellement les contraintes imposées par leurs parents et par les autres adultes et les transforment en règles internes et en autodiscipline.

Plusieurs faits viennent désormais réfuter cette théorie freudienne. Des observations quotidiennes nous révèlent en outre que l'autodiscipline ne s'acquiert pas de cette façon. Rappelez-vous ce vieux dicton: «Quand le chat n'est pas là, les souris dansent.» Eh bien! lorsque les adultes dominateurs ont le dos tourné, les jeunes se dominent habituellement très peu. Il leur arrive même de faire exactement ce qu'on vient de leur interdire. Rappelez-vous aussi ce qu'on avait l'habitude de dire des «chouchous du professeur»: obéissants, soumis, modèles de vertu lorsqu'ils sont jeunes, ils se changent souvent en rebelles et en fauteurs de troubles pendant l'adolescence. Les enfants qui se soumettent totalement à l'autorité parentale se transforment souvent en délinquants rebelles qui réagissent agressivement face à *toute* autorité adulte et n'ont aucune maîtrise de soi ni discipline intérieure.

Les jeunes qui font montre d'autodiscipline sont ceux qui ont toujours bénéficié d'une liberté considérable. Pourquoi? Parce qu'on leur a donné la chance de faire leurs propres choix et de prendre leurs propres décisions. Les enfants apprennent à maîtriser ou à limiter les comportements qui dérangent les adultes seulement si ceux-ci ont envers eux les mêmes égards. Ils respectent les règles dans la mesure où ils ont eu la chance d'établir ces règles avec les adultes. Tout au long de ce livre, j'essayerai de vous prouver que *discipliner les enfants ne produit pas des enfants disciplinés*. La discipline imposée par les adultes peut engendrer des enfants obéissants, craintifs et obséquieux, mais ne peut pas donner aux enfants une autodiscipline.

Une mésentente à propos des limites

La plupart des discussions sur la discipline mettent en relief un autre malentendu portant sur la notion de limites. Parents et éducateurs reconnaissent tous la nécessité d'imposer certaines limites aux enfants, mais peu comprennent que la façon d'établir ces limites est très importante. Voilà donc que resurgit la question des *moyens* employés.

Les tenants de la discipline-à-tout-prix affirment avec conviction que les enfants ont besoin de limites et en réclament. Voilà une demi-vérité dangereuse. Certes, il est nécessaire que les enfants sentent que leur comportement est soumis à des limites, ne serait-ce que pour le bien-être des autres. Mais les jeunes réagissent très différemment lorsque ces limites sont imposées par un adulte et lorsqu'ils les ont déterminées conjointement avec celui-ci! Vous constaterez ce phénomène dans un chapitre ultérieur où je montre comment parents et enseignants peuvent employer le puissant «principe de participation» afin d'engager les jeunes à participer aux prises de décisions qui débouchent sur des ententes, des règles et des limites qui tiennent vraiment. Vous verrez que les enfants respectent bien mieux leurs engagements si les adultes leur demandent leur avis quand vient le moment d'établir des règles.

Toutes les familles et les classes ont besoin de règles précises et de procédés clairement établis. Si on leur en donne la chance, les enfants peuvent très bien assister parents et professeurs dans l'élaboration de règles et de lignes de conduite qui régiront leur comportement. Ainsi, classes et familles se gouverneront elles-mêmes efficacement sans suprématie adulte, sans patron, sans faiseur de règles. Oubliez les sombres avertissements de tous ces manuels en faveur d'une stricte discipline qui affirment qu'en l'absence de règles établies par des adultes règnent l'anarchie, le chaos et la confusion. Rien n'est plus faux.

En fait, les parents qui donnent aux enfants la chance de participer à l'établissement des règles familiales se retrouvent souvent assujettis à des règles *plus nombreuses* qu'avant et respectées par tous. Le point critique n'a donc pas trait au bien-fondé d'imposer des limites et des règles, mais bien à *qui* les établit: les adultes seuls ou les adultes et les enfants ensemble.

Dois-je être sévère ou indulgent?

Tous les parents se sont posé cette douloureuse question à un moment ou à un autre: dois-je être sévère ou indulgent? Les enseignants, eux aussi, hésitent entre se montrer durs ou mous, autoritaires ou tolérants.

Être ou ne pas être sévères, voilà le dilemme qu'affrontent éducateurs et parents. Cette question est débattue dans des livres, des articles, lors de conférences et de congrès. (En passant, avez-vous remarqué que l'on entend rarement un parent ou un professeur dire: «Je suis autoritaire» ou «Je suis tolérant»? On réserve ces qualificatifs aux personnes avec qui on n'est pas d'accord.)

Or, ce débat autour de la sévérité et de l'indulgence constitue ce que les scientistes appellent un «faux problème». Manifestement, vouloir choisir entre les deux, c'est penser «blanc ou noir». Laissez-moi vous expliquer.

Je rencontre rarement des parents ou des enseignants qui comprennent l'inutilité de choisir entre ces deux attitudes. Peu d'adultes le savent, mais il existe en fait une troisième attitude qui n'est pas située à l'un ou l'autre extrême de l'échelle sévérité-indulgence.

Cette attitude, que nombre d'entre vous découvriront avec plaisir, consiste à n'être *ni* autoritaire ni tolérant, *ni* sévère ni indulgent. S'agit-il alors de trouver un juste milieu entre ces deux extrêmes? Non point. L'attitude dont je vous parle *ne se situe aucunement sur l'échelle sévérité-indulgence!*

Dans les cas de direction autoritaire, que ce soit à la maison ou à l'école, le chef adulte détient le pouvoir; dans le cas contraire, il a «permis» aux enfants d'exercer ce pouvoir.

Les parents et les maîtres autoritaires dominent et commandent tandis que ceux qui sont tolérants laissent les enfants dominer et commander. Dans les écoles — et les jeunes le savent bien —, la plupart des professeurs détiennent le pouvoir et exigent une obéissance absolue. Les enseignants permissifs sont plus rares. Comme ils ne dominent ni ne commandent, leurs classes sont habituellement bruyantes, chaotiques et impossibles à diriger.

Nul parent ou professeur ne souhaite vraiment souffrir les conséquences d'une permissivité anarchique. En fait, même les enfants n'apprécient pas une trop grande permissivité à la maison ou à l'école. (Je n'oublierai jamais le jour où ma fille revint à la maison après sa première journée d'école. «Quel horrible semestre ce sera! J'ai deux professeurs autoritaires et deux permissifs!» déclara-t-elle.)

C'est un fait que la plupart des jeunes supportent mal les effets de la permissivité. Les enfants de parents permissifs se sentent habituellement coupables de toujours obtenir gain de cause. Ils doutent également de l'amour de leurs parents parce que leurs comportements étourdis ne les rendent pas faciles à aimer.

Ce livre est fondé sur l'idée qu'il existe une façon bien meilleure et bien plus facile de traiter les enfants, une solution de rechange pratique et efficace à l'attitude autoritaire ou permissive des adultes. Je ne lui ai pas trouvé de nom intéressant. Néanmoins, je crois en avoir identifié les principaux éléments et je décrirai dans les prochains chapitres les aptitudes et les méthodes nécessaires pour l'appliquer aux enfants et aux adolescents.

Pour l'instant, je désire souligner que cette nouvelle approche exige que les adultes modifient leur *perception* des enfants ainsi que leur façon de les *traiter*. Il n'est pas nécessaire que cette transformation soit ardue. Il suffit de posséder la volonté d'apprendre de nouveaux procédés et d'acquérir de nouvelles aptitudes.

Lorsque les parents et les enseignants comprendront qu'il existe une solution de rechange plus efficace que l'autoritarisme ou la permissivité, ils ne se laisseront pas entraîner dans des discussions inutiles sur la discipline relâchée ou serrée et sur la sévérité versus l'indulgence. Du seul fait d'être mieux renseignés sur l'inefficacité de gouverner par le pouvoir, parents et enseignants ne se laisseront pas leurrer par les trompeuses promesses des partisans d'une discipline plus rigoureuse dans nos familles et nos écoles. En outre, s'ils comprennent les dangers de la permissivité, ils ne seront pas séduits par les promesses de ceux qui prônent une liberté totale pour nos enfants et nos élèves.

Les multiples sens du terme «autorité»

Chaque fois qu'il est question de discipline, inévitablement le terme «autorité» fait surface. Malheureusement, ce concept ajoute invariablement à la confusion qui entoure déjà la question de la discipline. Les partisans de la discipline-à-tout-prix incitent sans cesse parents et enseignants à «exercer leur autorité» auprès des enfants et des jeunes, affirmant que ceux-ci en ont besoin, la réclament et seront plus heureux grâce à elle. Ils déplorent en outre l'«effritement de l'autorité» tant à l'école qu'à la maison et voudraient que les enfants modernes aient autant de respect pour elle que leurs ancêtres.

Ces défenseurs d'une discipline stricte nourrissent de graves appréhensions quant au sort des familles et des écoles privées de l'autorité des adultes. James Dobson craint qu'en l'absence d'autorité «les relations humaines tombent inévitablement dans le chaos, la confusion et le désordre». (Dobson, 1978)

Ceux qui pensent ainsi conseillent aux parents ou aux enseignants d'employer une autorité fondée sur le pouvoir, mais une autorité «aimante» ou «bienveillante». Ils remplacent souvent le terme *autorité* par celui de *leadership* auquel ils accolent l'épithète *bienveillant.* Fait intéressant, ils ne leur recommandent jamais de se montrer «autoritaires». Ce terme semble banni de leur vocabulaire, bien que le dictionnaire le définisse ainsi: «qui aime l'autorité».

Dans le but d'étayer leur théorie, les tenants de la discipline-à-tout-prix déclarent en général que les enfants respectent l'autorité, la souhaitent et se fient à elle. On se demande pourquoi, dans ce cas, ils s'inquiètent tant du fait que les jeunes se révoltent contre l'autorité de leurs parents ou de leurs professeurs et pourquoi ils se répandent en injures contre l'«effritement de l'autorité» (preuve que celle-ci ne suscite pas toujours le respect et la soumission des enfants). Aucun des nombreux manuels portant sur le pouvoir parental ne traite de cette question fondamentale: si les enfants respectent et recherchent l'autorité, pourquoi manifestent-ils tant de résistance, d'hostilité et d'irrespect pour les adultes qui en font usage?

Qui plus est, aucun des livres, articles ou vidéos produits par les tenants de la discipline ne reconnaît le fait qu'il existe différentes sortes d'autorité. En fait, il est dommage que ce mot ait au moins quatre significations, sinon plus, car il est difficile de s'entendre sur une définition. Le concept de l'autorité n'est pas un concept unitaire et si nous ne l'admettons pas, nous ne pourrons jamais en discuter intelligemment ni le comprendre vraiment. Laissez-moi vous expliquer ces quatre définitions.

1. Autorité fondée sur l'expérience. Ce type d'autorité découle de l'*expérience* d'une personne, de son savoir, de sa formation, de ses aptitudes, de sa sagesse, de son éducation. Par exemple, nous disons d'une personne qu'elle fait autorité en matière de droit des sociétés; on invoque l'autorité d'un ouvrage; une personne parle avec autorité. On parle alors d'autorité *acquise*. Nous avons appelé «Autorité E» ce type d'autorité, le «E» signifiant *expérience*.

Dans notre famille, ce type d'autorité prévaut souvent. Ainsi, il n'est pas rare que ma fille et ma femme me persuadent de changer de chemise ou de pantalon (ou les deux) sous prétexte qu'ils ne sont pas assortis. D'habitude, j'accepte leur compétence sur ce chapitre. Souvent (mais pas toujours), ma femme suit mes instructions lorsqu'elle traverse une ville inconnue en voiture parce qu'elle s'incline devant mon sens de l'orientation d'ancien pilote de chasse.

Par ailleurs, comme je juge qu'elle a meilleure mémoire que moi pour ce qui est des dates et des événements, j'accepte son avis sur des questions comme l'heure à laquelle débute une soirée et ne rechigne pas lorsqu'elle me rappelle d'écrire une lettre promise ou d'acheter un cadeau d'anniversaire.

2. Autorité fondée sur la position ou le titre. Une deuxième forme d'autorité découle de la *position ou du titre* d'une personne, ou encore d'une *description de poste* reconnue et acceptée par tous, qui précise les fonctions et les responsabilités de son titulaire. Le pilote de ligne est investi de ce type d'autorité sur son équipage et sur les passagers. Le président d'un comité détient l'autorité de commencer et d'ajourner les réunions; un policier possède l'autorité nécessaire pour émettre une contravention; un professeur peut, en vertu de sa position, demander à ses élèves de prendre leur manuel d'orthographe; un patron a le droit de dicter une lettre à sa secrétaire; un facteur est investi de l'autorité de recueillir de l'argent pour une lettre non timbrée qu'il livre; le conducteur d'une voiture peut demander à ses passagers de boucler leur ceinture de sécurité. Nous appellerons «Autorité T» ce type d'autorité, le «T» signifiant *travail*. On lui donne parfois le nom d'autorité désignée ou légitime.

Remarquez la notion clé de description de poste «reconnue et acceptée par tous». Pour que ce type d'autorité soit efficace, les personnes concernées doivent honnêtement accepter (sanctionner, appuyer, approuver) le droit de la personne «en poste» de régir certains de leurs comportements (mais pas tous, bien sûr). Ainsi, ma secrétaire ne serait pas tenue de m'apporter du café si je le lui demandais car cette tâche ne figure pas dans sa description de poste. En outre, je sais qu'elle s'oppose à ce que les hommes comptent sur les femmes pour exécuter cette tâche au travail.

Dans notre famille, l'Autorité T joue un rôle important dans un grand nombre de nos interactions. Nous avons depuis longtemps conclu des ententes en ce qui concerne les tâches ménagères. Ainsi, lorsque c'est à moi de préparer le dîner, ce qui est le cas trois fois par semaine, ma femme et ma fille peuvent me demander de leur servir un second verre de lait ou d'apporter la mayonnaise. Et comme ma fille a accepté de nourrir et de laver notre chien, il est entendu que je peux lui dire: «Tu n'as pas nourri le chien ce soir» ou «Le chien a besoin d'un bain». En outre, comme c'est à moi qu'incombe la corvée hebdomadaire des achats alimentaires, je trouve parfaitement acceptable que ma fille m'écrive une note me demandant d'acheter telle marque de jus d'orange plutôt qu'une autre.

Toutes les tâches et responsabilités ci-dessus ont été légitimées par le fait que chacun de nous a participé au processus de prise de décision jusqu'à ce que nous arrivions à une décision *acceptable pour tous*. C'est de cette acceptation mutuelle que l'Autorité T tire son incroyable capacité d'influencer les comportements. On comprend pourquoi on l'appelle parfois autorité «légitimée».

3. Autorité fondée sur des ententes informelles. La troisième forme d'autorité dérive des nombreux accords, ententes et contrats que les gens concluent dans leurs interactions quotidiennes. Ainsi, si j'accepte le matin de conduire ma fille au garage à 16 h le même jour pour qu'elle puisse y prendre sa voiture, cette promesse a beaucoup de poids (ou d'autorité, si vous voulez) puisqu'elle m'oblige à quitter mon bureau et à respecter mon engagement. Nous appelons «Autorité A» ce type d'autorité, le «A» signifiant *accord*.

Voici un exemple courant d'Autorité A au travail et à la maison: si nous annonçons notre retour à la maison pour une heure précise (ou laissons une note à cet effet) et ne pouvons pas rentrer à l'heure dite, nous téléphonons. Le but de cette entente est évidemment d'éviter de nous inquiéter mutuellement.

Nous avons également conclu, il y a longtemps, une entente tacite en vertu de laquelle nous frappons avant d'entrer dans la chambre d'un autre. Cet accord a toujours exercé une profonde influence sur nous et lorsque l'un de nous oublie de le faire, l'autre renforce la règle en la rappelant à l'«intrus»: «Que dirais-tu de frapper avant d'entrer dans ma chambre?»

Avec les années, ma femme et moi nous sommes entendus pour que celui qui se lève le premier descende faire le café, rentre le journal et monte café et journal à celui qui est encore au lit. Le dernier levé fait le lit.

Voici d'autres ententes qui prévalent dans notre famille:

> Ma femme soigne les plantes.
> Je prépare habituellement le petit déjeuner le dimanche.
> Ma femme s'installe sur le divan pour regarder la télé alors que je prends le fauteuil.
> Ma fille est entièrement responsable de ses devoirs; c'est elle qui décide si elle les fait, où et quand elle les fait.

L'Autorité A obtient sa puissante influence de l'engagement personnel sur lequel elle est fondée.

Dans un chapitre ultérieur, j'examinerai ce type d'autorité en profondeur et illustrerai comment l'employer pour influencer les jeunes tant à la maison qu'à l'école.

4. Autorité fondée sur le pouvoir. Le quatrième type d'autorité découle du pouvoir que détient une personne sur une autre. Je l'appellerai «Autorité P» pour *pouvoir:* pouvoir de maîtriser, de dominer, de forcer, de faire plier les autres et de les amener à agir contre leur gré. C'est à ce type d'autorité qu'on fait allusion lorsqu'on dit que parents et professeurs doivent exercer leur autorité, lorsqu'on souhaite que les enfants «respectent» l'autorité des adultes, lorsqu'on parle d'«effritement de l'autorité» à la maison et à l'école ou qu'on blâme la «révolte des jeunes contre l'autorité». C'est également à ce type d'autorité que se rapporte la «ligne d'autorité» des entreprises.

Dans le prochain chapitre, j'expliquerai en détail comment les adultes se servent du pouvoir des récompenses et des punitions pour essayer de dominer les enfants et pourquoi cela échoue si souvent. Je soulignerai aussi les nombreux effets nocifs de l'Autorité P. Pour l'instant, toutefois, je me contenterai de clarifier la confusion qui entoure l'existence de quatre types différents d'autorité en ce qui a trait aux enfants.

Commençons par l'Autorité E. Cette forme d'autorité fondée sur l'expérience est très bien vue et plutôt inoffensive pour les relations humaines. La plupart des gens, y compris les enfants, respectent ceux qui possèdent une compétence quelconque. Ils apprennent à leur contact et sollicitent leurs conseils. Lorsque les adultes (ainsi que les auteurs d'ouvrages prônant la discipline-à-tout-prix) se plaignent du manque de respect des enfants envers l'autorité, ils parlent de l'Autorité P. En fait, ils déplorent le fait que les enfants n'*obéissent* pas au doigt et à l'œil aussitôt que des adultes les commandent.

Selon ce que j'ai observé, les enfants éprouvent un grand respect envers les personnes qui possèdent une certaine expérience et surestiment souvent l'Autorité E dont un adulte est investi. Cela est particulièrement vrai dans le cas des jeunes enfants, qui croient que leurs parents savent tout et sont souvent émerveillés devant l'étendue du savoir des médecins, dentistes, professeurs, moniteurs, menuisiers et autres.

Qu'en est-il de l'Autorité T? Je crois qu'en général, les enfants respectent cette forme d'autorité qui découle des rôles et des fonctions associés aux postes qu'occupent les adultes. Lorsqu'un professeur rappelle sa classe à l'ordre, la plupart des élèves obéissent; ils trouvent aussi normal que le professeur leur donne des devoirs. Lorsqu'on leur demande de boucler leur ceinture en voiture, la plupart des jeunes jugent cette exigence légitime, de même que les passagers d'un avion bouclent leur ceinture sur l'ordre du pilote pendant les périodes de turbulence. Les enfants obéissent à l'adulte qui leur commande de se lever pour chanter l'hymne national. À titre de chef cuisinier dans notre famille, ma mère possédait une grande Autorité T que nous, les enfants, ainsi que mon père, respections habituellement. Nous obéissions presque toujours à ses ordres: «Le dîner est servi»; «Apportez les assiettes»; «Mangez pendant que c'est chaud»; «Gardez de la viande pour les sandwichs»; «Débarrassez la table»; et ainsi de suite.

Les enfants respectent-ils l'Autorité P? Je ne le crois pas. Je ne me rappelle pas avoir jamais respecté un professeur autoritaire qui se servait de son pouvoir pour me contraindre. Les enfants n'estiment pas les adultes qui se servent constamment de leur pouvoir pour les punir ou menacer de le faire. À l'instar des adultes, les enfants ont peu de respect pour les manieurs de pouvoir, bien qu'ils les craignent. Sinon pourquoi chercheraient-ils à s'en venger, à leur résister, à les éviter, à leur mentir, pour finir par les détester? Je pense que la plupart des adultes savent cela parce qu'ils ont été jeunes eux aussi.

Je sais que les parents n'ont pas bien compris le sens du mot *autorité* lorsqu'ils me disent: «Vous incitez les parents et les enseignants à ne pas employer l'autorité. Mais n'est-il pas de leur devoir d'inculquer aux enfants leurs valeurs et leurs croyances, et de partager avec eux leur jugement et leur sagesse éclairés?» Cette question illustre la confusion qui subsiste entre deux formes d'autorité: l'Autorité P et l'Autorité E. Je leur réponds en soulignant que si je demande aux parents et aux professeurs de *ne pas* employer l'Autorité P, je les invite certainement à partager leur Autorité E chaque fois que c'est approprié. En fait, je le répète, les enfants recherchent souvent les conseils et les opinions de leurs aînés et sont souvent curieux de connaître leurs croyances et leurs valeurs. En d'autres mots, un adulte qui *fait autorité* sur un sujet (Autorité E) nuit rarement à sa relation avec un enfant; ce qui n'est pas le cas de l'adulte qui se montre *autoritaire* (c'est-à-dire emploie l'Autorité P), comme nous le verrons.

Les partisans de la discipline cultivent généralement l'imprécision dans leur langage (peut-être à dessein) lorsqu'ils essaient de défendre l'idée que les parents ont le devoir d'imposer une discipline fondée sur le pouvoir. Dans l'ouvrage de James Dobson intitulé *The Strong-Willed Child* (La forte tête) (1978), l'auteur prône l'obéissance des enfants à l'Autorité P de leurs parents en s'appuyant sur cette citation de la Bible: «Enfants, obéissez en tout à vos parents, car cela plaît au Seigneur.»

Il s'inspire encore une fois de la Bible (*Ephésiens,* 6:4) pour appuyer sa théorie sur la nécessité de discipliner les enfants, mais recommande une autre forme d'autorité, soit l'Autorité E: «Et vous, parents, n'exaspérez pas vos enfants, mais usez, en les éduquant, de *corrections et de semonces qui s'inspirent du Seigneur* [c'est moi qui souligne].»

Les corrections et les semonces sont manifestement des moyens d'*influencer* les autres en partageant sa propre expérience, sa sagesse, son savoir, et ainsi de suite. Elles relèvent de l'Autorité E et non de l'Autorité P qui vise à *dominer* les autres.

Dans les chapitres subséquents, j'expliquerai comment et quand employer l'Autorité E, l'Autorité T et l'Autorité A le plus efficacement possible. Pour l'instant, précisons qu'un des principes fondamentaux, sinon le principe fondamental, du présent livre veut que ces trois types d'autorité constituent des moyens extrêmement puissants et, ce qui importe le plus, constructifs, d'*influencer* les enfants tandis que l'Autorité P, souvent inopérante, vise à *dominer* les enfants. Il est essentiel de faire la différence entre *influencer* et *dominer,* comme je l'expliquerai en détail plus loin.

Le mythe de l'«autorité bienveillante»

La tendance des champions de la discipline à vouloir entourer l'Autorité P d'une aura d'amour et de bienveillance est à l'origine d'une autre source importante de confusion à propos de la discipline et de l'autorité. Ils racontent aux parents qu'ils peuvent employer sans danger une discipline punitive pourvu qu'ils le fassent d'une manière juste, sage, aimante et en prenant à cœur «le bien de l'enfant». Ils clament qu'il n'y a rien de mal à se montrer «ferme mais juste», dur avec amour, autocratique avec bienveillance, à commander tant qu'on ne s'érige pas en dictateur, à punir tant que la punition n'est pas trop sévère.

La popularité de ces idées tient sans nul doute au fait qu'elles concordent tout à fait avec ce que les adultes qui croient aux punitions *veulent* penser. Par besoin de justifier leur emploi d'une discipline fondée sur le pouvoir pour maîtriser les enfants, ou encore pour atténuer leur culpabilité, les adultes veulent désespérément croire qu'ils sont motivés par l'amour des enfants et par l'intérêt de ceux-ci. Ils essaient d'atténuer la gravité de la *fin* afin de justifier l'emploi de *moyens* fondés sur le pouvoir.

Une autorité fondée sur le pouvoir peut-elle être bienveillante? Oui, si nous entendons par là que le dominateur *pense* agir avec bienveillance et pour le bien de l'enfant. Toutefois, si on me demande: «La discipline fondée sur le pouvoir est-elle *vraiment* bénéfique à l'enfant, c'est-à-dire est-ce que l'enfant *sent* que cette forme de discipline lui fait du bien?», je répondrai: «Rarement et même jamais.» Au chapitre 5, j'expliquerai cette croyance en décrivant les divers mécanismes d'adaptation qu'utilisent les enfants pour se défendre de l'Autorité P ou la fuir. Je soutiens que les enfants n'ont jamais l'*impression* que la discipline punitive est bienveillante ni bénéfique pour eux.

Nulle part ailleurs n'ai-je trouvé autant d'exemples de mots employés d'une manière vague ou sans définition appropriée que dans *L'autorité des parents dans la famille*, un ouvrage écrit par le psychologue pour enfants et chroniqueur John Rosemond. D'abord celui-ci invite ouvertement les parents à être des «dictateurs bienveillants» qui *insistent pour être obéis* de leurs enfants, puis il explique sa position. Maintenant que vous saisissez la différence primordiale entre les quatre formes d'autorité, voyez si vous pouvez déceler les ambiguïtés et les imprécisions sémantiques que renferme l'extrait suivant de l'ouvrage susnommé:

> Les dictateurs bienveillants sont des autorités douces qui comprennent que leur pouvoir est la pierre angulaire du sentiment de sécurité qu'éprouvent les enfants. Les dictateurs bienveillants gouvernent par la grâce de l'autorité naturelle. Ils savent ce qui est mieux pour leurs enfants. Ils gouvernent, parce qu'ils le doivent... Les dictateurs bienveillants n'ont pas besoin d'inspirer la crainte pour exercer leur influence. Ils sont des autorités mais ne sont pas autoritaires... Ils restreignent certes la liberté de leurs enfants, mais ne sont pas des tyrans... Jamais, aussi longtemps que nos enfants dépendent de nous, il ne faut leur laisser un contrôle total de leur vie. Les enfants respectent leurs parents en leur obéissant. Les parents, quant à eux, respectent leurs enfants en exigeant d'eux qu'ils obéissent. L'apprentissage de l'obéissance augmente l'indépendance d'un enfant... Les enfants qui craignent leurs parents n'obéissent pas, ils se soumettent. Les enfants qui obéissent, au contraire, ne sont pas craintifs. (Rosemond, 1982)

Dans ce chapitre et les prochains, j'espère clarifier les «eaux troubles de l'autorité» et aider les parents et les enseignants qui le veulent à déjouer l'obscurantisme et le jargon qui n'ont contribué qu'à les égarer et à les troubler.

CHAPITRE 2

La méthode traditionnelle: récompenses et punitions

Rappelez-vous la longue liste de synonymes qui s'appliquent au verbe «discipliner»: gouverner, asservir, contraindre, maîtriser, soumettre, et ainsi de suite. Chacun de ces termes se rapporte à une forme de domination et implique l'emploi du pouvoir. Dans l'esprit de la plupart des adultes, le mot «discipliner» les enfants n'est qu'un euphémisme qui veut dire les dominer au moyen du pouvoir. Voyons comment cette domination fondée sur le pouvoir est censée fonctionner.

Le but des dominateurs est de prendre en charge leurs sujets, de faire en sorte de les dominer ou de les forcer à agir. Ils souhaitent, bien sûr, que leurs sujets se montrent soumis, dociles, pleins de bonne volonté, tous des euphémismes pour *obéissants*.

Ce principe est très bien illustré dans l'ouvrage de Dobson intitulé *The Strong-Willed Child* (La forte tête):

> L'enfant apprend à céder à l'autorité divine en apprenant d'abord à se soumettre (plutôt que de négocier) à l'autorité de ses parents... En apprenant à céder à l'autorité aimante (leadership) de ses parents, l'enfant apprend à se soumettre à d'autres formes d'autorité qu'il rencontrera plus tard dans sa vie... professeurs, directeurs, police, *voisins* et employés [c'est moi qui souligne].

Bien que Dobson emploie les termes *soumettre* et *céder* dans cet extrait, il veut clairement dire *obéir*. Pour l'auteur, l'enfant doit apprendre l'obéissance à la maison afin d'être prêt à *obéir à toute forme d'autorité adulte quelle qu'elle soit,* même celle des voisins!

Rappelez-vous également que cette forme de discipline vise à susciter des comportements précis que le *dominateur* juge souhaitables. Celui-ci détermine toujours les objectifs que son sujet doit atteindre dans son intérêt. Il importe de se rappeler que le dominateur peut très bien choisir un but qui apparaît comme bénéfique à l'enfant. Ses intentions peuvent être louables. Combien de fois n'avez-vous pas entendu ces phrases lorsque vous étiez petit: «Tu me remercieras plus tard» ou «C'est pour ton bien que j'agis ainsi»? En fait, j'ai remarqué que la plupart des dominateurs, qu'ils soient parents, enseignants, patrons, ministres du culte ou dictateurs, essaient de justifier ainsi logiquement leur désir de dominer.

La plupart des dominateurs, j'en suis certain, ont l'impression de savoir ce qu'il faut faire parce qu'ils sont plus âgés, plus sages, plus expérimentés, mieux formés, etc. En outre, bon nombre des auteurs qui préconisent une stricte discipline justifient leurs convictions en se fondant sur la Bible: «C'est écrit dans la Bible et j'y crois», annonce James Dobson à ses lecteurs.

Les dominateurs choisissent parfois des buts qui les servent *surtout eux-mêmes*: par exemple un professeur expulse un élève qui l'empêche de poursuivre son enseignement. Ils veulent souvent croire qu'ils exercent un contrôle afin d'aider leur sujet alors qu'en fait, ils le font pour satisfaire leurs propres besoins. D'après mon expérience, rares sont les jeunes qui considèrent la contrainte comme bénéfique pour eux.

Où les dominateurs prennent-ils leur pouvoir?

Essayons maintenant de comprendre comment les dominateurs en arrivent là. Pourquoi réussissent-ils si souvent à se faire obéir? D'où tirent-ils leur pouvoir? Dans une certaine mesure, tout le monde sait qu'ils le tirent de l'emploi de la carotte et du bâton, soit des *récompenses* et des *punitions*.

La possession de récompenses, c'est-à-dire le moyen de satisfaire certains besoins du sujet, est une des sources du pouvoir d'un dominateur. Si mon jeune fils est affamé, je peux exploiter mon accès exclusif à la nourriture afin de l'inciter à mettre la table pour moi en disant: «Jean, si tu mets la table, tu pourras manger.» Si ma fille souhaite désespérément une nouvelle robe, je peux lui promettre de la lui payer si elle range sa chambre tous les jours. Voilà une façon de commander par le biais de promesses qui, en satisfaisant le besoin de l'enfant, lui apparaîtront comme «gratifiantes».

La possession de moyens visant à faire souffrir, à priver ou à gêner l'enfant constitue une autre source de pouvoir. Si je veux que mon fils mange ses légumes, je peux lui dire: «Tu resteras à table tant que tu n'auras pas mangé tes légumes ou tu seras privé de télévision.» Je me fais obéir en privant l'enfant d'une chose qu'il veut, ce qui lui donnera le sentiment d'être «puni».

Récompenses et punitions, voilà les sources ultimes de pouvoir qu'utilisent les dominateurs pour se faire obéir, les «disciplineurs» pour discipliner et les dictateurs pour imposer leur volonté.

Le tableau suivant illustre les deux sources de pouvoir qu'emploient les adultes dominateurs avec les enfants et les adolescents: récompenses (+ +) et punitions (- -), carottes et bâtons. Le «P» signifie *pouvoir*. Si j'ai choisi des cercles dont la taille est si différente, c'est pour souligner que la relation adulte-enfant est presque toujours marquée par une grande différence de pouvoir; en effet, l'adulte est beaucoup plus en mesure de récompenser ou de punir l'enfant que l'enfant de récompenser ou punir l'adulte. Bien sûr, cet écart s'atténue à mesure que l'enfant devient adolescent.

Dans le cas des *très* jeunes enfants, les adultes disposent d'une impressionnante panoplie d'objets qui leur sont utiles et agréables: nourriture, vêtements, boissons, jouets, livres à colorier, cassettes, argent, bonbons, chewing-gum; ils peuvent en outre les récompenser au moyen de toutes sortes d'activités qu'ils aiment: chanter pour eux, leur lire des histoires, jouer avec eux, les porter sur leur dos, les tirer dans leur brouette, les prendre et les embrasser.

Les adultes possèdent également une puissante batterie de punitions pour les jeunes enfants. Outre qu'ils peuvent les priver de l'une des récompenses ci-dessus, ils peuvent les faire souffrir physiquement, limiter leurs activités, les confiner à leur chambre, crier après et les réprimander, les rejeter, les frapper, les gaver, les effrayer («Tu iras en enfer», «Dieu te punira», «Tu me feras mourir»), les fusiller du regard, les bouder et adopter des centaines d'autres attitudes que la plupart des lecteurs se rappelleront de leur enfance.

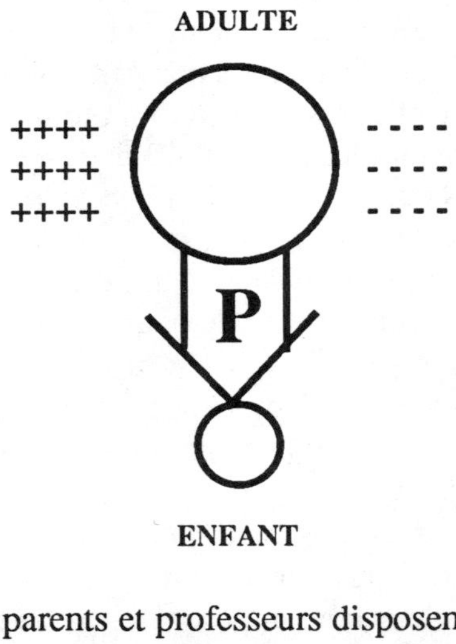

Il est clair que parents et professeurs disposent de tout un éventail de récompenses et de punitions. Comment les utilisent-ils?

Comment les récompenses sont-elles sensées fonctionner

Pour qu'une récompense soit efficace, elle doit réunir trois conditions:

1. L'enfant doit vouloir ou avoir besoin de quelque chose assez fortement pour accepter de se soumettre à la volonté du dominateur (adopter le comportement souhaité par celui-ci).

2. L'enfant doit juger que la récompense offerte *peut satisfaire un de ses besoins*.
3. L'enfant doit *dépendre du dominateur* pour obtenir la récompense (c'est-à-dire qu'il est incapable de répondre lui-même à son besoin).

Le dominateur peut utiliser les récompenses de deux façons différentes: 1. il peut promettre la récompense à la condition que l'enfant fasse d'abord ce qu'il veut (se soumette à sa volonté); 2. il peut attendre que l'enfant adopte le comportement voulu et lui administrer la récompense comme une faveur inattendue. Voici un exemple de domination au moyen d'une récompense promise: vous voulez que votre enfant aille se coucher, alors vous lui dites: «Si tu te couches tout de suite sans rechigner, je te lirai une histoire.» Voici un exemple de récompense accordée une fois le comportement adopté: un professeur veut que l'enfant arrête de se lever de son siège; lorsqu'il remarque que l'enfant reste bien assis, il lui sourit et lui dit: «C'est très bien de ne pas te lever.»

Cette façon de commander les enfants à l'aide de récompenses porte divers noms: modification du comportement, modelage du comportement, conditionnement opérant, renforcement positif, gestion du comportement. (Certaines expressions telles *modification du comportement* ou *gestion du comportement* se rapportent aussi au contrôle par le biais de punitions.) Quelle que soit l'expression employée, la méthode de base consiste à essayer de susciter un comportement précis en faisant en sorte que les conséquences de ce comportement apparaissent comme positives ou gratifiantes aux yeux de l'enfant. Ce principe est solide et plutôt bien documenté: *un comportement récompensé tend à se répéter*.

L'acte de récompenser semble assez bienveillant; après tout, ses conséquences (ou, pour employer le terme technique, ses *contingences*) n'apparaissent-elles pas à l'enfant comme désirables, agréables, satisfaisantes? Et, ne vous y méprenez pas, cette méthode peut être efficace, comme l'ont prouvé d'innombrables expériences faites auprès d'enfants dans divers contextes: écoles, hôpitaux et foyers. Elle a entraîné l'abandon de certains comportements indésirables chez les enfants autistiques, schizophrènes, retardés physiquement ou mentalement et chez d'autres enfants gardés en institution.

Toutefois, cette méthode est gravement limitée et souvent inopérante, comme je l'expliquerai en détail dans le prochain chapitre. Pour l'instant, je me contenterai de souligner ce point: le principe qui consiste à modifier et à façonner le comportement des enfants en prévoyant délibérément des effets positifs et gratifiants est valable, mais il est loin d'être aussi facile à appliquer qu'il le paraît. En fait, il exige habituellement une série complexe et longue d'étapes qui permettront de modifier *un seul* comportement comme mouiller son lit ou frapper les autres. En outre, le dominateur doit posséder de solides connaissances techniques sur la façon d'appliquer la méthode des récompenses d'une manière cohérente et appropriée. Enfin, comme je l'expliquerai plus loin, commander les enfants par le biais de récompenses entraîne chez ceux-ci des effets secondaires négatifs que la plupart des adultes jugent déplaisants. Tous ces problèmes font que cette méthode est risquée et non fiable, comme vous le verrez au chapitre 3.

Comment les punitions sont-elles sensées fonctionner

À l'instar de la récompense, la punition exige certaines conditions de base pour influencer efficacement le comportement de l'enfant:

1. L'enfant doit la percevoir comme nocive, blessante, non voulue, privative, c'est-à-dire qu'elle doit être *répulsive* (et contraire à ses besoins).
2. Elle doit être répulsive au point d'inciter l'enfant à abandonner le comportement non désiré.
3. L'enfant doit être incapable d'échapper à la punition ou à sa relation avec le dominateur, parce qu'il dépend de celui-ci pour satisfaire ses besoins.

La punition peut aussi fonctionner de deux façons. Dans le premier cas, l'adulte peut brandir la menace d'une punition si l'enfant ne modifie pas son comportement: «Si tu ne cesses pas tout de suite, je te donnerai une raclée que tu n'oublieras pas de sitôt.» Dans le second cas, l'adulte peut infliger la punition à la suite d'un comportement «inacceptable» déjà adopté par l'enfant: «Comme tu m'as désobéi, tu seras privé de ta bicyclette pendant une semaine.»

Le fait de commander en employant ou en menaçant d'employer un stimulus désagréable ou pénible porte divers noms: modification du comportement, conditionnement aversif, apprentissage par évitement, gestion du comportement, action de discipliner.

Voici le principe qui sous-tend cette méthode: *tout comportement qui entraîne une punition tend à être abandonné.*

Toutefois, ce n'est pas aussi simple que cela. Comme je l'expliquerai au chapitre 4, certains facteurs complexes rendent cette méthode aussi difficile à appliquer que celle des récompenses. Certains de ces facteurs sont le moment de la punition (qui devrait être infligée le plus rapidement possible) et son intensité (une punition trop légère est inefficace alors qu'une punition trop grave fera fuir l'enfant ou l'incitera à cesser ses efforts). Enfin, cette méthode comporte des effets secondaires très graves dont le fait qu'elle ruine la relation adulte-enfant et cause des torts physiques ou psychologiques à l'enfant n'est pas le moindre.

Conditions nécessaires pour contrôler à l'aide de récompenses et de punitions

Donc, cette forme de domination exige de l'adulte qu'il possède les moyens appropriés soit de *satisfaire* les besoins de l'enfant, soit de l'*empêcher* de le faire. C'est une simple question de *satisfaction* ou de *privation d'un besoin* régie par le dominateur; celui-ci détient l'usage exclusif des moyens et décide seul du moment où il les mettra en œuvre. Il possède ainsi la maîtrise indiscutable de la relation, *qui est toujours inégale.*

Qui plus est, c'est le dominateur qui choisit les comportements qu'il juge acceptables ou inacceptables, ceux qui doivent être renforcés au moyen de récompenses ou découragés au moyen de punitions. Il existe des exceptions à cette règle dans le cas d'ententes entre le dominateur et le sujet concernant la punition ou la récompense de certains comportements (par exemple, certains programmes anti-tabagisme emploient de légers chocs électriques pour aider leurs clients à cesser de fumer). Mais en général, dans les cas les plus fréquents de modification de comportement, soit ceux qui impliquent les parents et les enseignants, le dominateur décide seul quels comportements sont désirables ou non.

Pour que cette forme de contrôle produise des résultats, l'enfant doit demeurer constamment dans un état de *dépendance* et de *crainte:* dépendance envers les récompenses accordées par le dominateur et crainte face aux punitions qu'il peut infliger. L'enfant doit également être coincé dans la relation et incapable d'obtenir lui-même ce que le dominateur lui donne et d'échapper à ses punitions.

Prenons l'exemple d'une mère qui incite son enfant à s'acquitter d'une tâche en lui offrant des bonbons ou de la nourriture. Elle perdrait toute autorité sur lui s'il avait accès à tous les bonbons et à toute la nourriture qu'il désire. En grandissant, il pourra acheter ses propres friandises avec son argent de poche et ses parents perdront beaucoup de leur pouvoir sur lui.

De la même manière, un père qui corrige son fils parce qu'il blasphème verra son pouvoir nettement diminuer lorsque l'enfant sera trop vieux pour être battu. Ce phénomène se reproduit dans toutes les familles et dans toutes les classes. En grandissant, l'enfant trouve de plus en plus de moyens d'échapper aux punitions des adultes qui perdent leur pouvoir sur lui parce qu'ils ne trouvent plus de punitions assez sévères ou répulsives pour se faire obéir.

J'ai entendu tellement de parents tenir des propos comme: «Jeanne était si gentille, enfant, mais maintenant nous n'avons presque plus d'autorité sur elle.» Ils entendent par là qu'ils ne peuvent plus *dominer leur enfant*. Et parce qu'ils n'ont jamais appris à l'*influencer*, ils se sentent impuissants. Plus loin, j'expliquerai plus en détail la différence cruciale entre dominer et influencer. Pour l'instant, je me contenterai de souligner que les adultes perdent la plus grande partie de leur pouvoir lorsque les enfants grandissent parce que les conditions changent: *On ne peut dominer les autres à moins de les garder dans la dépendance et la crainte, et de les empêcher de fuir la relation.*

On retrouve ces conditions dans bien des relations comme celle du maître et de l'esclave, avant que les esclaves aient été affranchis et même longtemps après. Elles caractérisaient les relations employeur-employés dans la plupart des industries au cours des décennies de la révolution industrielle qui ont précédé la création des syndicats. Et, nous le savons tous pour avoir passé par là, les élèves ont toujours été dépendants de leurs professeurs pour ce qui touche leurs notes et leur évaluation, et ont toujours craint les punitions. Toutefois, plus les employés s'appuient sur leurs syndicats et plus les élèves vieillissent, plus leurs dominateurs perdent leur pouvoir sur eux.

Il en a été ainsi pour les femmes mariées. Jusqu'à tout récemment, la plupart d'entre elles dépendaient de leur mari financièrement et craignaient de lui tenir tête. En outre, comme il n'était pas facile de divorcer, elles étaient coincées dans un rôle subalterne.

Le chef religieux exerce la même domination sur ses disciples, tout comme le dictateur sur les citoyens de son pays. Tous deux encouragent une dépendance extrême, brandissent la menace de punitions imprévisibles et restreignent fortement les possibilités de quitter le groupe.

Toutefois, *les relations fondées sur un pouvoir inégal sont instables et temporaires car elles fomentent les actes mêmes qui saperont et affaibliront le pouvoir du dominateur.* Parmi ces actes, l'un des plus courants est la dissidence. Les dominateurs peuvent l'étouffer pendant un certain temps, mais elle deviendra clandestine pour réapparaître plus tard sous forme de rébellion ouverte. Comme l'écrit Marilyn French (1987): «Le dominateur est donc en état de siège continuel... Celui qui est avide de pouvoir peut bien bercer le rêve de connaître un jour le repos, ce jour sera celui où il sera chassé du pouvoir et trouvera la mort.»

Dans les familles, les adolescents se révoltent contre le pouvoir qu'exercent leurs parents dans le but de les changer, de les façonner à leur image ou de les forcer à agir conformément à leur codes moraux. Les parents sont stupéfaits de constater qu'ils n'ont plus la haute main sur leurs enfants et se demandent pourquoi.

Domination externe ou maîtrise interne

Examinons maintenant la différence entre deux formes de domination qui caractérisent les relations adulte-enfant: la domination *externe* et la domination *interne,* soit la discipline imposée par l'adulte et la discipline intérieure de l'enfant. Certains adultes emploient des récompenses *extrinsèques* afin d'exercer une domination *externe* sur l'enfant. Toutefois, les récompenses qui incitent l'enfant à trouver ses propres gratifications (appelées récompenses *intrinsèques*) lui confèrent une maîtrise *interne.*

De la même façon, les adultes qui ont recours aux punitions exercent une domination externe plutôt que de laisser les enfants apprendre à se dominer intérieurement face aux désagréments qui résultent de leur propre comportement. Comme je le répéterai souvent, nous vivons dans une société qui privilégie la domination externe au détriment de la maîtrise de soi. Nous sommes des adeptes invétérés d'une discipline rigoureuse mais faisons très peu pour promouvoir la discipline intérieure chez nos enfants. Au chapitre 10, j'expliquerai pourquoi les adultes détestent renoncer à la domination externe.

À ma connaissance, le modèle proposé par les programmes *Parents efficaces* et *Enseignants efficaces* est le seul à prôner l'abandon des contrôles externes que sont les récompenses et les punitions. Les autres ouvrages sur l'éducation des enfants encouragent tous sans exception l'emploi des récompenses, y compris des éloges. En ce qui concerne les punitions, nombre d'entre eux valorisent les coups et autres formes de châtiments physiques. Certains se contentent de mettre les adultes en garde contre leur usage *fréquent* ou condamnent les punitions corporelles *graves*. Un autre groupe d'auteurs très influents préconisent les punitions non physiques sans toutefois employer le mot «punition» qu'ils remplacent par des euphémismes à consonance plus humaine.

L'un de ces groupes, les «behavioristes» ou «psychologues behavioristes», parle de *conditionnement aversif* et d'*entraînement par évitement*. Un autre groupe, plus important, enseigne aux parents l'emploi de «conséquences naturelles et logiques». Cette idée profondément enracinée dans les ouvrages sur l'éducation des enfants a été répandue par les disciples d'Alfred Adler, psychanalyste, et de Rudolph Dreikurs, auteur de deux ouvrages reconnus: *Le défi de l'enfant* (Dreikurs et Soltz, 1972) et *Challenge of Parenthood* (Le défi des parents) (Dreikurs, 1948).

Étant donné la panoplie de principes valables qui constituent les fondements de l'approche de Dreikurs, j'ai toujours été étonné de constater la faiblesse et l'illogisme de la théorie de cet auteur concernant les contrôles externes. Laissez-moi vous en donner les raisons.

L'un des principes clés de cette théorie se rapporte aux *conséquences* (que nous avons appelées «contingences» un peu plut tôt). Dreikurs avise les adultes que les enfants doivent souffrir des conséquences de leur «mauvaise conduite». Il nomme «conséquences naturelles» les répercussions qui surviennent naturellement et ne sont pas prévues artificiellement par les adultes. Ainsi, une fillette oublie de nouer ses lacets; elle trébuche et se blesse au genou. Sa souffrance (punition) est une conséquence naturelle de son oubli et Dreikurs conseille sagement aux parents de ne pas adoucir la punition (en réconfortant l'enfant, par exemple), de peur qu'elle ne pense pas à nouer ses lacets la fois suivante. Une conséquence naturelle aussi douloureuse constituerait une *punition* pour la plupart des enfants et contribuerait à réduire ou à éliminer le comportement qui l'a causée (soit ne pas nouer ses lacets). Dans ce cas, on peut dire que c'est la nature qui inflige la punition.

Évidemment, tous les enfants apprennent ainsi nombre de leçons importantes à partir desquelles ils renforcent leur maîtrise intérieure («Je ferais mieux de nouer mes lacets la prochaine fois pour éviter de tomber») et il n'y a rien de mal à cela. En outre, même si elle inflige une légère souffrance à l'enfant, cette conséquence n'entache en rien sa relation avec ses parents.

Cependant, Dreikurs se sent tenu d'ajouter à cet ordre de choses des «conséquences logiques» qui sont, explique-t-il, celles que l'adulte, et non Mère Nature, impose à l'enfant. Voici l'exemple qu'il donne: l'enfant est en retard pour dîner; ses parents l'informent qu'il doit supporter la conséquence logique de son retard en se couchant sans dîner.

À mon avis, il est clair que le concept de «conséquence logique» présenté par Dreikurs n'est qu'une appellation différente du terme *punition*. L'enfant s'est mal conduit de sorte que ses parents décident de le punir. Mais dire que l'enfant doit supporter les conséquences *logiques* (se coucher sans dîner) de son acte me paraît être une simple tentative de justifier l'emploi d'une punition tout en atténuant la culpabilité ressentie par la plupart des parents dans ce cas. Dreikurs refuse de renoncer au principe de la punition, mais il lui attribue un caractère «logique».

Le fait pour les adultes de prévoir (ou de manigancer) des conséquences aversives est au cœur de la plupart des programmes de formation destinés aux parents (dont les plus connus sont *Positive Parenting, Systematic Training for Effective Parenting (STEP)* et le programme vidéo *Active Parenting*). Bien que ces programmes se soient largement inspirés de la formation *Parents efficaces* et intègrent *toutes* les aptitudes essentielles à la communication et à la résolution des conflits élaborées dans *Parents efficaces*, leur plaidoyer en faveur de la punition les en distingue tout à fait.

Je soutiens qu'il n'est pas du tout «logique» que mon enfant soit privé de dîner parce qu'il est en retard. Dans notre famille les conséquences (qui me paraissent plutôt «naturelles») d'un tel retard pourraient être que ma fille mangera un repas froid, devra le réchauffer ou se confectionner un sandwich. Mais l'obliger à se coucher sans manger, non! Cela non seulement me paraît illogique, mais constitue tout bonnement une tentative de dominer par le biais d'une punition. C'est pourquoi ce principe de la conséquence logique n'a aucune place dans les programmes *Parents efficaces* et *Enseignants efficaces*. Il ne représente rien de plus qu'un euphémisme pour désigner le fait d'imposer une domination extérieure en punissant, un acte de discipline punitive.

Permettez-moi de faire une dernière remarque. J'ai fini par penser que bien des conseillers parentaux qui préconisent les punitions dans leurs ouvrages et tentent de faire croire que la fin justifie les moyens ont vraiment en horreur l'idée de punir les enfants. J'en tiens pour preuve le fait qu'ils mettent tous les adultes en garde contre les punitions trop sévères, trop fréquentes et infligées sous le coup de la colère.

Or, les psychologues (ainsi que les conseillers dont nous parlons ici) savent que pour avoir un effet dissuasif, la punition doit être assez sévère pour infliger une souffrance à l'enfant. Les scientifiques qui ont fait des recherches poussées sur les punitions affirment qu'elles doivent être fréquentes et sévères. Voici, en jargon quelque peu scientifique, un extrait d'une étude menée par deux des chercheurs les plus illustres dans ce domaine:

> Lorsqu'elle est abandonnée, la punition entraîne généralement un retour de la réaction qui l'a provoquée [comportement]. Toutefois, si elle est administrée au moyen d'un stimulus suffisamment intense [lire *douloureux*], ce retour peut être repoussé pendant une période assez prolongée pour que l'anéantissement [perte de la réaction conditionnée] semble échouer. (Risley et Baer, 1973)

Il ressort de tout cela que les adultes reçoivent des conseils extrêmement pernicieux de la part de tous les auteurs (et ils sont légion) qui entérinent l'emploi des punitions dans les foyers et à l'école. Ces auteurs leur conseillent d'imposer une discipline axée sur des punitions dont ils *bousillent littéralement l'efficacité en les préconisant faibles, peu fréquentes et peu douloureuses.*

Enfin, ils leur font une recommandation virtuellement impossible à suivre: «Ne punissez pas lorsque vous êtes en colère.» Autrement dit, attendez que votre colère tombe avant de punir sinon vous risqueriez d'y aller trop fort. Toutefois, cette idée contredit les résultats de nombreuses recherches qui démontrent que toute punition, pour être efficace, doit survenir *immédiatement* après le comportement inacceptable et infliger une souffrance à l'enfant.

De telles conditions, je le répète, sont rarement réunies sauf dans un contexte arrangé par des experts de la modification du comportement. Si vous n'êtes toujours pas convaincus, je vous recommande la lecture de l'ouvrage intitulé *Comment intervenir auprès des enfants* (Krumboltz et Krumboltz, 1975).

Au chapitre 3, j'expliquerai plus précisément pourquoi les récompenses sont inopérantes quand les adultes s'en servent pour dominer les enfants. Et au chapitre 4, je soulignerai les défauts et les dangers de la punition.

CHAPITRE 3

Pourquoi les récompenses sont inefficaces

On essaie tellement souvent de maîtriser le comportement des enfants par le biais de récompenses que l'on met rarement en doute l'efficacité de celles-ci. La plupart des enseignants emploient des méthodes de contrôle élaborées fondées sur les récompenses: étoiles dorées, notes de bonne conduite, temps libre, allocation préférentielle des places, assistance du professeur, affichage des dessins ou des textes des élèves. Ils recourent automatiquement au compliment pour obtenir que les élèves se tiennent bien ou réalisent une tâche: «Tu dessines de très jolies fleurs!»; «Ton texte est joliment tourné»; «Vous avez été des anges aujourd'hui».

Les parents font, eux aussi, un usage immodéré des récompenses, en particulier avec les jeunes enfants. Ils leur offrent de l'argent pour les inciter à ranger leur chambre, du dessert pour qu'ils mangent leurs légumes, des étoiles dorées pour les pousser à brosser régulièrement leurs dents et des présents pour qu'ils fassent leurs devoirs. À l'instar des professeurs, ils manient très habilement le compliment: «C'était gentil de ta part d'aider ta mère à mettre la table»; «Je dirai à ton père combien tu m'as aidée aujourd'hui»; «Quel beau travail tu as fait dans le jardin».

À voir la fréquence avec laquelle on emploie les récompenses avec les enfants, on pourrait croire qu'il s'agit là d'un moyen efficace de les faire obéir. Mais l'est-il vraiment? J'aurais tendance à croire le contraire: le fait que tant d'adultes recourent aux récompenses avec une si grande fréquence et une si grande inefficacité prouve qu'elles ne produisent *pas* les résultats escomptés. Sinon comment expliquer l'insubordination universelle des élèves et le fait que la plupart des parents se sentent si impuissants face à la «mauvaise conduite» de leurs enfants? Il me semble que ni les enseignants ni les parents n'obtiennent un grand succès avec leurs divers systèmes de récompense. Il y a de nombreuses raisons à cela.

Contrôler par les récompenses: l'aspect technique

L'inutilité des récompenses pour gouverner les enfants est partiellement attribuable au fait que cette méthode exige un niveau très élevé de compétence technique de la part du dominateur, niveau que peu d'adultes atteignent jamais. Modifier le comportement des enfants en faisant en sorte que les conséquences du comportement désiré soient gratifiantes pour eux est une véritable science. Seuls quelques chercheurs comprennent vraiment la technologie complexe de la modification du comportement. La plupart d'entre eux détiennent un doctorat en psychologie et ont mené, pendant des années, de rigoureuses expériences en laboratoire sur la modification d'un comportement précis propre aux animaux ou aux êtres humains.

Ces experts de l'apprentissage ont démontré que les récompenses sont inefficaces sauf si elles suivent immédiatement le comportement désiré. (Donnez un biscuit à votre chien aussitôt qu'il a obéi à votre commande sinon il ne recommencera pas la fois suivante.) La remise des récompenses doit également suivre un plan précis, soit chaque fois que le comportement voulu est adopté au début, et par intermittence ensuite. En outre, le spécialiste du comportement doit choisir soigneusement des récompenses qui satisferont un besoin précis de son sujet. Il doit noter avec soin la fréquence du comportement désiré afin de déterminer si la personne change vraiment. Il doit aussi s'assurer qu'il ne récompense pas par inadvertance un comportement non souhaité; c'est ce qui arrive, par exemple, lorsqu'un enfant fait le pitre en classe et obtient l'attention de son professeur (gratifiante pour lui). Même entre les mains des meilleurs spécialistes, la modification du comportement par le biais de récompenses prend invariablement beaucoup de temps; ainsi cela peut prendre plusieurs mois avant qu'un enfant apprenne un seul modèle de comportement comme d'utiliser la toilette au lieu de souiller sa culotte.

Si vous doutez de la complexité et du temps qu'exige la modification d'un comportement, je vous invite à lire l'extrait suivant de *Parent Power* (Le pouvoir parental), de Logan Wright, qui préconise fortement l'emploi de punitions et de récompenses avec les enfants. Pendant dix ans, Logan Wright dirigea la département de psychologie de l'enfant à la faculté de médecine de l'université de l'Oklahoma. Comme nous l'avons déjà vu, son livre commence par les deux phrases suivantes:

> La règle d'or pour tout parent qui désire demeurer sain d'esprit, c'est de prendre et de garder le contrôle. Mais la raison la plus importante tient au fait qu'*il faut dominer un enfant avant de pouvoir le soutenir et l'aimer vraiment* [ce n'est pas moi qui souligne]. (Wright, 1980)

Plus tard, Logan Wright décrit ce qu'il croit être la meilleure façon d'inciter un enfant timide à saluer les visiteurs:

> Demandez-vous d'abord ce que cela signifie de ne pas être timide et prenez cela pour but. Que voulez-vous que votre enfant puisse faire sans être intimidé? Cela est extrêmement important, car vous ne pourrez pas récompenser ses progrès si vous n'avez pas d'objectif précis. Donc, vous décidez qu'à son âge, votre enfant devrait pouvoir saluer les visiteurs, se présenter et demander leurs noms, puis demeurer avec eux jusqu'à l'arrivée de la personne qu'ils sont venus voir. L'étape suivante consiste à déterminer jusqu'où peut déjà aller votre enfant sans malaise. Disons qu'il peut observer depuis une certaine distance

> quelqu'un d'autre ouvrir la porte. Vous devriez le féliciter à mesure qu'il se rapproche de la porte et assiste de plus près au processus d'accueil. À ce stade, on commet souvent l'erreur de s'impatienter et de pousser l'enfant vers la porte ou même de l'intégrer à l'accueil. Cela peut donner des résultats mais au grand détriment de l'enfant. Parfois, cela empire les choses et éloigne encore davantage l'enfant de la porte. L'enfant pourra, par exemple, fuir par la porte de derrière à l'approche des visiteurs. Armez-vous de patience et rappelez-vous que si vous récompensez ses progrès, il en fera d'autres à coup sûr. Ainsi, vous récompensez petit à petit l'enfant à mesure qu'il se rapproche de la porte, sans jamais le pousser et en félicitant le moindre de ses progrès. (Soit dit en passant, vous pouvez accélérer le processus en faisant en sorte d'avoir beaucoup de visiteurs; si la possibilité de récompenser les progrès de l'enfant ne se présente qu'une fois par mois, cela vous prendra toute la vie pour obtenir le comportement désiré.) Au bout d'un certain temps, Bernard accepte volontiers de vous accompagner à la porte pour accueillir les visiteurs. Votre problème est presque entièrement résolu. (Wright, 1980)

Pour ma part, je trouve que s'il est si compliqué et si long de modifier un seul comportement, aucun parent ne trouvera jamais le temps d'employer cette méthode avec la multitude d'autres comportements que tous les parents voudraient inculquer à leurs enfants: se coucher à l'heure, prendre soin de leurs jouets, nettoyer leurs dégâts, ramasser leurs vêtements, ne pas frapper leur petit frère, fermer la bouche en mangeant, se brosser les dents tous les jours, nourrir le chien, se lever à temps pour l'école, téléphoner aux parents pour dire où ils sont, et la liste pourrait s'allonger indéfiniment. En outre, imaginez qu'un professeur dépende de cette méthode complexe pour modifier les comportements de trente enfants! Impossible. Je dois ajouter que chez moi, il aurait fallu plus d'un an pour obtenir la visite d'un nombre suffisant de visiteurs au moment où ma fille était là pour réussir à lui inculquer le comportement désiré.

Compte tenu du nombre de conditions précises devant être réunies et du temps qu'exige cette méthode complexe, je suis convaincu que le système de récompenses ne sera *jamais* d'aucune utilité pour les parents ou les enseignants. Les experts obtiennent un succès indéniable avec cette méthode lorsqu'il s'agit d'apprendre aux enfants retardés à marcher, aux enfants autistiques à porter leurs lunettes, aux enfants schizophrènes à parler et ainsi de suite. Mais il semble absurde d'espérer que parents et enseignants obtiendront des résultats semblables avec une méthode aussi sophistiquée et lente.

Évidemment, tout le monde n'est pas d'accord avec moi. À l'instar de M. Wright, certains auteurs ont rédigé des ouvrages visant à enseigner aux parents la technique complexe de la modification du comportement. Bien que leurs livres soient lisibles et permettent de comprendre les principes de cette méthode, je doute que bien des parents ou des enseignants trouvent jamais le temps ou la patience de l'employer efficacement. Tout comme la chirurgie, la modification du comportement est un procédé hautement technique exigeant les compétences d'une personne qualifiée qui passe des heures avec un seul enfant (ou quelques-uns tout au plus) dans un environnement strictement contrôlé. En général, on n'emploie cette méthode que lorsque des techniques beaucoup plus simples ont échoué.

Les récompenses: difficultés rencontrées par les parents et les enseignants

Lorsque parents et enseignants essaient de commander les enfants par le biais de récompenses, ils se heurtent à de graves difficultés de sorte que la plupart abandonnent les récompenses pour se tourner vers les punitions. Le lecteur reconnaîtra la plupart des problèmes ci-dessous, inhérents à l'emploi de récompenses.

Quand les récompenses n'ont plus de valeur

Rappelez-vous l'époque où vos parents vous promettaient une montagne de jouets à Noël si vous étiez sages pendant plusieurs mois. Or, la plupart des enfants ne peuvent rester sages pendant plusieurs mois d'affilée. En outre, comme la perspective de recevoir des jouets était très lointaine, cette promesse n'avait pas grand valeur. Lorsque j'entrai dans l'adolescence, mon père me promit une montre en or si j'attendais d'avoir vingt et un ans pour fumer. Cette promesse ne m'empêcha en rien de fumer avant parce qu'à l'époque, une montre en or présentait peu d'intérêt à mes yeux, surtout si je devais attendre pour l'avoir. La règle: *une récompense très éloignée dans le temps perd de sa valeur persuasive.*

Quand un comportement inacceptable est récompensé

Lorsque j'étais à l'élémentaire, plusieurs de mes professeurs avaient mis au point divers systèmes élaborés de récompense pour m'amener à bien me conduire en classe. L'ennui c'est que mes pitreries me valaient les rires (et l'attention tout entière) de mes camarades qui me récompensaient et renforçaient le comportement même que mon professeur jugeait inacceptable. Résultat, à chaque nouvelle année et ce, jusqu'à la fin de mes études secondaires, je faisais *de plus en plus* de bouffonneries. La règle: *les dominateurs ne peuvent pas toujours empêcher les autres de récompenser un enfant dont ils jugent le comportement inacceptable.*

Quand les enfants peuvent obtenir leurs propres récompenses

Les récompenses sont inutiles lorsque les enfants en obtiennent suffisamment par eux-mêmes. En grandissant, les enfants trouvent de plus en plus de façons de réduire leur dépendance à l'égard de leurs parents ou de leurs professeurs pour ce qui est de la satisfaction de leurs besoins. «Si tu t'acquittes des tâches qui te sont assignées cette semaine, je t'emmènerai au cinéma samedi»; voilà une promesse qui peut être efficace quand l'enfant est jeune. Mais quand il est assez grand pour gagner des sous et se déplacer à bicyclette, il peut aller voir tous les films qu'il veut sans se soumettre à ses parents. À l'âge de neuf ans, je gagnais plusieurs dollars par semaine en tondant le gazon des voisins ou en cueillant des fraises. En outre, mes amis et moi pouvions toujours aller au cinéma du coin à bicyclette. La règle: *pour que les récompenses soient efficaces, les enfants doivent être incapables d'en acquérir par eux-mêmes; ils doivent être dépendants, craintifs et démunis.* Essayez de dresser votre chien à rapporter un bâton en lui offrant un os après qu'il a avalé un gros repas.

Quand les récompenses semblent inaccessibles

Souvent on n'arrive pas à modifier le comportement de l'enfant parce que le prix qu'il doit payer pour obtenir la récompense promise est trop élevé. En vertu de la plupart des systèmes de notation, surtout de la notation relative (les étudiants sont évalués les uns par rapport aux autres plutôt qu'en fonction d'une norme préétablie), la moitié environ des étudiants peuvent recevoir une note inférieure à la moyenne. Cela signifie, comme chacun sait (y compris les éducateurs), qu'un A ou un B n'a que très peu de valeur, sinon aucune; les étudiants cessent donc simplement de viser l'excellence, sachant pertinemment qu'ils ont très peu de chance d'obtenir une des rares notes supérieures allouées aux plus intelligents de la classe. La règle: *les enfants doivent voir la récompense comme un but accessible.*

Quand un comportement acceptable n'est pas récompensé

Il est absurde de s'attendre à ce que les parents s'attachent aux pas de leurs enfants afin de récompenser chacun de leurs comportements positifs. La plupart du temps, papa et maman sont trop occupés pour observer l'enfant, ou encore celui-ci est hors de vue ou ailleurs. Toutefois, de l'avis des experts, il est absolument essentiel que le dominateur agisse ainsi, surtout au début. Les enseignants, qui ont habituellement la charge d'une classe entière d'enfants turbulents, ne peuvent évidemment pas souligner à mesure chaque comportement souhaitable. De même, il n'est pas toujours possible de se montrer constant dans l'attribution de récompenses. Avez-vous déjà entendu votre enfant se plaindre de la sorte: «L'autre jour, tu as remercié André de t'avoir aidée à transporter les sacs d'épicerie, mais je l'ai fait hier et tu n'as même pas remarqué!» La règle: *un comportement non récompensé est beaucoup plus long à renforcer et prend beaucoup plus de temps pour devenir une habitude chez l'enfant.*

Quand les enfants travaillent dans le seul but d'obtenir une récompense

> «Aimes-tu mon dessin?»
> «Trouvez-vous que j'épelle bien, madame?»
> «Ai-je été gentil aujourd'hui?»
> «As-tu remarqué que j'avais rangé ma chambre?»
> «J'ai mangé tous mes légumes; puis-je avoir deux boules de crème glacée?»

Voilà des messages indiquant que l'enfant apprend de ses parents et de ses professeurs qu'il doit *toujours s'attendre à être récompensé pour sa bonne conduite.*

L'un des effets pernicieux du système de notation qui prévaut dans nos écoles est que certains étudiants se soucient davantage de leurs notes que d'accroître leurs connaissances ou leurs aptitudes. On appelle cela «travailler pour les notes», soit viser des récompenses *extrinsèques* plutôt que le plaisir et la satisfaction (récompenses *intrinsèques*) inhérents à l'accomplissement de ses travaux scolaires et du savoir acquis.

Poussée à l'extrême, cette attitude débouche sur la tricherie, le plagiat, le bachotage, le délayage des travaux et tout ce que les étudiants peuvent faire pour «obtenir de bonnes notes».

Un jour, j'observais un petit enfant entièrement absorbé par la construction d'une maison complexe avec des blocs; eh bien! l'enfant tirait une grande satisfaction du simple fait de relever le défi que constituait cette tâche et était manifestement récompensé (récompense intrinsèque) par sa propre performance. Toute évaluation de celle-ci ne pouvait se passer que dans le for intérieur de l'enfant.

Comparez cette situation à celle où l'enfant façonne un animal avec de l'argile en s'arrêtant à tout moment pour montrer son travail à ses parents et leur poser des questions comme: «Aimez-vous mon cheval?»; «Ai-je réussi la tête?»; «Est-ce que je travaille comme il faut?» Certains enfants démontrent clairement que leur source d'évaluation se situe chez leurs parents ou leurs professeurs. (C'est ce que les psychologues appellent une «source d'évaluation externe».)

Les compliments jouent surtout le rôle de récompenses extrinsèques et leur effet sur les enfants est assez prévisible. Les enfants qui en reçoivent beaucoup apprennent à ne choisir que les activités qui plaisent à leurs parents en évitant les autres. Bien que certains parents trouvent cette attitude souhaitable, nous savons que ces enfants ont beaucoup moins de chance de développer leur créativité et leur autonomie. Ils apprennent à se conformer plutôt qu'à innover et à suivre un modèle reconnu pour s'attirer des compliments plutôt qu'à essayer du nouveau.

L'abus des récompenses risque de former des enfants qui retirent peu ou pas de plaisir de leurs activités et de leurs réalisations *en l'absence* de récompenses ou d'compliments. Ils n'apprécient pas beaucoup les sports sauf si leur performance leur vaut des marques d'approbation, n'aiment pas étudier sauf s'ils obtiennent de bonnes notes et prennent peu de plaisir à rendre service sauf si on leur attribue certains «mérites» pour leur conduite. Le drame c'est que s'ils ne reçoivent aucune récompense, ces jeunes laissent tomber certaines occupations, se privant ainsi de la joie intrinsèque qu'apporte le fait d'exercer une activité pour le simple plaisir de la chose.

Le recours aux récompenses extrinsèques dans le but de dominer ou de motiver les enfants, que ce soit sous forme de louanges, de notes, de privilèges spéciaux ou d'étoiles dorées, tend à saper la motivation intrinsèque de l'enfant, le poussant ainsi à abandonner l'activité en question. Non seulement les motivateurs extrinsèques sont inefficaces mais ils sont également corrosifs en ce qu'ils grignotent la sorte de motivation qui constitue un véritable facteur de réalisation, de compétence et d'estime de soi.

Alfie Kohn, auteur de *No Contest: The Case Against Competition* (Pas de concours: plaidoyer contre la compétition) (Kohn, 1986) cite dans son ouvrage une étude qui confirme l'effet négatif de la compétition. Les élèves doivent résoudre un problème. Un petit groupe d'entre eux reçoit l'ordre de le résoudre plus vite que leurs voisins, les autres ne recevant aucune instruction. On chronomètre tous les élèves puis on leur demande d'écrire avec quel degré d'enthousiasme ils ont essayé de résoudre le problème. De conclure le chercheur:

> De nature extrinsèque, la rivalité tend à diminuer la motivation intrinsèque d'une personne... Il semble que lorsque des gens reçoivent l'ordre de rivaliser avec des adversaires au cours d'une activité donnée, ils voient celle-ci comme un outil pour gagner plutôt que comme une activité gratifiante en soi qui vise à leur inculquer une certaine maîtrise. (Deci *et al.*, 1981)

Feu John Holt, critique scolaire renommé et respecté, avait compris l'effet destructeur des récompenses extrinsèques sur les élèves:

> Nous annihilons la passion désintéressée [...] d'apprendre qui est innée chez les enfants et se montre si forte quand ils sont petits, en les encourageant au travail avec des récompenses mesquines et méprisables, telles que médailles d'or, bons points, tableaux d'honneur, mentions diverses, listes de mérite, etc. Bref, pour avoir l'ignoble satisfaction de se sentir meilleurs que les autres. (Holt, 1968)

La règle: *les récompenses, en particulier les compliments, peuvent créer une dépendance chez l'enfant et saper sa motivation.*

Quand l'absence de récompenses apparaît comme une punition

Vous connaissez sans doute l'histoire de la femme qui, arborant un chapeau neuf, dit à son mari: «Tu ne m'as pas dit que j'avais un joli chapeau, c'est donc que tu le trouves horrible.» Il en va de même lorsqu'on emploie les compliments et les compliments pour contrôler les enfants. Lorsqu'ils s'y habituent, ils s'inquiètent aussitôt qu'ils n'en reçoivent pas.

À l'école, lorsque les professeurs sont prodigues de récompenses généralement réservées aux sujets les plus brillants, la majorité des élèves subissent l'absence de récompenses comme une punition et cessent de faire des efforts. Cela explique aussi pourquoi certains enfants qui n'en reçoivent pas assez semblent quêter constamment les compliments des adultes.

Des expériences ont confirmé que l'effet des récompenses s'affaiblit avec le temps et que plus les parents sont prodigues de compliments, moins celles-ci sont efficaces lorsqu'il s'agit d'inciter l'enfant à apprendre une tâche. Les enfants «s'habituent» ou s'adaptent à une certaine quantité de compliments et y font moins attention. Eleanor Maccoby et John Martin interprètent ainsi ces résultats dans leur prestigieux *Handbook of Child Psychology* (Manuel de la psychologie de l'enfant):

> Pour que les compliments provenant des parents soient efficaces, ils doivent être utilisés avec parcimonie ou bien augmenter petit à petit d'intensité ou de fréquence de manière à dépasser un niveau d'adaptation graduellement croissant chez l'enfant. L'emploi de récompenses entraîne des problèmes similaires. L'enfant qui en reçoit régulièrement finit par les attendre et voit leur absence comme une punition alors que leur présence ne lui apparaît plus comme une gratification. (Maccoby et Martin, 1983)

La règle: *l'absence de récompense peut être vue comme une punition; des récompenses trop abondantes finissent par perdre leur effet.*

Une analyse plus approfondie du compliment

Les experts en modification du comportement soulignent la différence entre les renforcements *primaires* et *secondaires* (récompenses). Les premiers sont ceux qui comblent les besoins fondamentaux de l'enfant, comme la nourriture, l'eau, l'affection, les caresses. La plupart des ouvrages portant sur la gestion du comportement destinés aux parents reconnaissent l'efficacité limitée de ce type de récompenses lorsqu'on veut maîtriser le comportement de l'enfant. Pourquoi? Parce que la plupart des enfants plus âgés sont capables de satisfaire leurs besoins fondamentaux et que les adultes ne peuvent les commander en essayant de les priver comme ils le font avec les jeunes enfants. En outre, il est simplement cruel et vil de faire en sorte que l'enfant «mérite» sa nourriture; aucun parent normal n'agirait ainsi, bien que les journaux rapportent parfois certaines exceptions.

Voilà pourquoi les adeptes du pouvoir-aux-parents conseillent aux parents dont les enfants ne sont plus des bébés d'employer plutôt les *renforcements secondaires*: attention, baisers et caresses, remerciements et surtout *compliments*. Logan Wright, auteur de *Parent Power* (Le pouvoir parental), en explique clairement la raison:

> Les renforcements primaires sont plutôt limités, surtout dans le cas des enfants plus âgés qui vivent à la maison plutôt qu'à l'hôpital. En premier lieu, la nourriture n'agit plus à titre de renforcement (n'a aucune valeur de récompense) sauf si l'enfant a faim... C'est pour cette raison, entre autres, que les renforcements primaires ne sont efficaces qu'avec les très jeunes enfants... Les renforcements secondaires englobent la plupart des bonnes choses de la vie: attention, compliments, succès, caresses et baisers. (Wright, 1980)

Le message de M. Wright et d'autres spécialistes du comportement est très clair: lorsque vous ne pouvez plus manipuler ni commander les enfants en refusant de satisfaire leurs besoins fondamentaux, ne vous découragez pas car vous possédez encore beaucoup de pouvoir: il vous suffit de vous concentrer sur d'autres besoins profonds des enfants tel leur désir d'approbation, d'affection et d'attention. Mais ces récompenses secondaires confèrent-elles vraiment un si grand pouvoir aux parents et aux éducateurs? Examinons cela de plus près en nous arrêtant plus particulièrement au compliment.

J'ai souligné plus tôt que pour commander une autre personne au moyen de récompenses, il fallait que celle-ci désire ou ait suffisamment besoin d'une chose pour se soumettre à la volonté du dominateur. Cependant, les enfants ont-ils besoin de compliments au point de se plier à la volonté de leurs parents et de leurs professeurs? Par expérience, je vous dirai: «N'y comptez pas.» Surtout avec les enfants plus âgés.

La simple idée de manipuler les enfants au moyen de compliments est attrayante, n'est-ce pas? Elle *a l'air* plutôt altruiste et comment pourrait-on douter qu'elle rend service à l'enfant? De plus, elle *semble* facile à appliquer et ne risque pas d'entraîner autant de culpabilité chez les adultes que la punition. Enfin, le compliment semble de prime abord une nécessité courante et souhaitée par tout le monde. C'est pourquoi on l'emploie abondamment. Et la plupart des adultes espèrent qu'elle incitera les jeunes à leur obéir. Comme le disait mon père: «Complimentez-les et ils feront tout ce que vous voulez.» Mais le feront-ilsvraiment?

J'en suis venu à croire qu'on a grandement exagéré la valeur du compliment en tant que moyen de commander les enfants parce qu'en général il est inefficace et très destructeur pour la relation entre l'adulte et l'enfant. En outre, le compliment risque de développer un certain nombre de traits indésirables et asociaux chez les enfants. Pour en comprendre la raison, nous devons d'abord le définir.

Mon collègue, le psychologue Richard Farson a, le premier, expliqué pourquoi le compliment était si inefficace dans un article publié dans la *Harvard Business Review* (Farson, 1963).

Qu'est-ce que le compliment?

Voici ma définition du *compliment:* message verbal qui communique un jugement positif sur une personne, son comportement ou une de ses réalisations.

Voici quelques exemples de messages élogieux:

«Tu as été un bon garçon [une bonne fille].»
«Tu fais d'énormes progrès au tennis.»
«Tu as bien fait de refuser d'y aller.»
«Tu as une magnifique chevelure.»
«Tu fais de très belles peintures.»
«Tu as nettement amélioré ton jeu.»
«Tu réussis beaucoup mieux tes devoirs.»
«Tu es assez intelligent pour arriver dans les premiers.»
«Tu as fait de l'excellent travail.»

Remarquez que tous ces messages renferment le pronom «tu» suivi d'une évaluation positive d'un aspect de la personne: son apparence, son comportement, ses réalisations, ses caractéristiques. Un peu plus loin, je comparerai ces messages «tu» avec une tout autre sorte de messages positifs que j'ai baptisés messages «je» en 1964. Par exemple: «J'ai apprécié ton aide ce soir car je suis épuisé.» Les messages «je» ne concordent pas avec ma définition du compliment et produisent rarement les effets négatifs des messages «tu». Mais pour l'instant, voyons les problèmes inhérents à l'emploi du compliment pour contrôler les enfants.

Le motif caché de la plupart des compliments

Les parents, les professeurs et les adultes en général, on s'en souvient, emploient principalement le compliment dans le but de susciter un changement précis chez l'enfant: se surpasser, continuer de bien travailler, bien se conduire, bien s'habiller ou adopter tout autre comportement désiré. Leur but est de renforcer (récompenser) un comportement qu'ils jugent approprié et correct. Donc, chaque compliment ou presque cache le désir inavoué de l'adulte de changer l'enfant. Je parle de «motif caché» parce que l'adulte ne manifeste presque jamais ouvertement son intention.

Lorsqu'un père dit à sa fille de douze ans: «Tu es tellement jolie dans cette robe», il peut cacher l'arrière-pensée suivante: «Je préférerais te voir porter des robes plutôt que ces affreux jeans.» Ou lorsqu'un professeur dit à sa classe: «Vous avez été très calmes et très studieux aujourd'hui», il dit en fait: «Pourquoi ne vous comportez-vous pas ainsi tous les jours?»

Je me rappelle la fois où mon père nous a dit, à mon frère et à moi: «Vous avez fait de l'excellent boulot dans la cour aujourd'hui.» Nous savions bien que papa utilisait le principe éprouvé dont je parlais un peu plus tôt: «Complimentez-les et ils feront tout ce que vous voulez.»

Donc, les adultes ne visent pas uniquement le bien-être de l'*enfant* lorsqu'ils le complimentent. Ils souhaitent aussi déclencher un changement de conduite qui les fera, *eux*, se sentir bien: ce qu'ils veulent, c'est une cour en ordre, une jeune fille habillée au goût de ses parents, une classe studieuse. En général, les enfants voient clair et devinent l'intention cachée des adultes.

Le compliment est donc souvent pratiqué pour la commodité, le plaisir ou l'avantage de son auteur. Un parent ou un professeur qui l'emploie *peut* vouloir que l'enfant se sente bien, mais il peut aussi vouloir changer l'enfant pour son propre bien-être. Les jeunes perçoivent ceux qui emploient le compliment à cette fin comme des personnes manipulatrices, dominatrices et quelque peu malhonnêtes.

Voilà précisément ce qu'ont découvert trois chercheurs qui se sont penchés sur les causes de la réussite scolaire. Dans le cadre de leur étude, ils distribuèrent des tests en sciences sociales, en sciences, en mathématiques et en lecture à 311 élèves de sixième et de septième année. Les parents devaient remplir un long questionnaire sur leurs méthodes d'éducation. Les résultats furent des plus inattendus.

Les enfants ayant une mère très affectueuse qui les laissait exprimer leur agressivité obtinrent d'excellents résultats, au contraire des enfants que leur mère punissait souvent sans leur donner d'explication. Le fait le plus étonnant, c'est que les enfants souvent complimentés par leur père ne réussirent pas très bien, surtout en sciences et en lecture. L'explication des chercheurs: *Le parent qui complimente sans cesse son enfant vise à rendre celui-ci plus docile. L'enfant ne croit pas mériter ces compliments qu'il juge d'ailleurs insincères.* (Barton, Dielman et Cattell, 1974)

Comment le compliment peut véhiculer une critique

L'intention de changer les enfants que cache souvent le compliment comporte une critique sous-jacente, comme l'illustre le dialogue ci-dessous, assez typique:

> MÈRE: Tu conduis beaucoup plus prudemment aujourd'hui.
> JEANNE: Que veux-tu dire par là? Je suis toujours prudente.
> MÈRE: Ce n'est pas mon avis.
> JEANNE: En quoi ma conduite est-elle dangereuse, dis-moi?

Des échanges de ce genre ne sont pas rares dans les familles. Le parent fait un compliment; l'enfant entend une critique et sent le désir inexprimé du parent de le changer. Souvent manipulateur, le compliment reflète un désir indirect et inexprimé de façonner ou de maîtriser le comportement inacceptable de l'enfant en mettant en relief un comportement acceptable. Plus l'enfant reçoit de compliments doublés d'une critique implicite, plus il saisit les intentions réelles des ses parents.

Comme la plupart des gens, les enfants n'aiment pas être manipulés et ils détestent les efforts déguisés que déploient les adultes pour les commander, surtout par le biais de messages contenant des critiques subtiles et indirectes. En fait, lorsqu'ils identifient la critique cachée derrière le compliment, ils ne font pas attention à l'affirmation positive telle: «Tu conduis plus prudemment aujourd'hui». Au lieu d'être heureuse du compliment, Jeanne se sent critiquée, elle se défend et en veut à sa mère. Il est probable qu'elle oubliera le compliment pour ne se souvenir que de la critique.

Contrairement à ce que pensent la plupart des gens, le compliment renferme souvent un élément de *non-acceptation*. Lorsqu'un professeur dit à son élève: «Tu as bien compris la leçon aujourd'hui parce que tu es attentif», l'enfant comprend que la plupart du temps il est *distrait* et que son professeur n'aime pas cela.

Les louanges peuvent aussi faire en sorte que l'enfant se sente inférieur à l'adulte, jugé. Par expérience, je sais que lorsque j'assume le rôle de juge et d'évaluateur dans une relation, c'est qu'au fond je me sens supérieur à l'autre personne. En fait, j'affirme que je suis plus avisé et plus sage. Si je dis à ma fille «Chérie, tu as bien joué au tennis aujourd'hui», je sous-entends que je suis qualifié pour juger sa performance, en tout cas plus qu'elle. Mieux vaudrait que je dise: «J'ai dû déployer beaucoup d'efforts et faire preuve de génie pour jouer avec toi aujourd'hui.»

Pour comprendre comment le compliment place son auteur au-dessus de son destinataire, imaginez que vous venez juste d'entendre jouer un célèbre violoniste (et que vous n'avez jamais touché un violon de votre vie). Vous vous couvririez de ridicule si vous lui disiez: «Votre technique était irréprochable et votre interprétation des plus brillantes.» Tout comme moi, vous ne feriez jamais ce compliment sachant que vous n'êtes pas qualifié pour juger un violoniste mille fois plus doué que vous. Comparez ce message avec celui-ci: «J'ai beaucoup aimé votre concert ce soir» ou «Je suis plein d'admiration pour votre talent».

Il y a toujours un risque, lorsqu'on fait un compliment, de paraître supérieur, ce qui suscitera un sentiment d'infériorité chez l'enfant. Le compliment confère souvent un avantage à son auteur. En fait, pour qu'il ait vraiment un effet, une personne doit être clairement supérieure à l'autre dans la relation.

Il arrive que les adultes complimentent l'enfant avant de le critiquer:

> «Solange, tu t'es beaucoup améliorée, mais tu as encore du chemin à faire.»

> «Pierre, c'est gentil d'avoir lavé la vaisselle, mais tu ne l'as pas rangée.»

Il n'est pas rare qu'en réaction à ces doubles messages, l'enfant n'entende pas (ou oublie) l'évaluation positive pour ne réagir qu'à la critique.

Il existe une variante de ces messages adoucissants qui porte le nom de «technique du sandwich». Malheureusement, on recommande souvent cette technique comme une manière efficace de traiter les jeunes. Elle consiste à glisser une critique entre deux compliments:

> «Catherine, tu fais beaucoup d'efforts actuellement, mais tu commets encore des étourderies en arithmétique. Or, je sais que tu peux faire n'importe quoi quand tu t'y mets.»

> «Marc, tes dents sont beaucoup plus propres qu'il y a un mois, mais tu oublies encore de les brosser le soir. Tu es assez intelligent pour savoir que les aliments qui demeurent entre tes dents toute la nuit peuvent causer des caries.»

> «Tu as fière allure ce soir, Philippe. Bien sûr, ce serait encore mieux si tu te donnais un coup de brosse, mais tu as vraiment amélioré ton apparence.»

Les jeunes voient facilement cette technique pour ce qu'elle est, soit une tentative indirecte (donc manipulatrice) de les dominer. Lorsqu'ils reçoivent ce type de message de leurs parents ou de leurs professeurs, ils comprennent que leur *véritable* intention est de critiquer et de mettre en relief leur comportement *inacceptable* et non de louer leur comportement acceptable.

C'est pourquoi les parents et les professeurs qui emploient fréquemment cette technique courent le risque d'être perçus par les enfants comme des personnes manipulatrices, indirectes, insincères et parfois tout à fait malhonnêtes!

Quand le compliment ne correspond pas au jugement de l'enfant

Il est étonnant de voir la fréquence avec laquelle les enfants rejettent les compliments des adultes qui ne correspondent pas à leur propre évaluation de la situation. Voici des exemples:

MÈRE: Ton château de sable est magnifique.
JACQUOT: Non, il n'est pas très beau. Celui de Lulu est plus joli.

PÈRE: Tu fais de réels progrès, Julie. Bientôt, tu enverras la balle à un kilomètre.
JULIE: Oh! papa, je suis nulle et tu le sais très bien. Je ne serai jamais bonne au base-ball.

Lorsque le compliment apparaît «simplement faux» aux yeux de l'enfant, il y a de bonnes chances pour que celui-ci se mette à douter de l'intégrité de l'adulte. Combien de fois n'avez-vous pas entendu les réponses ci-dessous en réaction à un compliment?

«Ce n'est pas si bon *que ça.*»
«Je pense que c'est affreux.»
«Je ne suis *pas* jolie.»
«Tu dis cela pour me faire plaisir.»
«Qu'est-ce que tu en sais?»
«Je *déteste* mon dessin.»
«J'aurais pu faire beaucoup mieux.»

De même, nous savons que lorsqu'un compliment ne concorde pas avec la perception de l'enfant, celui-ci aura l'impression que l'adulte nie ses sentiments et ne le comprend pas vraiment. Cela est particulièrement vrai lorsque l'enfant a déjà exprimé des sentiments négatifs à propos de sa performance ou de ses progrès. Le compliment peut alors constituer une barrière et empêcher la communication entre le parent et l'enfant. Lorsque les enfants pensent que leurs parents ou leurs professeurs ne comprennent pas vraiment la profondeur de leur malaise, ils se découragent et n'expriment plus rien. Les adultes prodigues de compliments manquent ainsi d'innombrables occasions d'aider les enfants. Dans le dialogue ci-dessous, remarquez comment les compliments de la mère de Suzie mettent celle-ci sur la défensive et l'empêchent finalement de parler du grave problème dont elle souffre à l'école:

SUZIE: Je voudrais retourner à l'école élémentaire.
MÈRE: Pourquoi, ma chérie?
SUZIE: Je n'ai pas d'amies proches au secondaire, excepté Danielle.

MÈRE: Je parie que bien des filles de ta classe aimeraient devenir ton amie.

SUZIE: Alors, dis moi, pourquoi est-ce que je n'ai pas d'amies?

MÈRE: Cela prend toujours un peu de temps quand on est nouvelle. Tu finis toujours par obtenir ce que tu veux. Essaie d'être plus amicale et plus sociable.

SUZIE: Maman, tu ne comprends pas! J'ai essayé. Je ne veux plus en parler.

Lorsqu'une personne exprime un problème, tout compliment constitue un obstacle. Essayez ceci: la prochaine fois qu'une personne vous parle d'un problème, émettez un jugement puissant et positif sur elle, puis voyez comment vos compliments bloquent toute communication. Écoutez avec une attention particulière les réactions défensives que vous susciterez inévitablement. Vous verrez que les compliments coupent l'élan des gens.

Les personnes malheureuses ou déçues d'elles-mêmes ou des événements de leur vie voient toute évaluation positive comme une négation de leurs véritables sentiments du moment qui sont, bien sûr, loin d'être positifs. Cela explique pourquoi les compliments provoquent souvent des réactions comme:

«Tu ne comprends pas vraiment.»
«Tu ne dirais pas cela si tu savais ce que je ressens.»
«C'est facile pour toi de parler ainsi.»
«Je voudrais bien avoir ton optimisme.»

Les compliments intensifient la rivalité entre frères et sœurs

Vous vous souvenez peut-être de votre réaction lorsque vous étiez enfant et qu'on complimentait l'un de vos camarades de classe, votre frère ou votre sœur, et pas vous. Vous éprouviez peut-être de la jalousie, du ressentiment ou même de la colère. L'absence de compliment ou d'approbation peut être vécue comme un rejet: «Tu ne m'aimes pas autant que Jérôme!»

Dans les familles où les parents sont prodigues d'compliments, il existe habituellement une forte concurrence entre les enfants: «Mon dessin est plus joli que le tien.» Les enfants profèrent parfois des mensonges afin de s'élever aux yeux de leurs parents et de rabaisser leur frère ou leur sœur: «Michèle a gagné au Monopoly, mais elle a triché!»

Comme il est presque impossible pour les parents ou les professeurs de répartir leurs compliments équitablement en tout temps, les enfants trouvent parfois que leurs parents sont injustes ou qu'ils ont des chouchous: «Pourquoi as-tu complimenté Éric alors que mon cerf-volant est allé beaucoup plus haut?»

Personnellement, j'éprouve une profonde tristesse lorsque je me rappelle que mon frère aîné, John, recevait beaucoup moins de compliments que moi. Je comprends aujourd'hui combien il a dû en souffrir. Il a passé la plus grande partie de son adolescence et de sa vie adulte à chercher désespérément l'approbation des autres, sans grand succès. Il a toujours cru que j'étais le chouchou de nos parents et lui, le mouton noir de la famille. Il avait une piètre estime de lui-même. Et je sais qu'une grande partie de cette souffrance aurait pu être évitée si mes parents avaient été conscients des dangers du compliment.

Comment le compliment freine la capacité de prendre des décisions

À mesure que les enfants grandissent et doivent prendre des décisions importantes, une forte dépendance envers l'approbation parentale peut desservir leurs intérêts. Bien des choix de carrière désastreux sont fondés sur l'ambition des parents («Mes parents voulaient que je devienne avocat, mais j'aurais préféré être un artiste.»). La plupart des parents souhaitent sincèrement voir leurs enfants devenir autonomes et faire des choix satisfaisants à long terme. Pourtant ils ne se rendent pas compte que le compliment peut inhiber l'assurance et la capacité de prendre des décisions de l'enfant en l'incitant à faire des choix susceptibles de plaire à ses parents.

Des solutions de rechange efficaces

Il est tout à fait naturel que les propos ou les actes des autres suscitent parfois un fort sentiment positif en nous, un sentiment d'appréciation, de soulagement, d'émerveillement, de surprise, de plaisir ou d'amour. Comment réagir alors sans recourir au compliment ni courir les risques que je viens d'énumérer? Il existe quelques solutions de rechange beaucoup moins susceptibles d'entraîner des effets négatifs sur nos relations.

Le message «je»
L'une de ces solutions réside dans un message clair exprimant précisément notre réaction face au comportement de l'autre. Dans nos groupes *Parents efficaces* et *Enseignants efficaces*, nous incitons les participants à employer ces messages plutôt que le compliment. Appelés *messages «je»*, ils sont précis, révélateurs et expriment clairement ce qui se passe *en dedans de soi*:

> «Je me sens bien lorsque...»
> «J'ai été agréablement surprise lorsque...»
> «J'ai été soulagée de voir que...»
> «J'ai beaucoup apprécié que...»
> «J'ai été enthousiasmé lorsque...»

Rappelez-vous que le compliment concerne habituellement l'*autre personne*, ce qu'*elle* a dit ou fait, son apparence. En tant que tel, il prend automatiquement la forme de *messages «tu»* qui comportent un jugement de valeur.

> «Tu as fait de l'excellent travail.»
> «Tu es vraiment bien organisé.»
> «Ton discours était excellent.»
> «Tu as un teint merveilleux.»

Les messages «je», par ailleurs, communiquent à l'autre personne quelque chose à propos de vous-même sans porter de jugement de valeur. Cette différence est cruciale parce que les jugements de valeur sont justement ce qui, dans le compliment, entraîne autant de difficultés. Les comparaisons ci-dessous illustrent bien ces importantes différences:

> *Situation*: Votre enfant de sept ans joue calmement pendant que vous conversez avec une amie:
> «Tu as été très gentil pendant la visite de madame Caron.» (COMPLIMENT)
> «J'ai bien apprécié le fait de pouvoir bavarder avec madame Caron sans être interrompue ce matin.» (MESSAGE «JE»)

> *Situation*: Votre fils de douze ans s'attelle à la tâche et range la maison après la fête donnée en l'honneur de son anniversaire.

> «Tu as été très gentil de tout nettoyer après la fête.» (COMPLIMENT)
> «J'ai été très soulagée de voir que tu nettoyais tout parce que j'étais épuisée et que j'appréhendais de devoir le faire moi-même.» (MESSAGE «JE»)

Vous voudrez peut-être vous faire la main et apprendre à formuler des messages «je» en faisant l'exercice ci-dessous. La colonne de gauche renferme des messages de compliments typiques, soit des messages «tu» comportant des jugements de valeur. Lisez chaque message et remplacez-le par un message «je» qui exprimerait clairement à votre enfant ce que son comportement pourrait susciter en vous dans la situation donnée. Écrivez-le dans la colonne de droite. Pour vous aider, voici une méthode simple qui vous aidera à formuler un bon message «je»: exprimez ce que vous ressentez face au comportement de l'enfant et pourquoi vous éprouvez ce sentiment; autrement dit, l'effet tangible et concret de sa conduite ou de son geste dans votre vie. Lisez d'abord l'exemple donné, puis faites l'exercice en entier.

Message «tu»	*Message «je»*
1. C'était très gentil de ta part de mettre ta vaisselle dans le lave-vaisselle ce matin.	1. J'étais heureuse de ne pas avoir à ranger ta vaisselle du petit déjeuner; cela m'a épargné du travail.
2. Tu prends de plus en plus tes responsabilités quotidiennes en ce qui concerne les ordures.	2.
3. Tu as bien fait de ne pas aller à cette soirée, sachant qu'on y boirait de l'alcool.	3.
4. Tu t'es comportée comme une vraie dame en suspendant les manteaux des invités dès leur arrivée.	4.
5. Tu es bien meilleur perdant maintenant lorsque nous jouons à des jeux de société.	5.

Certes, vos messages «je» doivent être *plausibles* aux yeux de vos enfants. C'est pourquoi ils doivent être sincères et honnêtes tout en exprimant vos véritables sentiments dans toute leur intensité du moment. Les messages «je» répondent généralement à ces critères lorsqu'ils sont spontanés, authentiques et exempts de tout motif caché. Spontanés, parce qu'ils reflètent vos sentiments du moment, qu'ils ne sont pas planifiés ni prévisibles. Authentiques, parce qu'ils expriment vos sentiments profonds. Si vous dites: «Je suis si heureuse que tu aies souligné mon anniversaire en m'achetant une jolie carte!», soyez certaine de ne pas éprouver une légère déception parce que votre enfant ne vous a pas offert de présent! Enfin, lorsque je dis «exempt de tout motif caché», j'entends par là que votre message «je» n'a pas pour but d'éduquer, de prêcher, de juger ou d'amener l'enfant à modifier son comportement, comme le font évidemment les doubles messages ci-dessous:

> «J'aime beaucoup ta coiffure ce soir. Elle me plaît davantage que celle que tu portes habituellement.»
>
> «Je suis heureux de voir que tu prends enfin sur toi d'effectuer les tâches qui t'incombent dans la maison.»
>
> «J'apprécie vraiment que tu prennes le temps de finir ce que tu as commencé; c'est mieux qu'avant.»
>
> «Quand je vois ces notes, je suis vraiment fier de toi.»

L'écoute active

L'écoute active, autre solution efficace, est une réaction verbale qui n'exprime rien de plus qu'une compréhension empathique et une acceptation de ce que l'enfant exprime ou vit. On écoute d'abord attentivement puis on démontre par ses paroles qu'on a compris. Voici un dialogue entre une mère qui pratique l'écoute active et un enfant qui recherche les compliments:

> THOMAS: Est-ce que j'ai fait des progrès pour tenir ma chambre en ordre?
>
> MÈRE: On dirait que toi, tu crois en avoir fait, Thomas, n'est-ce pas?
>
> THOMAS: Ouais, c'est un peu mieux que c'était.
>
> MÈRE: Tu vois *quelques* améliorations?
>
> THOMAS: Ouais, mais j'oublie encore de vider ma corbeille à papier.

MÈRE: Tu as tendance à oublier cette tâche-là en particulier?

THOMAS: Oui. Je suppose que j'ai besoin de quelque chose qui m'y ferait penser. Je vais me fabriquer une pancarte que je fixerai sur ma porte.

Dans ce dialogue, la mère de Thomas adopte une position très spéciale puisqu'elle évite de juger et de louer, et ne s'immisce pas du tout dans le problème, soit l'état de la chambre de son fils. Elle se contente plutôt de refléter les sentiments de Thomas en exprimant ses paroles telles qu'elle croit les avoir entendues: «*Tu* crois avoir fait des progrès»; «*Tu* as constaté quelques améliorations»; «*Tu* as tendance à oublier de faire ce travail.»

Elle aurait pu choisir de faire le compliment de son fils en disant: «Oui, je constate de réels progrès et je suis fière de toi, Thomas.» Au lieu de cela, elle a choisi d'écouter et de reconnaître les sentiments de son fils. Cela lui a également permis d'en apprendre davantage sur ce qui le dérangeait tandis que des compliments auraient probablement coupé court à la conversation. Ses réponses sont des réponses très spéciales appelées «écoute active»: on écoute attentivement puis on répète dans ses propres mots ce qu'on a entendu. Remarquez comment l'écoute active a entraîné Thomas à résoudre son problème.

Pourquoi un parent choisirait-il l'écoute active plutôt que le message «je»? Parce que la première méthode comporte d'importants avantages dont l'un est illustré dans le dialogue ci-dessus. Avez-vous remarqué comment Thomas a d'abord demandé l'opinion de sa mère pour ensuite évaluer lui-même ses propres progrès? Grâce à l'écoute active, la mère de Thomas lui a efficacement renvoyé la balle, replaçant ainsi la source d'évaluation chez le vrai responsable du problème, en l'occurrence son fils.

Pourquoi faut-il conserver la source d'évaluation chez l'enfant? Pour deux raisons importantes: 1. cela incite l'enfant à trouver lui-même la solution à son problème; et 2. le parent offre ainsi à l'enfant la possibilité de grandir, d'apprendre à être responsable, de moins dépendre de ses parents et de résoudre lui-même ses problèmes.

En résumé, disons que l'emploi de récompenses tangibles ou de compliments afin de se faire obéir des enfants comporte des risques réels. Vous n'êtes pas un expert du comportement et cette méthode est longue et complexe; vos enfants devineront vos intentions et vous trouveront hypocrites et indirects (ce que sont la plupart des gens qui cherchent à asseoir leur autorité sur les compliments); vous provoquerez des comportements détestables chez vos enfants, tels que la dépendance, la jalousie, la rivalité entre frères et sœurs; vos enfants se sentiront jugés, ce qui empêchera une communication franche et ouverte entre vous; et vous manquerez d'innombrables occasions d'aider votre enfant à s'évaluer lui-même, à se diriger et à résoudre ses problèmes.

Rappelez-vous également ceci: vos enfants apprécieront énormément que vous exprimiez clairement *vos* sentiments, sans *les* juger et sans vouloir *les* changer dans les rares occasions (vraiment très rares à mon avis) où vous les observerez en train de faire ou de dire quelque chose qui suscite en vous un sentiment inhabituel de chaleur, d'appréciation ou d'amour. Ils seront sûrs que vous ne cherchez pas à les manipuler dans ces moments-là, mais vos paroles les *influenceront* certainement! Comme vous le savez, on ne planifie pas ce genre de message spontané. Et ne vous inquiétez pas s'il ne forme pas toujours le message «je» parfait.

> «Tu es absolument merveilleuse dans cette robe!»
> «J'adore regarder cette peinture que tu as faite.»
> «Tu as fait la vaisselle pendant que je faisais les courses.
> Comme c'est gentil!»
> «Ta sensibilité m'étonne parfois.»
> «Quelle jolie coiffure!»

Il nous faudrait un autre terme que *compliment* pour désigner ces messages rares, imprévus et non manipulateurs.

CHAPITRE 4

Les lacunes et les dangers de la punition

Dans *Beyond Closed Doors: Violence in the American Family* (Straus, Gelles, Steinmetz, 1980), les auteurs signalent que quatre-vingt-quatre à quatre-vingt-dix-sept pour cent des parents interviewés ont affirmé avoir employé des châtiments physiques à un moment ou l'autre de la vie de leurs enfants; les mères qui battent leurs enfants le font plus d'une fois tous les deux mois. Les corrections infligées aux enfants ne sont pas rares dans les familles américaines.

Ce phénomène aussi répandu confirme l'inefficacité des récompenses. Dans la plupart des foyers, les parents se rendent compte qu'il ne sert à rien de récompenser les comportements *désirables*; alors ils abandonnent cette méthode et punissent plutôt les comportements *indésirables*.

Nous ne pouvons qu'avancer un chiffre approximatif sur le nombre de parents qui ont recours à d'autres formes de châtiment non physiques: confiner l'enfant à sa chambre, l'envoyer au lit l'estomac vide, lui faire expier sa mauvaise conduite en lui infligeant des corvées supplémentaires, l'empêcher de sortir, ne pas lui adresser la parole, le priver d'un jouet favori ou de sa bicyclette, le forcer à manger ou à demeurer à table tant qu'il n'a pas fini son assiette, l'insulter, l'humilier devant ses amis, crier après lui, l'ignorer. Il ne fait aucun doute dans mon esprit que presque tous les parents ont recours à une forme de punition pour se faire obéir. J'ai demandé à une foule de parents combien d'entre eux n'avaient jamais été punis, étant enfant. J'ai rarement vu une main se lever.

À l'école, la situation est similaire, bien que des rapports aient démontré que le nombre de corrections (coups de baguette) infligées aux élèves américains était passé de un million et demi en 1976 à près de huit cent mille en 1982, la moyenne nationale se situant autour de trois et demi pour cent des élèves par année (Maurer, 1984). Toutefois, à ce chiffre viennent s'ajouter d'autres formes d'agressions non signalées: gifler, empoigner, tirer d'un coup sec, secouer, traîner, donner des coups de pied, frapper l'enfant contre un mur, lui laver la bouche avec des produits toxiques, l'empêcher d'aller à la toilette, laisser ses camarades le tourmenter ou les y encourager, le pousser délibérément à la violence, lui fermer la bouche avec du sparadrap, l'attacher à son pupitre, le forcer à faire des tractions ou des tours de piste, le priver du temps libre nécessaire à son repos ou à son déjeuner, l'obliger à se tenir debout dans un coin pendant des heures.

Dans les écoles, on emploie aussi d'autres formes de punition non physiques: proférer des insultes à caractère raciste, maudire l'enfant ou crier après lui, se moquer de son apparence ou d'un handicap, ignorer délibérément un enfant qui a besoin d'aide, le railler ou le rabaisser, punir la classe entière pour le comportement d'un élève, désigner un enfant comme bouc émissaire, s'ingérer dans ses relations personnelles, et ainsi de suite.

Il est clair que parents et enseignants disposent d'innombrables moyens de punir les enfants et qu'ils en usent fréquemment. Mais peut-on prouver l'efficacité de ces moyens?

La punition renferme une grande «validité apparente» aux dires des psychologues, c'est-à-dire qu'elle semble produire des résultats. Nous avons tous vu un enfant s'assagir après avoir été giflé par un parent en colère. La menace de punition brandie par le professeur contribue à calmer, du moins temporairement, les élèves chahuteurs. Donc, tant les punitions que les menaces contribuent à modifier le comportement de l'enfant à certains moments. Toutefois, comme c'était le cas avec les récompenses, certaines conditions précises doivent être réunies pour que la punition soit efficace et le demeure pendant un certain temps. Or, il est très difficile pour les parents et les enseignants de respecter ces conditions.

Pour qu'une punition fonctionne, il faut posséder une certaine connaissance technique

À l'instar des récompenses, la punition doit être administrée avec un savoir-faire considérable pour être efficace; pourtant, la plupart des parents et des enseignants n'ont évidemment pas reçu la formation nécessaire pour appliquer avec compétence cette méthode hautement technique. Pour cette raison, ils ont peu de chances d'employer la punition avec succès. Il est vrai que des psychologues aident des gens à combattre le tabagisme au moyen de chocs électriques et modifient le comportement d'enfants mentalement perturbés au moyen de cette même technique. Celle-ci exige toutefois un environnement très strict et le respect de procédés rigoureux. En voici quelques-uns:

1. Un comportement déjà puni doit être systématiquement puni.
2. La punition doit suivre immédiatement le comportement indésirable.
3. La punition ne doit pas être infligée en présence des autres enfants par crainte de gêner l'enfant pris en faute et de le rendre agressif envers le thérapeute.
4. La personne qui punit doit veiller à ce que le comportement fautif ne soit *jamais* récompensé.
5. Les enfants ne doivent pas être punis trop sévèrement ni trop souvent, car ils risqueraient de se replier sur eux-mêmes (cesser de faire des efforts, quitter la pièce ou l'école, s'enfuir de la maison, abandonner l'équipe, s'évader dans l'alcool et les drogues).

Ce ne sont pas là des principes faciles à suivre tant pour les parents que pour les enseignants.

Prenons le premier principe: *une fois puni, toujours puni.* La plupart des enseignants violent ce principe tous les jours et l'on comprend pourquoi. Comment un professeur peut-il punir *chaque* enfant qui chuchote, *chaque* fois que cela se produit? Il n'aurait plus le temps d'enseigner! En outre, la plupart des professeurs de ma connaissance ignorent certains comportements perturbateurs les jours où ils se sentent en forme et les punissent les jours où ils sont plus nerveux. Ils manquent en cela de cohérence, mais c'est ainsi que sont la plupart des professeurs, humains quoi!

Voyons maintenant le deuxième principe qui est de *punir rapidement*. Les experts de la modification du comportement s'accordent pour dire qu'une punition est le plus efficace lorsqu'elle suit immédiatement le comportement indésirable. Tout retard réduit son efficacité (Azrin et Holz, 1966). Ayant passé en revue plus de soixante travaux de recherche sur la punition, le psychologue Anthony Bongiovanni écrit ceci en ce qui concerne l'habitude de punir les élèves:

> Il faudrait que les enseignants soient toujours sur le qui-vive et prêts à agir dès qu'ils détectent un comportement indésirable. On peut se demander comment une telle attitude influencerait le déroulement des cours... Les recherches disponibles sur les châtiments corporels infligés dans les écoles laissent croire que ceux-ci n'entraînent pas de modification durable du comportement, sont potentiellement nocifs tant pour les élèves que pour le personnel et très peu réalistes vu les contrôles nécessaires pour assurer leur efficacité maximale... La punition corporelle apparaît donc comme peu réaliste, longue à appliquer et contraire aux objectifs de l'enseignement. (Bongiovanni, 1977)

Que doit alors faire un professeur qui, en regardant par la fenêtre de sa classe, voit un enfant en frapper un autre? De l'avis des experts, il sera déjà trop tard pour punir l'enfant lorsqu'il sera rendu dehors. Mais même si le professeur était un champion coureur et atteignait l'enfant en quelques secondes, il le punirait en présence de ses camarades, transgressant ainsi le principe numéro 3: *ne pas punir en présence des autres*.

Qu'en est-il du quatrième principe: *ne jamais récompenser le comportement indésirable*? J'ai déjà mentionné la difficulté d'employer la punition avec cohérence. Que dire alors de celle d'éviter l'incohérence entre deux dominateurs? Prenez la situation suivante: Maman punit son fils de sept ans, Laurent, parce qu'il fait de la planche à roulettes dans la rue. Trois jours plus tard, Laurent montre à son père les trucs qu'il a appris à faire avec sa planche à roulettes dans la rue. Fier de lui, son père s'écrie: «Magnifique! Ces pirouettes ne sont pas faciles à faire pour un gamin de ton âge.» Laurent a sa récompense. Violation du principe numéro 4.

À l'école, des incohérences semblables ne sont pas rares entre les divers professeurs. Chaque élève apprend très tôt que certains profs sont sévères et d'autres plus tolérants. Un comportement puni dans une classe peut être récompensé dans une autre: aider les autres à faire leurs devoirs, raconter une blague, faire rire ses camarades. Cela affaiblit drôlement l'effet de la punition à la longue.

Examinons maintenant le cinquième principe: *les punitions trop fréquentes ou trop sévères peuvent pousser l'enfant à se replier sur lui-même.* Les psychologues — comme on le sait — emploient souvent des rats blancs comme sujets de leurs expériences. Dans l'une d'entre elles, ils observent comment les rats apprennent à sortir d'un labyrinthe. Invariablement, les rats s'en sortent lorsqu'on les récompense avec de la nourriture à la sortie. Il y a quelques années, un psychologue curieux imagina d'accélérer le temps d'apprentissage des rats en complétant la récompense avec quelques punitions. Il plaça donc des grilles électrifiées à l'entrée de chacune des impasses du labyrinthe; ainsi les rats recevaient un léger choc électrique chaque fois qu'ils empruntaient un mauvais chemin. Évidemment, ils apprirent à sortir du labyrinthe beaucoup plus rapidement que leurs homologues qui dépendaient de la seule récompense. Satisfait, le chercheur déduisit qu'il pouvait réduire encore davantage le temps d'apprentissage des rats en augmentant la force des chocs électriques, rendant ainsi la punition assez douloureuse.

Mais il n'obtint pas les résultats escomptés puisque *les rats abandonnèrent leurs efforts.* Ils se couchaient à divers endroits du labyrinthe, peu enclins à se soumettre à d'autres punitions douloureuses. Les chiens font de même: lorsqu'on les punit trop sévèrement, ils se cachent sous le lit, rampent sous la galerie ou s'enfuient.

Il en est de même avec les jeunes. Si on les punit trop sévèrement ou trop souvent pour un comportement inacceptable ou incorrect, ils chercheront des moyens de s'évader ou s'enfuiront lorsqu'ils seront assez vieux. Les *drop-outs* sont presque toujours des élèves qui ont renoncé à essayer, soit par suite de punitions psychologiques ou physiques, soit par désir de fuir la punition quotidienne que représentent les échecs, les réprimandes du professeur et les railleries de leurs camarades. Les enfants sévèrement punis se tournent souvent vers l'alcool ou la drogue pour fuir ces expériences pénibles.

«La punition est acceptable en autant qu'elle soit légère», dit-on!

Les adeptes de la punition ne manquent jamais d'affirmer que *leurs* punitions sont légères, bénignes, infligées avec amour. Ils soutiennent qu'une punition sévère serait cruelle et inhumaine (et non aimante). Cette attitude confère certainement aux adeptes de la punition une apparence d'autocratie bienveillante; or, nous avons de bonnes raisons de mettre en doute la sagesse de leur conseil.

Tout d'abord, les chercheurs ont découvert qu'une punition légère ne joue pas son rôle dissuasif. Tous les parents et les enseignants ont déjà administré une punition légère à un enfant pour constater avec exaspération que celui-ci réitérait le comportement inacceptable comme si de rien n'était. Prenons l'exemple suivant: Laure arrache le camion des mains de son frère. Sa mère lui donne une tape sur le poignet et remet le camion à son frère. Laure a l'air surpris, mais elle s'empare de nouveau du camion en souriant d'un air coupable à sa mère.

Dans ce cas, la tape était trop faible pour dissuader Laure d'agir, pour rivaliser avec son besoin de posséder le camion. Sa mère affronte le dilemme suivant: ou elle inflige à Laure une punition plus sévère, ce que la plupart des parents n'aiment pas faire, ou elle renonce et offre au petit frère un autre jouet. Cette dernière stratégie parviendra peut-être à calmer le petit frère, mais elle montre à Laure qu'elle peut s'en tirer en volant le jouet d'un autre (récompense) et ce, à un coût minime.

Deux solutions de rechange non punitives que nous décrirons et illustrerons dans le prochain chapitre s'offrent à la mère de Laure: elle peut faire confronter Laure avec un message «je» («Je peux presque sentir la tristesse de Jeannot lorsqu'on lui arrache son camion»); ou elle peut aider Laure et Jeannot à utiliser une méthode de résolution des conflits (la méthode sans perdant décrite au chapitre 7).

En fait, les psychologues nous diront qu'une punition légère contribuera à *renforcer* le geste de Laure puisque celle-ci bénéficie de l'attention de sa mère. Les enseignants font face quotidiennement à ce dilemme, comme l'illustre l'incident suivant.

Serge se trouve près du taille-crayons où il taille à grand bruit son nouveau crayon jusqu'à ce qu'il soit plus court que son petit doigt, au grand plaisir de ses camarades. Exaspéré, son professeur lui commande d'un ton sec de retourner à sa place à moins qu'il ne veuille rester après l'école. L'air sérieux, Serge l'informe qu'il ne lui reste qu'un crayon à tailler et s'exécute pendant que la classe pouffe de nouveau.

Même si le professeur met sa menace à exécution et garde Serge après l'école, cette punition n'aura sans doute aucun effet dissuasif puisque les rires de ses camarades sont gratifiants pour Serge. Celui-ci apprendra qu'il est amusant de capter l'attention de ses camarades en faisant des pitreries et que cela ne lui fait souffrir qu'une légère privation temporaire. Aux yeux de Serge, la punition vaut largement le crime commis, réaction très courante chez les enfants faiblement punis.

Le psychologue Thomas Power et l'édudiante diplômée Lynn Chapieski ont rédigé une étude (1986) qui démontre l'inutilité des punitions légères. Ils ont observé seize bébés de quatorze mois qui jouaient en présence de leur mère, remarquant chaque objet saisi par les enfants et les tentatives de leur mère pour les en empêcher. Tant à court qu'à long terme, ni l'emploi d'un châtiment physique immédiat (légère tape sur la main) ni l'emploi de ce châtiment après avoir essayé de distraire l'enfant n'ont été efficaces. Les bébés punis étaient plus susceptibles d'empoigner les objets fragiles et moins portés à obéir aux restrictions. Au cours d'un test visant à évaluer le développement de ces bébés sept mois plus tard, les bébés punis obtinrent des résultats moins élevés que ceux qui n'avaient pas ou presque pas été corrigés! Aux dires des chercheurs, ils étaient «moins curieux, ce qui limitait le développement de leurs aptitudes visuelles et spatiales et de leur capacité de résoudre des problèmes».

Les risques inhérents aux punitions sévères

Tous les parents et les enseignants sont tentés d'infliger une punition plus sévère lorsque la punition légère s'avère inefficace. Réagissant, habituellement avec colère, à une conduite qui ressemble fort à de la «désobéissance» ou à de l'«entêtement», les adultes sont tentés de sortir leur «artillerie lourde». Si celle-ci est aussi inefficace, ils appliqueront sans doute des mesures encore plus sévères. C'est alors que le risque de causer des blessures augmente et qu'on approche de la zone critique de la «violence faite à l'enfant».

Au nom de la discipline et plus souvent qu'on le pense, parents et enseignants infligent parfois de graves blessures physiques aux enfants. Selon l'étude décrite par les auteurs de *Behind Closed Doors,* environ quatre enfants sur cent risquent d'être *gravement* blessés *chaque année* aux États-Unis par des parents recourant à au moins l'une des formes de punitions suivantes: coups de pied, morsures, coups de poing, brûlures, raclées et menaces d'employer ou emploi de fusils ou de couteaux (Straus, Gelles, Steinmetz, 1980).

Ce qui nous donne des statistiques scandaleuses: entre un million quatre cent mille et un million neuf cent mille enfants américains étaient susceptibles de se voir infliger de *graves* blessures physiques par leurs parents au cours de l'année où fut effectuée cette étude. Qui plus est, les chercheurs croient que ces formes graves de violence constituent rarement des faits isolés et se produisent régulièrement.

Les statistiques publiées par le National Committee for Prevention of Child Abuse (Comité national pour la prévention de la violence faite aux enfants), dont le siège social se trouve à Chicago, révèlent l'étendue de la violence dont sont victimes les enfants américains:

- En 1987, aux États-Unis, on a signalé approximativement 2,25 millions de cas de violence et de négligence à l'égard des enfants. Comme de nombreux cas ne sont pas rapportés, ce chiffre pourrait bien être plus élevé.
- Au moins 1200 décès d'enfants maltraités ont été rapportés en 1986.
- Un enfant est agressé par l'un de ses parents ou par les deux toutes les deux minutes.

Dans leur brochure percutante intitulée *Think Twice: The Medical Effects of Physical Punishment* (Pensez-y bien: les conséquences médicales des punitions corporelles), les docteurs Lesli Taylor et Adah Maurer expliquent les blessures que peuvent entraîner les châtiments physiques:

> Coups à la tête: hématomes exigeant l'intervention d'un chirurgien afin de prévenir le décès, commotion cérébrale, contusions cérébrales, encéphalite traumatique, fracture du crâne, oreille en chou-fleur, hémorragie de la rétine, maladie de Pick.

> Secousses: lésion du rachis cervical et de la moelle, fractures par tassement des vertèbres.
>
> Coups à l'estomac et au ventre: contusions pulmonaires, collapsus pulmonaire, fractures multiples des côtes, choc hémorragique pouvant entraîner la mort en quelques minutes, déchirures au foie, éclatement de la rate, rupture de l'estomac ou de l'intestin, hématome duodénal, pancréatite, hématome à la vessie.
>
> Raclées ou fessées: fracture des os, muscles froissés, subluxation de la tête radiale, contusion du coccyx, fracture du sacrum, lésions au nerf sciatique, paralysie des jambes, lésions aux organes génitaux, sexualité perturbée à l'âge adulte. (Taylor et Maurer, 1985)

Bien que je n'aie trouvé aucune étude pour étayer ce fait, je soupçonne que dans la plupart des cas de punitions graves entraînant des blessures, les parents avaient commencé par employer une forme de punition plus légère. Lorsqu'ils se rendent compte que l'enfant ne leur obéit pas davantage, ils deviennent si frustrés et si fâchés qu'ils puisent impulsivement dans leur arsenal de munitions lourdes et recourent à des châtiments physiques assez violents pour blesser l'enfant. J'ai entendu des parents rationaliser le recours à la violence au moyen des arguments ci-dessous:

> «Il fallait lui montrer qui dirige.»
> «Nous ne voulions pas qu'il pense pouvoir s'en tirer comme ça.»
> «Nous étions décidés à ne pas le laisser gagner.»
> «Nous voulions commencer tôt à faire régner la discipline.»

Cette suite tragique d'événements conduit souvent à une violence grave à l'égard des enfants. Elle soulève dans mon esprit des images de cowboys dégainant leur colt ou de propriétaires de chiens tirant sur des colliers étrangleurs. Le but visé est de briser la volonté des animaux et de les amener à une obéissance totale envers leur maître. Avec les enfants, ces actes violents et inhumains sont habituellement commis au nom de la discipline et justifiés par la conviction que l'enfant doit respecter «l'autorité parentale» et que les parents ne doivent pas «perdre».

L'une des analyses les plus complètes et les plus savantes de la violence faite aux enfants se trouve dans un ouvrage intitulé *Child Abuse: An Interactional Event* (Les enfants maltraités: un événement interactionnel), de A. Kadushin et J. Martin. Cet ouvrage résume les caractéristiques et le comportement des parents qui maltraitent leurs enfants:

> Nous croyons que les parents violents sont de stricts partisans de la discipline qui nourrissent des attentes rigides envers l'enfant sans empathie pour ses sentiments ou son individualité. Le parent se voit comme le «possesseur» de l'enfant, comme la seule personne responsable de le façonner et de prendre des décisions concernant son bien-être... Les parents violents ont tendance à croire que tous les très jeunes enfants sont entêtés et volontairement désobéissants. Ils se sentent donc justifiés d'employer une discipline stricte puisque l'enfant leur désobéit sans cesse. (Kadushin et Martin, 1981)

Dans les écoles, on retrouve le même modèle. Lorsqu'une punition légère ne parvient pas à faire cesser les comportements perturbateurs des élèves (comme c'est souvent le cas), les enseignants recourent aux châtiments corporels (permis dans la plupart des écoles américaines). Comme l'ont démontré de nombreuses études, ceux-ci entraînent parfois de graves blessures physiques: contusions, fractures, zébrures, blessures à la tête, yeux pochés, torsion des testicules et lésions rénales pour n'en nommer que quelques-unes. Des centaines de cas ont été signalés dans le *Newsletter of the Committee to End Violence Against the Next Generation* (Bulletin du Comité visant à mettre fin à la violence à l'égard de la prochaine génération), à Berkeley, en Californie. En voici des exemples typiques:

> À Pittsburgh, dans l'une des «meilleures» écoles élémentaires, un élève de septième année aurait marmonné quelque chose. Le professeur devint fou furieux, empoigna l'élève à la gorge et le frappa contre le mur.
>
> Au Vermont, un élève de sixième année fut sauvagement battu par le directeur pour avoir frappé un de ses camarades. Le directeur frappa l'enfant à plusieurs reprises, jusqu'à ce qu'il glisse de son siège jusqu'au sol. Puis il

> lui donna des coups de pied dans l'abdomen, dans le dos et dans les jambes et lui tira les cheveux. L'enfant souffrait de graves contusions sur tout le corps.
>
> Au Missouri, trois garçons pris à fumer eurent le choix entre recevoir une raclée et manger leurs cigarettes. Deux des trois garçons optèrent pour la seconde solution et durent être hospitalisés pendant trois jours. Le tabac aggrava l'ulcère dont souffrait déjà l'un des garçons.

Même la pratique courante qui consiste à suspendre les élèves pendant diverses périodes peut s'avérer dangereuse car l'enfant suspendu est parfois exposé aux corrections de ses parents. En outre, il peut perdre son estime de soi et sa confiance, prendre un retard impossible à rattraper dans son travail scolaire et être coupé en permanence de l'école; voilà des punitions sévères qui finissent par nuire gravement à l'enfant.

Quand le chat est parti...

La punition (ou la menace de punir) peut, à l'occasion, dissuader les enfants d'adopter certains comportements inacceptables. Mais elle ne le fera que tant que l'enfant sera *en présence des dominateurs*. Dès que le parent ou l'enseignant ayant infligé la punition s'en va, les enfants reprennent le comportement incriminé, parfois même avec une plus grande fréquence ou une plus grande virulence qu'auparavant. Ce phénomène sévit dans nos écoles — comme l'attestera chaque enseignant ou remplaçant — et dans nos familles, et il a été clairement illustré dans le cadre de recherches expérimentales effectuées auprès d'enfants.

L'une d'entre elles, célèbre, est signée par Ronald Lippitt et Robert White, de l'université de l'Iowa, qui ont prouvé que les enfants d'un club pour garçons dont les moniteurs étaient très autoritaires adoptaient constamment des comportements plus agressifs et plus perturbateurs lorsqu'ils étaient laissés à eux-mêmes que les enfants dont les moniteurs étaient moins sévères et plus démocratiques. Ces derniers continuaient simplement les activités commencées avant le départ du moniteur. Les autres, par contre, cessaient leurs activités dès que leur moniteur quittait la pièce pour adopter les comportements mêmes qu'on venait de leur interdire (Lippitt et White, 1943). J'ai vu les films de ces expériences et j'ai été impressionné de voir les différences marquées entre les deux groupes d'enfants.

Comme nous l'avons vu précédemment, *les mesures de contrôle externes* ne constituent pas la meilleure façon d'enseigner aux enfants la maîtrise de soi interne; la *discipline punitive imposée par les adultes* n'inculque pas une autodiscipline aux enfants.

La punition, source d'agressivité et de violence

Par contraste avec la croyance répandue et «sensée» selon laquelle la punition prévient un comportement agressif chez les enfants, tout porte à croire que les punitions sévères et fondées sur le pouvoir rendent au contraire les enfants agressifs.

Voici comment se produit ce phénomène. Lorsqu'on punit un enfant, on le prive toujours en quelque sorte de la satisfaction d'un de ses besoins. Or, lorsque les besoins des enfants (et des adultes aussi, d'ailleurs) ne sont pas comblés, ceux-ci se sentent frustrés; et l'agressivité constitue une réaction courante à la frustration. Les psychologues ont découvert depuis longtemps déjà la relation entre l'agressivité et la frustration. En se servant d'abord d'animaux, puis d'enfants et plus tard, d'adultes, ils ont élaboré des expériences de laboratoire dans lesquelles leurs sujets rencontraient des obstacles à la satisfaction d'un besoin (nourriture, eau, jouets et autres récompenses). Frustrés, ils réagissaient très souvent (mais pas toujours) en affichant divers comportements agressifs et souvent violents à l'égard des autres. C'est à partir de ces expériences que les psychologues élaborèrent la théorie de l'agressivité-frustration (Dollard et al., 1939), qui est maintenant presque universellement acceptée par les chercheurs en sciences humaines comme l'une des explications valables de certaines agressions.

Dans la vie de tous les jours, nous avons tout le loisir d'observer des manifestations de la théorie de l'agressivité-frustration: un joueur de tennis jette sa raquette par terre par dépit; un enfant frappe le camarade qui lui a volé son jouet; un père gifle l'enfant qui perturbe son repos; un adolescent claque la porte derrière un de ses parents qui lui a refusé l'utilisation de sa voiture; un homme ou sa femme lance la vaisselle sur les murs pendant une querelle.

Lorsque, pour les punir, les parents ou les enseignants refusent aux jeunes quelque chose qu'ils désirent, ceux-ci réagissent parfois d'une manière agressive et même violente: ils claquent les portes, brisent leurs jouets, lancent des objets, donnent des coups de poing dans la porte, corrigent un plus petit qu'eux, frappent leur professeur.

Les familles dans lesquelles les parents ont fréquemment recours aux punitions produisent souvent des enfants hyperagressifs et hyperactifs. *Il est clair que la punition n'empêche pas les enfants d'adopter des comportements agressifs: elle les y incite.* C'est un cercle vicieux. Le comportement agressif attire une punition qui entraîne à son tour le comportement agressif qui attire une nouvelle punition, et ainsi de suite.

La punition favorise l'agressivité chez les enfants non seulement en les privant de ce qu'ils désirent et en les frustrant, mais aussi par le biais d'un processus appelé *apprentissage par imitation.* Comme nous le savons, les enfants sont d'excellents imitateurs; ils apprennent en observant les adultes, en particulier leurs parents. En conséquence, si ceux-ci ont tendance à se faire obéir par la violence, ils enseignent à leurs enfants une leçon puissante qu'ils ne sont pas près d'oublier:

> Il est acceptable d'employer la force physique et la violence dans les relations humaines.
> Le pouvoir fait la force.
>
> Il est légitime d'employer la violence envers ceux qu'on aime.
> Si tu n'obtiens pas ce que tu veux, bats-toi.
> Ce sont les plus gros et les plus forts qui gagnent.

Le châtiment corporel montre en fait aux jeunes à employer la violence au sein et à l'extérieur de leur famille. Il constitue une expérience d'apprentissage inculquant à ses victimes l'idée que le recours à la force est acceptable dans les relations humaines. C'est ainsi que les membres de chaque génération apprennent la violence en imitant ce qu'ils observent et vivent dans leur propre famille.

Examinons les résultats d'une enquête menée à l'échelle nationale par les auteurs de *Behind Closed Doors: Violence in the American Family* (Straus, Gelles et Steinmetz, 1980).

> Les personnes les plus punies durant l'adolescence battent leur conjoint quatre fois plus que celles que leurs parents ne frappaient pas.

Les maris ayant eu des parents très violents battent leur femme six cents fois plus que les hommes issus de familles non violentes.

Plus d'un parent sur quatre ayant grandi dans une famille violente est assez violent pour risquer de blesser gravement son enfant.

Bien qu'un faible vingt pour cent des enfants auxquels les parents n'infligeaient *pas* de châtiments physiques aient gravement attaqué leur frère ou sœur, près de cent pour cent des enfants souvent punis physiquement par leurs parents l'avaient fait.

L'absurdité d'employer le châtiment corporel, qui constitue en soi un acte d'agression, pour combattre l'agressivité n'est nulle part ailleurs aussi bien illustrée que dans une bande dessinée il y a de cela quelques années: on voit un père en train de battre son jeune fils qu'il tient à plat ventre sur ses genoux et qui dit: «Cela t'apprendra, j'espère, à ne pas frapper ton petit frère.»

Les adultes finissent toujours par manquer de punitions

De même qu'ils finissent par manquer de récompenses efficaces lorsque leurs enfants grandissent, les adultes perdent petit à petit leur pouvoir de se faire obéir au moyen des punitions. Il est en effet risqué d'employer les châtiments physiques avec des adolescents grands et forts qui pourraient bien rendre la pareille. La situation est similaire à l'école secondaire où les professeurs sont plutôt sans ressources, ne disposant plus de punitions efficaces.

Malgré la possibilité évidente d'une contre-attaque, bien des parents continuent de recourir aux punitions bien après que leurs enfants sont presque grands. Le tiers environ des enfants entre quinze et dix-sept ans sont battus par leurs parents. Je soupçonne la présence d'une double norme dans la plupart de ces familles: les parents s'octroient la liberté de frapper leurs enfants mais ils comptent bien que ceux-ci respectent la loi implicite qui interdit aux enfants de frapper leurs parents.

Même les formes non violentes de punition perdent de leur efficacité auprès des adolescents. Si, pour la punir de sa mauvaise conduite, vous refusez de prêter votre voiture à votre fille, elle peut aussi bien faire du stop avec ses amis et monter avec des étrangers. Punissez votre fils en lui interdisant de quitter la maison pour une semaine et vous découvrirez qu'il se glisse hors de sa chambre la nuit. Menacez votre fille de la punir si elle sort avec un garçon que vous n'aimez pas et elle s'arrangera probablement pour le voir en secret, peut-être même plus souvent qu'avant.

Pour comprendre la cause de ce phénomène, il suffit de se rappeler les conditions nécessaires à l'efficacité d'une punition. D'abord, elle doit être assez puissante pour que le jeune se sente privé de quelque chose ou souffre. Cependant, dans le cas des adolescents, les parents n'ont plus beaucoup de punitions en réserve. La deuxième condition exige que l'enfant ne puisse pas facilement fuir l'adulte, esquivant du même coup la punition. Le problème, c'est que les adolescents peuvent facilement s'en aller. Je me rappelle cette mère qui affirmait, pendant un cours de *Parents efficaces*: «La seule chose qui pourrait empêcher mon fils de fumer de la mari serait de l'enchaîner à son lit, mais ce serait ridicule.» Elle affrontait enfin une réalité qu'ignorent bien des parents: lorsque les enfants sont assez vieux pour quitter la maison et se soustraire à la surveillance de leurs parents, ceux-ci ont perdu tout le pouvoir sur lequel ils comptaient.

Le refus d'affronter ce fait peut entraîner des conséquences fâcheuses tant pour les parents que pour les enfants. Je crois sincèrement que la cause la plus importante de la tension qui sévit dans les familles comportant des adolescents a trait au fait que les parents continuent de vouloir employer une autorité fondée sur le pouvoir *alors qu'en fait, ils n'ont plus aucun pouvoir*. Puis ils se demandent ce qui se passe, pourquoi la discipline ne marche plus. La plupart des parents ne se rendent pas compte que leur impuissance leur a ôté toute *influence* sur leurs enfants. À force de toujours se faire obéir par le biais du pouvoir, les parents n'apprennent jamais comment *influencer* leurs enfants. Lorsque ceux-ci deviennent adolescents, ils peuvent faire tout ce qu'ils veulent en l'absence de tout contrôle et de toute restriction. C'est alors qu'on accuse les parents à tort de se montrer trop permissifs. Je dis «à tort» parce que les parents *ne* sont *pas* permissifs, ils sont simplement des parents autoritaires privés de leur pouvoir, des parents impuissants qui s'en mordent les doigts.

Dans les écoles, le même scénario se produit. Les enseignants perdent leur pouvoir. Dès qu'ils entrent au secondaire, les jeunes résistent à toute discipline fondée sur le pouvoir ou l'ignorent parce que les enseignants soit répugnent à infliger des punitions douloureuses soit n'en ont pas le droit. Il ne leur reste alors que des punitions inefficaces comme de garder les enfants après l'école, les envoyer chez le directeur ou les suspendre pour une brève période.

Le pouvoir se paie

La victime du pouvoir n'est pas la seule à souffrir car le dominateur paie lui aussi, très cher, l'emploi du pouvoir. Commme l'écrivait Lord Acton: «Le pouvoir a tendance à corrompre, et le pouvoir absolu corrompt d'une manière absolue.» Il parlait, bien sûr, de la corruption de celui qui exerce le pouvoir.

Les dominateurs du monde entier se sentent continuellement menacés par ceux qu'ils tiennent sous leur férule. La dissension et la rébellion sont inévitables sous les règnes coercitifs comme le démontre l'histoire de tous les régimes autoritaires. Si la dissension est réprimée, elle devient clandestine pendant un moment pour réapparaître plus tard sous forme de rébellion. Tout pouvoir est donc par essence instable. Comme l'écrit Marilyn French dans *La fascination du pouvoir*:

> Le dominateur est donc en état de siège continuel... Pour maintenir un esclave au travail, les pieds dans l'eau, il faut y rester soi-même ou nommer un surveillant qui veillera sur lui. Mais ensuite on devra désigner un surveillant en chef pour s'assurer que les deux premiers ne tombent pas de connivence, puis un inspecteur pour surveiller le trio, et ainsi de suite. Il n'est pas de lieu sûr pour le dominateur, jamais. Ni sécurité, ni paix, ni détente. Le désir de contrôler les autres se retourne contre soi et, faute de pouvoir se satisfaire, prend au piège celui qui contrôle... (French, 1987)

Commander les autres par le biais du pouvoir prend énormément de temps, coûte cher et exige habituellement des précautions fastidieuses. Bien qu'exercer une coercition ne semble pas prendre du temps dans la famille ou à l'école, il en va autrement dans les faits. Parents et enseignants se heurtent habituellement à une résistance entêtée, qu'elle soit passive ou non. De plus, ils s'obligent à surveiller les activités de leurs sujets afin de s'assurer qu'ils obéissent et de régler le cas de ceux qui ne le font pas. Bien qu'il puisse être plus rapide de prendre des décisions ou d'établir des règles de façon unilatérale, les chefs autocratiques mettent souvent un temps énorme à faire accepter celles-ci et à les appliquer. Le président d'une compagnie auprès de laquelle j'exerçai les fonctions de consultant pendant de nombreuses années exprimait cela ainsi:

> Lorsque j'employais [le pouvoir] pour résoudre mes conflits, je m'enorgueillissais de pouvoir décider rapidement. Le problème, c'est que cela me prenait souvent dix fois plus de temps pour venir à bout de la résistance de mes collègues. Je passais trop de temps à «vendre» mes décisions aux autres.

Parce que les victimes du dominateur sont peu enclines à appliquer les décisions qui leur sont imposées, comme l'ont prouvé une panoplie d'études, la mise en vigueur de ces décisions est ardue et prend du temps. Ce phénomène n'est nulle part ailleurs aussi évident qu'à l'école où des études ont révélé que les enseignants passent jusqu'à soixante quinze pour cent de leur temps à «jouer au gendarme», soit à faire appliquer leurs règles ou celles des administrateurs.

L'aliénation par rapport aux membres du groupe représente un autre prix caché que paient les dirigeants fortement portés sur le pouvoir. Deux facteurs entrent en jeu pour détériorer leurs relations avec les autres. En premier lieu, on n'éprouve ni chaleur ni amabilité envers ceux qu'on craint et qui nous contraignent. En second lieu, les dirigeants autoritaires évitent en général d'établir des relations intimes avec leurs subordonnés afin de ne pas être accusés d'avoir des chouchous. Il n'est donc pas étonnant que la plupart d'entre eux se sentent seuls là-haut. Je ne vois pas pourquoi la situation des parents et des enseignants qui utilisent un pouvoir coercitif serait différente.

Il est de notoriété publique que les chefs autoritaires trouvent leur travail stressant et nuisible pour leur santé physique et mentale. Nombre d'entre eux souffrent de haute tension, de problèmes cardiaques, d'ulcères, d'insomnie ou d'alcoolisme, ou de tout cela à la fois. Se pourrait-il que le pouvoir rende «malade»?

Bien des indices permettent de penser que c'est le cas. Non seulement les dominateurs doivent faire preuve de vigilance, comme je l'ai déjà mentionné, mais la crainte de perdre leur pouvoir les rend anxieux et soupçonneux. Qui plus est, le fait de gagner au détriment des autres, comme le font souvent les dominateurs, peut entraîner une grande culpabilité. Les nombreuses années que j'ai passées à conseiller des chefs d'entreprise, des administrateurs scolaires et des professeurs m'ont convaincu que ceux qui dépendent du pouvoir créent leur propre enfer psychologique avec leur méfiance, leur anxiété, leur tension, leurs soupçons et leur paranoïa.

Un autre problème souvent passé sous silence et pourtant aussi important attend les dominateurs: leurs subordonnés adoptent divers comportements non productifs qui nuisent à l'efficacité du groupe, ce qui en retour sape la sécurité d'emploi du dominateur. L'un des aspects les plus dommageables de ce comportement est une réduction notoire de la communication avec le dominateur. On entend souvent les chefs autocratiques se plaindre du fait que personne ne leur dit rien ou qu'ils sont les derniers à être mis au courant. Les subordonnés des chefs orientés vers le pouvoir hésitent à leur parler de leurs problèmes par crainte d'être punis ou contraints à accepter une solution qui ne leur convient pas. «Ce que le patron ne sait pas ne me fait pas mal», affirment bien des employés. Ou encore: «Ne dites au patron que ce qu'il veut entendre.» Ces comportements de défense peuvent éventuellement diminuer l'efficacité d'un groupe, qu'il s'agisse d'une équipe de travail, d'une classe ou d'une famille.

La flatterie et la flagornerie sont monnaie courante au sein des groupes placés sous la coupe d'un chef autocratique. On appelle «béni-oui-oui» les gens qui se rangent toujours du côté de leur patron. De tels comportements réduisent énormément l'aptitude du dirigeant à identifier les problèmes, car il n'est pas conscient de ce qui se passe ni de ce que pensent ses subalternes.

Une autre conséquence plutôt prévisible du pouvoir coercitif réside dans la rivalité accrue qui s'installe entre les membres du groupe, qu'il s'agisse d'une équipe de travail, d'une classe ou des enfants d'une même famille. Dans le monde des affaires en particulier, les luttes de pouvoir, les commérages et les médisances vont bon train. Ces comportements agressifs et axés sur la compétition sont aux antipodes de la coopération et de l'attitude ludique essentielles à l'efficacité d'un groupe et leur présence explique pourquoi la «formation d'équipes» ne représente qu'une abstraction inaccessible dans les groupes dirigés par la force du pouvoir.

Les membres de ces groupes réagissent parfois en se ménageant une retraite physique ou psychologique. Lors des réunions, certains membres s'enferment dans un mutisme délibéré; les élèves s'efforcent de passer inaperçus; les adolescents s'isolent dans leur chambre. Certains enfants abandonnent leurs études parce qu'ils ne peuvent supporter leurs maîtres tyranniques.

Il est plus que temps que nous nous arrêtions afin d'évaluer les coûts élevés associés à l'usage que font les dirigeants de notre société du pouvoir, depuis les chefs de famille jusqu'aux chefs de gouvernement. Nous avons adoré le pouvoir et nous nous sommes leurrés trop longtemps sur son efficacité. Nous avons trop souvent passé outre ses effets nuisibles, ses graves limites et son caractère destructeur. Le pouvoir supprime la créativité et la productivité; il est dangereux pour la santé et le bien-être tant du dominateur que de ses sujets. Il engendre des forces qui finiront inévitablement par le détruire ou le remplacer; il se mord la queue, étouffe les différences d'opinion créatives, éteint la confiance, la camaraderie, l'intimité et l'amour. Le pouvoir piège le dominateur et enchaîne ses victimes.

CHAPITRE 5

La véritable réaction des enfants face au contrôle

Lorsqu'une personne essaie d'en commander une autre, on peut toujours attendre une réaction ou une réponse de la part de celle-ci.

L'usage du pouvoir crée une relation spéciale entre deux personnes, l'une exerçant le pouvoir et l'autre y réagissant.

Les champions de la discipline-à-tout-prix ne tiennent habituellement pas compte de cette lapalissade. Invariablement, ils mettent de côté les enfants, omettant toute référence à leur réaction face à la domination de leurs parents ou professeurs.

«Les parents doivent établir des limites», insistent-ils, sans jamais parler de la réaction des enfants qui sont ainsi privés de la satisfaction de leurs besoins.

«Les parents ne devraient pas avoir peur d'exercer leur autorité», conseillent-ils, passant sous silence la réaction des jeunes face à celle-ci. En omettant de parler des enfants, les adeptes de la discipline créent l'impression que ceux-ci se soumettent volontiers au pouvoir des adultes et leur obéissent au doigt et à l'œil.

«Soyez fermes, mais justes»; «Insistez pour vous faire obéir»; «Ne craignez pas d'exprimer votre désapprobation par une raclée»; «Parfois il faut savoir dire non»; «Disciplinez avec amour»; «Exercez votre droit parental de diriger»; «Le bébé doit apprendre à obéir et à céder à l'autorité de ses parents». Ces phrases sont tirées des nombreux ouvrages préconisant le pouvoir-aux-parents que j'ai collectionnés au cours de mes recherches. Tous ces ouvrages vantent les mérites de la discipline fondée sur le pouvoir sans jamais décrire la réaction des enfants face à celle-ci. Autrement dit, leurs auteurs ne présentent jamais un dossier complet sur la discipline fondée sur le pouvoir, en tant que phénomène de cause à effet, d'action-réaction.

Cette omission est importante, car elle implique que tous les enfants se soumettent passivement aux exigences des adultes, tout à fait heureux de leur rôle obéissant, d'abord avec leurs parents et leurs professeurs et, éventuellement, avec tous les maniaques de pouvoir qu'ils rencontreront.

Toutefois, je n'ai trouvé aucune preuve pour appuyer cette vision des choses. En fait, comme la plupart d'entre nous ne s'en rappellent que trop bien, dans notre enfance nous faisions tout ce qui était en notre pouvoir pour échapper au contrôle de nos parents. Qui de nous n'a jamais menti, blâmé un tiers, cancané, supplié, demandé pardon, promis de ne jamais recommencer?

Toute punition nous paraissait humiliante et pénible. Être forcé de faire quelque chose contre notre volonté était une insulte personnelle et un affront à notre dignité, un acte qui négligeait l'importance de nos besoins.

Par essence, la punition empêche la satisfaction d'un besoin plutôt que de le satisfaire. N'oubliez pas qu'une punition n'est efficace que si l'enfant la trouve répulsive et douloureuse. Lorsqu'un adulte inflige une punition, il le fait toujours *dans le but* d'infliger une souffrance ou une privation à sa victime.

Il apparaît évident, dans ce contexte, que les enfants ne *veulent* jamais de punition, contrairement à ce que ses défenseurs veulent nous faire croire. Nul enfant ne «la demande», «en ressent le besoin» ni n'«est reconnaissant» d'être puni. Il est probablement vrai, aussi, que nul enfant n'oublie ni ne pardonne à un parent ou à un professeur qui l'a puni. C'est pourquoi j'ai peine à croire que les auteurs des ouvrages préconisant le pouvoir-aux-parents tentent de justifier la discipline fondée sur le pouvoir avec des arguments comme ceux-ci:

> «Non seulement les enfants ont besoin de punitions, mais ils en veulent.»
> «Au fond, les enfants veulent ce qu'on leur donne, bon ou mauvais, car pour eux, la justice représente la sécurité.»
> «Les punitions prouvent aux enfants que leurs parents les aiment.»
> «Le jeune qui reconnaît mériter une fessée est presque soulagé lorsqu'il la reçoit.»
> «Plutôt que de voir la discipline comme une insulte, [l'enfant] comprend son but et apprécie le fait qu'elle l'aide à maîtriser ses impulsions.»
> «Le châtiment corporel administré par un parent aimant est tout à fait différent en ce qui touche l'objectif et la pratique [que la violence infligée aux enfants]... L'un est un acte d'amour, l'autre, un acte d'hostilité.»
> «Certains enfants volontaires veulent être battus et on devrait satisfaire leur désir.»
> «Les punitions sécuriseront les enfants dans leur relation avec leurs parents.»
> «La discipline fait des familles heureuses et des enfants sains.»

Ces rationalisations auraient-elles pour but d'alléger la culpabilité qu'éprouvent les dominateurs qui viennent de commettre des actes de violence physique envers leurs enfants? Cela semble possible étant donné l'insistance avec laquelle on répète que l'adulte «punisseur» est vraiment aimant, qu'il agit pour le bien de l'enfant ou fait son devoir de «chef bienveillant». Il semble qu'il faille justifier sa fermeté à l'égard des enfants en disant: «Soyez fermes, mais justes»; qu'être dur est acceptable tant qu'il s'agit de la «méthode de l'amour parental dur»; qu'il est justifiable d'être autocratique tant qu'on demeure «bienveillant»; qu'il est correct de contraindre les enfants à l'obéissance tant qu'on n'est pas un «dictateur»; et que battre les enfants est acceptable tant qu'on le fait «avec amour».

On pourrait peut-être expliquer l'insistance des adeptes de la discipline à affirmer que la punition est bénigne et constructive par leur désir de voir les enfants se soumettre à un être suprême ou à une autorité supérieure. Dans leur esprit, cela n'est possible que si les enfants apprennent d'abord à obéir à leurs parents et aux adultes. James Dobson (1978) souligne ce point à maintes reprises dans son ouvrage:

> En cédant au pouvoir aimant de leur parents, les enfants apprennent aussi à céder au pouvoir bienveillant de Dieu Lui-même.
>
> En ce qui concerne les bambins très volontaires, les parents peuvent commencer à leur administrer de légères raclées entre 15 et 18 mois... Je le répète, le bébé doit apprendre à se soumettre au pouvoir de ses parents, mais cela ne peut se faire du jour au lendemain.

On croit encore que la fin justifie les moyens. Certains adeptes de la punition croient tellement en l'obéissance à l'autorité parentale d'abord, puis plus tard à une autorité supérieure, que les *moyens* qu'ils emploient pour parvenir à leur fin sont déformés de manière à sembler bénéfiques à l'enfant plutôt que destructeurs.

Il est illusoire de penser que les enfants finiront par se soumettre à toute forme d'autorité. Tous les enfants ne se soumettent pas au pouvoir des adultes. En fait, les enfants adoptent une grande variété de réactions et de comportements, que les psychologues appellent *comportements ou mécanismes d'adaptation.*

Les mécanismes d'adaptation employés par les enfants

Depuis des années, j'ai recueilli une longue liste des divers mécanismes d'adaptation employés par les enfants que les adultes cherchent à dominer. Cette liste provient surtout de nos ateliers *Parents efficaces* et *Enseignants efficaces* au cours desquels nous effectuons un exercice simple mais révélateur. Nous demandons aux participants de se rappeler diverses façons qu'ils avaient d'affronter la discipline fondée sur le pouvoir lorsqu'ils étaient jeunes. Nous obtenons des listes presque identiques d'un groupe à l'autre, ce qui confirme l'universalité des mécanismes d'adaptation employés par les enfants. Nous reproduisons ci-dessous une liste complète de ces mécanismes, classés dans un ordre particulier. Notez la variété des thèmes récurrents. (Pouvez-vous trouver les méthodes que vous avez vous-même employées dans votre jeunesse?)

1. Résister, défier, être négatif.
2. Se révolter, désobéir, se montrer insubordonné, répondre avec insolence.
3. Se venger, rendre les coups, contre-attaquer, faire du vandalisme.
4. Frapper, faire preuve d'agressivité, de combativité.
5. Violer les règlements et les lois.
6. Piquer une colère, se fâcher.
7. Mentir, tromper, cacher la vérité.
8. Blâmer les autres, commérer, rapporter.
9. Régenter ou tyranniser les autres.
10. Former des bandes, des alliances, s'organiser contre les adultes.
11. Flatter, passer de la pommade, lécher les bottes, chercher à gagner la faveur des adultes.
12. Se replier sur soi, rêvasser.
13. Rivaliser, avoir besoin de gagner, détester perdre, se soucier de son image, rabaisser les autres.
14. Renoncer, se sentir vaincu, fainéanter, bâcler son travail.
15. S'en aller, se sauver, faire l'école buissonnière, quitter l'école, sécher des cours.
16. Se taire, ignorer les autres, s'emmurer dans un silence réprobateur, mépriser les adultes, prendre ses distances.
17. Pleurer, gémir; se sentir déprimé ou impuissant.
18. Se montrer craintif, timide, gêné, craindre de parler et d'essayer du nouveau.
19. Avoir besoin de réconfort, rechercher constamment l'approbation des autres, souffrir d'insécurité.
20. Tomber malade, souffrir de maladies psychosomatiques.
21. Trop manger, suivre un régime trop sévère.
22. Se montrer exagérément soumis, obéissant, docile; flagorner, devenir le chouchou du professeur.

23. Abuser de l'alcool et des drogues.
24. Tricher et copier à l'école.

Comme on pourrait s'y attendre, lorsque parents et enseignants produisent *leur* liste et se rendent compte qu'elle reflète leur propre expérience, ils émettent invariablement des opinions comme celles-ci:

> «Pourquoi voudrait-on employer le pouvoir si on obtient des comportements comme ceux-ci?»
>
> «Tous ces mécanismes d'adaptation sont des mécanismes que je ne voudrais pas voir mes enfants [mes élèves] employer.»
>
> «Cette liste ne comporte aucun effet ni comportement *positif.*»
>
> «Si nous-mêmes réagissions ainsi face au pouvoir lorsque nous étions petits, nos propres enfants feront sûrement de même.»

Après cet exercice, certains parents et professeurs modifient radicalement leur façon de penser. Ils voient clairement que le pouvoir crée les modèles mêmes de comportement qu'ils *détestent le plus chez les enfants.* Ils commencent à comprendre que l'utilisation du pouvoir leur coûte cher puisqu'elle pousse leurs enfants ou leurs élèves à adopter des habitudes et des traits de caractère que la plupart des adultes jugent inacceptables et les professionnels de la santé mentale, malsains.

Vous avez peut-être remarqué, en lisant la liste, que certains mécanismes constituent des réactions de «combat», d'autres, des réactions de «fuite» et d'autres de «soumission». Il est utile de classer les mécanismes d'adaptation en trois catégories: *combat, fuite* ou *soumission.*

La plupart des enfants adoptent une forme de réaction plutôt qu'une autre. Ainsi, les garçons sont plus portés à *combattre* l'autorité des adultes tandis que les fillettes s'y *soumettent* plus souvent. Certains enfants se *soumettent* lorsqu'ils sont petits puis se mettent à *combattre* de plus en plus en entrant dans l'adolescence. En ce qui concerne les réactions de *fuite,* elles semblent se manifester chez les enfants de tous âges qui sont trop sévèrement punis ou auxquels on offre des récompenses trop difficiles à mériter. Les jeunes qui se sauvent de chez eux sont généralement issus de foyers où les punitions sont sévères. Les drop-outs sont les enfants qui trouvent trop difficile d'obtenir la note de passage.

Chacun de ces mécanismes d'adaptation provoque bien sûr une réaction chez le dominateur. Ainsi, les réactions de fuite incitent souvent les adultes à recourir à des punitions encore plus sévères. C'est le cas, notamment, des enfants qui résistent, défient, se révoltent, désobéissent, se vengent, frappent leurs camarades, enfreignent le règlement et se mettent en colère. Ces mécanismes déclenchent souvent le cercle vicieux qui sévit tant dans les foyers qu'à l'école: les réactions de combat des enfants leur valent des punitions plus sévères qui, en retour, entraînent des réactions de combat encore plus poussées qui amènent à leur tour des punitions encore plus rigoureuses, et ainsi de suite. Les jeunes délinquants et les criminels recourent souvent aux réactions de combat.

Les réactions de soumission sont moins susceptibles d'entraîner un renforcement de la discipline, mais elles désorganisent les relations entre les jeunes. En effet, la plupart des enfants n'aiment pas leurs camarades qui lèchent les bottes des adultes, essaient de se faire valoir, rabaissent les autres, craignent d'essayer du nouveau, obéissent aveuglément ou sont les chouchous. Ils se moquent d'eux, les tournent en dérision et les rejettent.

Les réactions de fuite nuisent souvent de façon permanente aux relations entre l'adulte et l'enfant, rendant leur vie plus malheureuse comme c'est le cas lorsque l'enfant se replie totalement sur lui, s'enfuit de la maison ou abandonne ses études. Certaines réactions de fuite peuvent même nuire à la santé du jeune: abus de nourriture, de drogues ou d'alcool, fantasmes, timidité.

Violence vengeresse à l'égard des contrôleurs

Si les jeunes ne peuvent échapper à la douleur et à l'humiliation liées à la discipline punitive et qu'ils décident de se rebeller, ils expriment souvent leur colère et leur hostilité par des actes d'agression et de violence à l'égard de leurs parents ou de leurs professeurs. Presque tout le monde sait qu'aujourd'hui la croissance de la violence estudiantine à l'endroit des professeurs représente un sérieux problème dans bien des écoles.

Cette violence n'est pas confinée à la classe puisqu'on la retrouve dans un nombre étonnant de familles. Aux États-Unis, l'étude effectuée par les auteurs de *Behind Closed Doors* a révélé qu'*un enfant sur trois âgé entre trois et dix-sept ans frappe ses parents chaque année.* La nature vengeresse de la violence des enfants envers leurs parents est mise en évidence dans les résultats ci-dessous tirés de l'ouvrage sus-nommé:

> Moins d'un enfant sur quatre cents que ses parents n'avaient jamais frappés était violent envers le parent que nous avons interrogé. Ce résultat contraste violemment avec les chiffres concernant les enfants battus par leurs parents. Environ *la moitié de ceux-ci avaient frappé leurs parents* l'année où nous les avons interrogés. (Straus, Gelles et Steinmetz, 1980)

Face aux nombreuses preuves démontrant comment et pourquoi les jeunes se vengent contre les personnes qui essaient de les dominer, je comprends difficilement pourquoi les auteurs d'ouvrages préconisant la discipline-à-tout-prix et le pouvoir parental essaient de faire croire aux parents que les punitions font des relations familiales heureuses. En fait, elles minent les relations entre parents et enfants, et lorsqu'elles sont *fréquentes* ou *sévères,* elles provoquent la violence.

Quand les jeunes «divorcent» d'avec leurs parents

La conséquence la plus tragique que subissent les parents autoritaires est la perte de leurs enfants. Un grand nombre d'adolescents «divorcent» d'avec leurs parents psychologiquement, c'est-à-dire qu'ils se retirent de la relation tout en demeurant à la maison. Incapables de se libérer de la discipline autoritaire de leurs parents et fatigués de toujours sortir perdants des interminables conflits et luttes de pouvoir familiaux, ces jeunes s'isolent et mettent fin à toute communication significative avec leurs parents. Ils passent le plus clair de leur temps à l'extérieur de la maison, n'y retournant que pour manger et dormir. Leurs parents ignorent à peu près tout de leurs activités, de leurs croyances, de leurs valeurs et de leurs sentiments, car les jeunes veillent à ne rien divulguer d'eux-mêmes. Ils ont appris à éviter d'être contraints, privés et punis en se retirant de la relation ou, si ce n'est pas possible, en évitant toute communication franche et ouverte.

Les plus intrépides s'enfuient parfois de la maison, préférant l'insécurité et les dangers du monde extérieur à l'oppression de parents dominateurs et sévères. Des études portant sur les enfants fugueurs ont démontré qu'un très haut pourcentage de ceux-ci s'enfuient dans le but de secouer le joug du pouvoir parental. Dans un même ordre d'idée, bien des adolescentes deviennent enceintes et se marient afin de mettre fin à une relation parentale tyrannique.

Il est devenu clair récemment qu'un nombre étonnant d'adolescents fugueurs ne s'enfuient pas du tout du foyer paternel mais sont en fait mis à la porte par leurs parents! La raison la plus fréquemment invoquée par les parents est que le jeune était «incorrigible», «impossible à diriger», «révolté», «incontrôlable». Cela est triste, mais vrai: certains parents sont prêts à rejeter leurs enfants lorsqu'ils comprennent qu'ils ne peuvent plus les tenir sous leur férule. Pour ces parents, l'obéissance passe avant leur relation avec leurs enfants.

Habituellement, ces parents commettent une faute grave qu'ils regrettent amèrement presque tout de suite. Se rendant compte qu'ils n'arrivent plus à commander leurs grands enfants, ils brandissent la menace suivante: «Tant que tu seras dans ma maison, tu obéiras à mes règles. Si tu en es incapable, tu n'as qu'à faire tes valises.» Voilà précisément le traitement préconisé par les champions de la méthode dure. Ces parents finissent en général par mettre leur menace à exécution et paient le terrible prix qui consiste à expulser leur enfant du foyer paternel.

Le même scénario se répète dans les écoles où presque tous les professeurs menacent de suspendre ou d'expulser les élèves turbulents. Si l'élève résiste, comme c'est souvent le cas, les administrateurs se trouvent pris à leur propre piège: pour éviter de perdre la face, ils sont obligés de le suspendre ou de l'expulser. Mais cette mesure, bien sûr, aliène l'élève et retarde ses progrès encore davantage. Trop souvent, l'élève est irrémédiablement perdu: il ne reviendra pas à l'école.

Semer les graines de la criminalité

Demandez aux parents quelle est la pire chose qui pourrait arriver à leurs enfants et ils répondront: «Avoir des démêlés avec la justice.» C'est cette peur qui entraîne bien des parents à recourir aux punitions afin d'inculquer à leurs enfants la notion du bien et du mal et le respect de l'autorité. Ils espèrent qu'une discipline sévère leur donnera les vertus morales nécessaires pour devenir de bons citoyens. Malheureusement, cet espoir n'est pas fondé.

Afin de prévenir ce qu'ils craignent si fort, la plupart des parents se tournent vers une dicipline stricte: ils commandent, confinent, restreignent, établissent des limites, défendent et interdisent. Et s'ils ne réussissent pas à se faire obéir, ils recourent aux punitions. En règle générale, ils établissent les règles sans demander l'avis de leurs enfants, qu'ils punissent à la moindre infraction. La désobéissance n'est pas tolérée.

Mais comme nous l'avons vu précédemment, une discipline rigoureuse ne produit pas des enfants disciplinés, mais *provoque* chez eux un comportement délinquant ou criminel. Plusieurs recherches le prouvent:

- Des études ont révélé que les jeunes délinquants et délinquantes sont toujours issus de foyers où les parents exerçaient leur pouvoir d'une manière autoritaire et punissaient sévèrement leurs enfants, ce qui n'est pas le cas des enfants non délinquants.
- Une étude des détenus violents de la prison San Quentin a démontré que tous avaient subi une extrême violence à la maison entre l'âge de un et de dix ans (Maurer, 1976).
- On a découvert que les meurtriers ont été plus fréquemment et plus sévèrement punis physiquement, étant enfants, que leurs frères qui n'ont pas tué (Palmer, 1962).
- Résultats d'une étude menée auprès de jeunes garçons hautement susceptibles de devenir des criminels: seuls 32 p. 100 de ceux qui avaient eu des parents aimants avaient commis des crimes; 36 p. 100 des garçons ayant eu une mère aimante et un père sévère avaient été reconnus coupables de crimes; 46 p. 100 de ceux qui avaient eu une mère sévère et un père aimant avaient commis un acte criminel. *Mais 70 p. 100 des garçons ayant eu un père et une mère qui les rejetaient et les punissaient avaient commis des crimes* (McCord et McCord, 1958).
- Brian Gilmartin, auteur du rapport Gilmartin, affirme ce qui suit: «Presque toutes les études portant sur les anté-

cédents de criminels violents ont démontré qu'ils sont plus susceptibles que les citoyens respectueux de la loi d'avoir reçu un grand nombre de raclées et d'autres formes de châtiments corporels de la part de leurs parents ou d'autres gardiens adultes.» (Gilmartin, 1979)

- Une étude menée en Oregon a prouvé l'existence d'un lien entre le vandalisme scolaire et les châtiments corporels. Les écoles où on maltraite davantage les enfants subissent un plus haut taux de vandalisme que les autres. (Hyman, McDowell et Raines, 1975)

On ne comprend pas encore tout à fait comment les punitions physiques peuvent rendre des enfants délinquants ou criminels. Il est probable qu'un ou plusieurs des facteurs suivants entrent en jeu: 1. apprentissage par imitation; 2. réaction agressivité-frustration expliquée plus tôt; 3. réaction d'hostilité à l'égard des figures d'autorité (administrateurs scolaires, patrons, police); 4. besoin de se venger et 5. sentiments de désespoir et d'impuissance (face à l'immuabilité de son destin). Quelle que soit la dynamique précise de ce phénomène, les châtiments corporels prédisposent les enfants à une vie de transgression, d'agressivité et de violence, d'abord à l'égard de leurs frères et sœurs et de leurs parents, puis de leurs professeurs et du directeur de l'école, et plus tard, de toutes les autorités qu'ils auront à affronter.

L'échec des tribunaux pour enfants

Il existe une autre institution où on n'a pas réussi à faire obéir les enfants en les punissant. Je parle des tribunaux pour enfants, créés vers le début du siècle et considérés à cette époque comme le triomphe de la réforme progressive. L'objectif de ces tribunaux, espérait-on, serait «non pas tant de punir que de réformer les enfants, non de les rabaisser mais de les élever, non de les écraser mais de les aider à s'épanouir, non d'en faire... des criminels mais de bons citoyens» (Mack, 1909).

Au cours des deux dernières décennies, toutefois, le concept de base des tribunaux pour enfants et le mode de fonctionnement de la plupart d'entre eux ont fait l'objet d'attaques virulentes. Comment en est-on arrivé là? Dans une tentative audacieuse d'analyser le système judiciaire américain appliqué aux enfants, Charles Silberman, dans un ouvrage intitulé *Criminal Violence, Criminal Justice* (Violence criminelle, justice criminelle) (1978) explique pourquoi il juge que notre système judiciaire punit davantage qu'il n'aide les enfants. M. Silberman est d'avis qu'il est inexact que les tribunaux pour enfants soient axés sur le «bien-être de l'enfant» et qu'ils s'emploient à réhabiliter et à guérir les enfants plutôt qu'à les punir. Voici des statistiques stupéfiantes: en 1974, aux États-Unis, au moins 460 000 jeunes ont été incarcérés dans des centres de détention (l'équivalent de la prison pour adultes) où ils sont restés en moyenne 11 jours; 250 000 enfants ont été mis dans des prisons pour adultes. Or de ce nombre, soixante-quinze pour cent des jeunes filles et vingt-cinq pour cent des garçons détenus étaient accusés de délits mineurs (pour lesquels on n'arrête que des jeunes: absence non autorisée, promiscuité sexuelle, etc.). Moins de dix pour cent d'entre eux avaient commis des vols ou d'autres crimes violents. M. Silberman en déduit que les juges, gendarmes et autres délégués à la liberté surveillée semblent enfermer un grand nombre de jeunes (ce qui constitue une forme rigoureuse de traitement coercitif et punitif) afin de leur «donner une leçon» ou de «les échauder» *avant* qu'ils ne commettent un crime plus grave.

Les données suivantes, qui concernent toujours l'année 1974, sont encore plus étonnantes: 680 000 garçons et filles auraient été enfermés *avant* leur procès ou leur transfert sous une autre juridiction. En Arizona, par exemple, moins de dix pour cent des jeunes qui sont détenus avant leur procès sont jugés assez dangereux pour être exclus de la communauté après celui-ci. (Silberman, 1978)

Bien qu'il existe des exceptions, la plupart des centres de détention et des prisons pour adultes sont terriblement tyranniques et coercitifs envers les jeunes. Au traumatisme de la séparation d'avec sa famille s'ajoutent l'humiliation d'être dépouillé de ses effets personnels, l'anxiété d'être enfermé pendant une période indéterminée et la crainte d'être physiquement attaqué, sodomisé même.

À l'instar des parents et des enseignants, les tribunaux pour enfants comptent sur des mesures coercitives, sur un système de punitions dissuasives, pour détourner les enfants des comportements délinquants ou criminels. Pourtant il n'est pas prouvé que ces méthodes sont plus efficaces dans les tribunaux pour enfants que dans les familles ou les écoles. En fait, la détention accroît sans doute la colère et l'agressivité des jeunes détenus et les rend plus que jamais enclins à la violence. Je suis persuadé qu'elle détruit leur estime de soi et le sentiment de leur valeur.

Il semble que les jeunes détenus dans des centres de détention ou de formation s'exposent davantage à être brutalisés qu'à être réhabilités. M. Silberman cite l'avertissement d'Austin MacCormick, l'un des doyens des professionnels affectés à des maisons de correction, qui déclarait devant les membres du Conseil national des juges des tribunaux pour enfants: «Il se passe des choses, on emploie des méthodes disciplinaires dans les écoles de formation de ce pays qui feraient perdre son emploi à un gardien de l'Alcatraz s'il les employait avec ses prisonniers.» (Silberman, 1978)

Attention: la discipline peut nuire à la santé et au bien-être des enfants

Les adeptes de la philosophie voulant que «qui aime bien châtie bien» brandissent habituellement l'argument selon lequel la discipline est «salutaire pour l'enfant», qu'elle le rendra plus sain et plus heureux (l'enfant sera moins inquiet, saura davantage où est sa place, deviendra plus sociable, aura des relations humaines plus heureuses). Bref, la discipline serait garante de la santé mentale et du bien-être de nos petits. James Dobson, rappelez-vous, affirme que la soumission à l'autorité est «*nécessaire à de saines relations humaines*».

Mais cette croyance concorde-t-elle avec les résultats des recherches? La réponse est non. Il existe une multitude de preuves selon lesquelles la discipline sévère rend les enfants malades et nuit à leur santé mentale.

- Une étude menée par l'éminent psychologue expérimental Robert Sears a révélé que les garçons de douze ans souvent punis et soumis à des restrictions par leurs parents affichaient une forte tendance à se punir, à avoir des accidents et à se suicider. (Sears, 1961)
- Trois études indépendantes ont démontré que les enfants inhibés et névrosés avaient été davantage soumis à des contraintes et à un contrôle excessif dans leur famille que les autres enfants. (Becker, 1964)
- Les enfants qui s'estiment peu ont eu une mère qui raisonnait moins avec eux et leur imposait une discipline plus arbitraire et plus sévère. Elle punissait ses enfants plus souvent qu'elle ne les récompensait. (Coopersmith, 1967)

- Le psychologue Goodwin Watson a mené des entrevues intensives auprès de deux cent trente étudiants diplômés ayant été souvent et sévèrement punis lorsqu'ils étaient enfants. Ceux qui avaient été *le plus souvent* punis haïssaient davantage leurs parents et leurs professeurs, avaient des relations moins intéressantes avec leurs camarades d'études, se querellaient plus souvent, étaient plus timides, avaient moins de succès en amour, s'inquiétaient davantage, se sentaient plus coupables, étaient moins heureux, pleuraient plus souvent et étaient plus dépendants de leurs parents que ceux qui avaient été *moins* punis. (Watson, 1943)

Dans une étude menée en 1971, Diana Baumrind identifia plusieurs groupes de comportements parentaux, dont celui qu'elle qualifia d'«autoritaire». Les parents classés dans cette catégorie obtinrent des pointages assez élevés au titre de l'une ou de plusieurs des caractéristiques suivantes: 1. tenter de façonner, de maîtriser et d'évaluer le comportement et les attitudes de leurs enfants en fonction d'un ensemble de normes rigides; 2. privilégier l'obéissance, le respect de l'autorité, le travail, les traditions et l'ordre établi; 3. décourager les échanges verbaux entre parents et enfants; 4. entraver l'indépendance et l'individualité de l'enfant. Les enfants d'âge préscolaire issus de parents autoritaires manifestaient peu d'indépendance et obtinrent des résultats médiocres au chapitre de la «responsabilité sociale».

Une autre étude a démontré que les enfants de parents autoritaires ne s'entendent pas bien avec leurs camarades, ont tendance à se replier sur eux-mêmes, manquent d'initiative et de spontanéité (Baldwin, 1948). Selon les psychologues E. Maccoby et J. Martin (1983), ils semblent également moins «conscients» et affichent un centre de contrôle externe, c'est-à-dire que, leur source de détermination se trouvant à l'extérieur, ils manquent de maîtrise personnelle.

La multitude de preuves accumulées démontre que *les punitions infligées aux enfants sont dangereuses pour leur santé mentale*. Il est absurde de penser le contraire.

Parce que la discipline et les punitions causent du tort aux enfants sur le plan émotif, il est logique de croire qu'elles finiront par causer du tort à notre société: les enfants perturbés deviennent, en grandissant, des citoyens émotivement handicapés, improductifs, antisociaux et souvent violents.

Se défoncer et décrocher de la réalité

La crainte de voir leurs enfants sombrer dans l'alcoolisme et la toxicomanie est aussi forte chez les parents que celle de la délinquance. Bien que les enfants se soient tournés depuis des générations vers les drogues et l'alcool, il semble que ces formes de fuite soient encore plus répandues aujourd'hui qu'avant.

Désormais, l'usage de drogues est devenu un sujet de scandale parmi les athlètes professionnels, comme il l'était depuis de nombreuses années chez les artistes. Les champions Len Bias et Don Rogers ont rejoint les rangs de Janis Joplin, Elvis Presley, Judy Garland et John Belushi, tous morts d'une surdose de drogue. Ben Johnson, qui a battu le record mondial au 100 mètres, s'est vu retirer sa médaille d'or en raison de la drogue découverte dans son corps après sa victoire. Les bagarres causées par l'alcool sont monnaie courante dans les stades américains et européens, et elles se soldent souvent par des blessures et des décès. Les accidents attribuables à l'alcool sont la cause la plus fréquente de décès parmi les adolescents.

On n'a pas réussi à restreindre les abus en limitant l'approvisionnement ou la vente de ces substances dangereuses parce qu'une nouvelle drogue facile à obtenir fait son apparition presque chaque année: LSD, marijuana, héroïne, PCP, cocaïne, crack.

Les causes de la toxicomanie sont nombreuses et complexes, mais la plus importante est sans nul doute le besoin de fuir l'angoisse, la douleur, la solitude, l'impuissance, le rejet ou toute autre forme de privation de la satisfaction de ses besoins.

La pression des camarades, la crainte de perdre leur amitié ou d'être rejeté si on refuse, voilà une autre cause importante de l'alcoolisme et de la toxicomanie. Ceux qui sont incapables de refuser la drogue offerte ou de limiter leur consommation d'alcool semblent dépourvus de maîtrise de soi et d'autodiscipline. Il importe de se rappeler que, selon certaines études, de tous les jeunes qui essaient l'alcool ou les drogues, seulement cinq à dix pour cent deviennent alcooliques ou toxicomanes. Qu'est-ce qui différencie ces cinq à dix pour cent du reste?

On peut raisonnablement avancer que les jeunes qui sont assez *disciplinés* pour éviter les abus trouvent assez de satisfactions et de gratifications dans leur vie pour ne pas risquer de perdre ce qu'ils possèdent ou ce qui les attend: amis, réussite dans certains aspects de leur vie, relation amoureuse enrichissante, mariage réussi, perspective d'apprendre une profession, sentiments de confiance et d'estime personnelles. Ils ont aussi l'impression qu'ils sont maîtres de leur vie et de leur destin, ce qui constitue un facteur critique, comme je l'ai déjà mentionné.

Par contraste, les cinq à dix pour cent qui se mettent dans le pétrin mènent sans doute une vie frustrante et non gratifiante. Ils se sentent déjà comme des perdants. Ils sont démunis et déçus, ne s'aiment pas, se sentent impuissants à maîtriser leur destinée. L'alcool et les drogues constituent un moyen facile de fuir le désespoir en procurant un sentiment temporaire d'euphorie et d'assurance.

Tout en reconnaissant que les facteurs économiques, sociaux et environnementaux jouent un grand rôle dans les sentiments que l'on éprouve envers soi-même ou sa vie, je crois que l'influence *la plus puissante* est la façon dont la personne a été traitée dans sa jeunesse à la maison et à l'école. Je n'ai présenté qu'un petit échantillon des résultats de recherche de plus en plus nombreux qui démontrent qu'une discipline fondée sur le pouvoir peut rendre les enfants malheureux au point de les inciter à se venger de ceux qui essaient de les dominer ou à fuir un milieu pénible.

Les enseignants et les parents enclins à dominer et à punir peuvent rendre leurs enfants vraiment malheureux. À mon avis, la guerre contre les drogues, les slogans invitant à «dire non» et les programmes visant à inculquer la crainte de la drogue aux enfants n'auront jamais de succès tant que les parents et les enseignants n'auront pas appris à traiter les enfants et les adolescents d'une manière qui ne leur donnera pas envie de fuir.

La perte d'influence du contrôleur

La plupart des parents et des enseignants souhaitent avant tout exercer une influence positive sur leurs enfants. Ils veulent leur enseigner le bien et le mal, les convaincre de la valeur d'une solide instruction, les inciter à mener une vie saine, les aider à bien s'entendre avec leur entourage, les pousser à abandonner des comportements qui nuisent aux autres, en faire des citoyens heureux et productifs. En imposant une discipline punitive, toutefois, les adultes *réduisent énormément* leurs chances d'exercer une influence constructive sur les jeunes.

Voilà le paradoxe: Quand on use de pouvoir, on perd son influence. Plusieurs facteurs s'associent pour produire ce résultat. En premier lieu, le pouvoir entraîne les réactions mêmes qui contribueront à l'affaiblir, comme la résistance, la révolte, la vengeance, l'évasion, le repli sur soi, la tromperie, la formation d'alliances pour contrebalancer le pouvoir du dominateur, le non-respect des lois, et ainsi de suite.

En deuxième lieu, l'autorité E, l'une des principales sources d'influence, n'a aucun effet sur les enfants s'ils n'aiment pas l'adulte qui cherche à les influencer. J'ai affirmé cela d'une autre manière précédemment: pour que les enfants acceptent l'expérience d'un adulte, sa sagesse ou ses valeurs, ils doivent l'aimer et le respecter. De même, nous savons que les enfants finissent par détester et mépriser les adultes qui veulent les forcer à obéir, les brimer ou nier leur droit de satisfaire leurs besoins.

Par ailleurs, nous savons aussi que les enfants écoutent, croient, imitent et recherchent la compagnie des adultes qu'ils aiment et admirent, qui les traitent avec respect, leur font confiance, ne les commandent pas et sont ouverts. Voici donc le corollaire de notre paradoxe: *Quand on renonce au pouvoir, on augmente son influence.*

Voulons-nous des jeunes obéissants?

Il vaut la peine que nous nous arrêtions plus particulièrement à un mécanisme d'adaptation qu'emploient les jeunes confrontés à une discipline fondée sur le pouvoir. Chacun sait que certains jeunes réagissent à l'autorité des adultes par la soumission et l'obéissance. Comme je l'ai déjà maintes fois répété, cette obéissance est précisément ce que les champions de la discipline-à-tout-prix et du pouvoir-aux-parents désirent pardessus tout. Il s'agit là de leur objectif le plus élevé, la désobéissance représentant leur plus grande crainte.

Tout au long de l'histoire, le culte de l'obéissance a été profondément enraciné et hautement privilégié dans de nombreuses sociétés. La soumission à l'autorité est considérée comme une source nécessaire de contrôle social au sein des institutions et des nations, le ciment qui lie les membres des organisations, le critère de base de toute vie communautaire. Comme telle, on l'a élevée au rang de vertu noble ou morale dans les organisations militaires et les cultes religieux, ainsi que dans les familles et les écoles. Cela est le cas particulièrement dans les familles où une autorité supérieure ou une idéologie impose une hiérarchie: le mari et père, étant le «chef du foyer», siège au sommet de la pyramide, sa femme se trouvant directement sous lui et les enfants, tout au bas.

Certains philosophes nous mettent en garde contre le fait que la désobéissance finit par déchirer le tissu social de n'importe quelle société. En outre, comme je l'ai déjà souligné, certains auteurs contemporains préviennent les parents que le manque de respect de l'autorité parentale ne peut conduire qu'à l'«anarchie, au chaos et à la confusion». (Dobson, 1978)

Récemment, toutefois, une poignée de chercheurs en sciences humaines et d'historiens ont remis en question cette vision traditionnelle des choses. Le brillant historien C. P. Snow, parlant de l'extermination des juifs européens par les nazis comme d'un crime hideux et immoral perpétré par des milliers de soldats allemands au nom de l'obéissance à leurs supérieurs, tire la conclusion suivante:

> Quand on songe à la longue et triste histoire de l'humanité, on trouve plus de crimes hideux perpétrés au nom de l'obéissance que de crimes commis au nom de la révolte. (Snow, 1961)

D'autres écrivains ont décrit les nombreux crimes commis par les soldats américains à l'endroit des citoyens vietnamiens au nom de l'obéissance. Il n'y a pas si longtemps, les meurtres et suicides commis par près de mille disciples du révérend Jim Jones nous offraient un autre exemple du «devoir d'obéir aux ordres». Lors de cette tragédie, les disciples de Jones, obéissant aveuglément à leur chef, tuèrent leurs enfants avant de se donner la mort.

Au lieu de considérer l'obéissance à l'autorité comme une vertu, nous devrions la voir comme une maladie devenue courante dans notre société. Nous sommes en train de créer de futurs citoyens qui obéiront aux ordres sans se poser de question. Cette attitude, qui prend naissance dans la famille, est continuellement renforcée dans nos écoles, dans l'armée, dans de nombreuses églises et entreprises commerciales et industrielles. Toutefois, on peut prouver que les personnes conditionnées à obéir finissent par se voir comme des *instruments qui sont destinés à réaliser les souhaits d'un tiers et ne sont plus responsables de leurs propres actes.*

Nulle part ailleurs ce phénomène n'a été démontré aussi clairement que par les expériences avant-gardistes menées par le psychologue Stanley Milgram et ses associés, à l'université Yale, dans les années soixante. Ces travaux, résumés dans l'ouvrage *La soumission à l'autorité*, ont d'ailleurs valu à leur auteur un prix d'excellence.

Sous prétexte de mener une étude sur la façon dont les gens apprennent, Milgram demanda à ses sujets d'administrer des chocs électriques à un «élève» attaché chaque fois qu'il commettait une erreur. Les sujets ignoraient que la victime était en fait un comédien qui ne recevait pas vraiment de choc mais faisait semblant d'en recevoir; au début, il protestait verbalement, puis, comme les chocs semblaient augmenter en puissance, il grognait et criait comme s'il était à l'agonie pour supplier ensuite ses mentors de le libérer car il souffrait trop.

L'expérimentateur (la figure d'autorité en sarrau blanc) avait ordonné aux sujets d'augmenter la puissance du choc à chaque erreur de l'élève qui avait, bien sûr, reçu l'ordre de donner une mauvaise réponse de temps en temps.

Le but réel de cette expérience, connu du seul expérimentateur, était d'étudier comment les sujets (ceux qui administraient les chocs) résolvaient leur conflit entre obéir à une autorité qui leur ordonnait d'infliger des chocs de plus en plus violents et lui désobéir en raison de la souffrance apparente de la victime et de ses supplications. Un conflit, donc, entre obéir et désobéir.

Milgram (1979) lui-même trouva les résultats de son expérience «étonnants et consternants». Voici quelques-unes de ses conclusions:

- Près des deux tiers des sujets se rangèrent dans la catégorie «obéissants».
- Bien des sujets ressentirent un grand stress et formulèrent des protestations verbales à l'endroit de l'expérimentateur («Cet homme semble souffrir» ou «Je refuse de continuer si le gars continue à crier comme ça»). Néanmoins, une proportion importante des sujets *continua d'infliger des chocs électriques à la victime* jusqu'au plus haut voltage de l'indicateur.
- Plus tard, certains sujets reconnurent qu'ils étaient convaincus de faire quelque chose de mal, mais admirent qu'ils ne pouvaient se résigner à désobéir à l'autorité.

Ayant interviewé les sujets, Milgram conclut que la plupart d'entre eux, pour pouvoir obéir, s'étaient persuadés qu'ils n'étaient pas responsables de leurs actes. Chacun se voyait non comme une personne choisissant d'agir d'une façon immorale, mais comme l'agent d'une autorité externe; il ne faisait qu'«accomplir son devoir». De conclure Milgram:

«La disparition du sens des responsabilités est la conséquence la plus importante de la soumission à l'autorité.» Les résultats de cette expérience créatrice conçue avec soin contredisent clairement l'argument voulant qu'enseigner aux enfants à obéir à l'autorité externe stimulera leur maîtrise de soi et leurs sens des responsabilités. L'étude de Milgram prouve le contraire: l'obéissance à l'autorité entraîne la *disparition* de la maîtrise de soi et du sens des responsabilités.

Récemment, on a vu que l'obéissance à l'autorité jouait un rôle important dans les agressions sexuelles commises envers les enfants. On a découvert que la majorité des enfants agressés sexuellement *connaissent leur agresseur,* qui est un parent ou un membre de la famille. En général, comme l'enfant a appris à *respecter l'autorité de cette personne et à lui obéir,* il se soumet volontiers à elle. Il ne sait pas trop si l'acte sexuel est malsain ou inhabituel. Sa répugnance inhérente à défier l'autorité des adultes et la crainte que son agresseur ne se venge font en sorte que l'enfant hésite à dénoncer le crime. Bref, le déséquilibre de pouvoir qui caractérise ces relations adulte-enfant et l'impuissance de l'enfant agressé expliquent pourquoi tant d'enfants n'opposent aucune résistance à leur agresseur, comme l'a expliqué Roland Summit:

> Les enfants décrivent souvent leur première expérience en disant qu'ils se sont réveillés en sentant leur père (ou leur beau-père ou le compagnon de leur mère) en train d'explorer leur corps avec ses mains ou sa bouche. Moins fréquemment, ils se réveillent avec un pénis dans la bouche ou entre les jambes... Comme l'adulte victime d'un viol, on s'attend à ce que l'enfant agressé résiste, appelle à l'aide ou cherche à se sauver. Rares sont les enfants qui le font. Leur réaction habituelle est de «faire le mort» c'est-à-dire de feindre de dormir, de changer de position et de remonter les couvertures. Les petits enfants ne font pas appel à la force pour affronter des menaces écrasantes. Lorsqu'ils ne peuvent pas courir, ils n'ont d'autre choix que de se cacher. Les enfants apprennent généralement à affronter en silence leurs terreurs nocturnes. Les couvertures sont alors investies de pouvoirs magiques contre les monstres, mais elles ne peuvent pas grand-chose contre les intrus humains.

En conclusion, j'adresse les conseils suivants aux parents et aux enseignants, à tous les adultes, en fait.

En tant que société, il est urgent que nous cherchions à trouver et à enseigner des solutions de rechange efficaces à l'autorité et au pouvoir qui marquent nos rapports avec les autres, enfants ou adultes; des solutions susceptibles de produire des êtres humains assez courageux, autonomes et disciplinés pour résister à l'autorité si, pour obéir, ils devaient contredire leur propre notion du bien et du mal.

Dans les prochains chapitres, je vous présenterai de nombreuses solutions de rechange et enseignerai aux parents comme aux enseignants un certain nombre d'aptitudes et de méthodes non fondées sur le pouvoir et la force qu'ils peuvent employer avec les enfants et les adolescents. La plupart des lecteurs comprendront que ces solutions aideront les jeunes à devenir autonomes, responsables, à se diriger, à se maîtriser, à se discipliner. Ce sont là des traits de caractère que, à mon avis, on doit retrouver chez les citoyens d'une société vraiment saine et démocratique.

DEUXIÈME PARTIE

DES OPTIONS AUTRES QUE DISCIPLINER LES ENFANTS

CHAPITRE 6

Des méthodes pour inciter les enfants à modifier leur comportement sans les contrôler

Pourquoi la discipline axée sur le contrôle a-t-elle persisté depuis des siècles en ne subissant que de rares modifications? Pourquoi parents et enseignants continuent-ils d'employer le pouvoir et les punitions alors qu'il est si difficile de prouver que ces méthodes sont efficaces pour modifier le comportement des enfants? Pourquoi s'entêtent-ils à croire qu'ils sont forcés d'imposer une discipline fondée sur le pouvoir alors qu'ils doivent pourtant reconnaître que la plupart des enfants la combattent ou la fuient par toutes sortes de mécanismes d'adaptation? Et pourquoi essaient-ils de commander aux adolescents et de les forcer à obéir alors qu'ils n'ont plus de pouvoir sur eux à cet âge?

Trente années d'expérience professionnelle auprès des parents et des enseignants m'ont fourni quelques réponses à ces questions dont l'une est très simple: les gens persistent à jouer aux dominateurs parce qu'ils croient que la seule autre option consiste à se montrer permissif, et personne n'aime agir ainsi dans ses relations avec les enfants ou dans *n'importe quelle* relation de toute façon. J'ai déjà souligné, dans un chapitre précédent, cette croyance des gens qu'il faut absolument choisir entre noir et blanc. Entre ces deux options, la plupart des adultes préfèrent se montrer autoritaires que permissifs; posséder et exercer le pouvoir plutôt que de le laisser entre les mains des enfants; dominer ceux-ci plutôt que de subir le chaos qui résulterait de leur abandon du pouvoir.

Je sympathise tout à fait avec ceux qui craignent un excès de tolérance parce que j'ai vu ce qui se passait lorsque les parents et les enseignants laissent les enfants faire ce qu'ils veulent sans leur imposer de règles ni de limites. Les adultes sont malheureux et les enfants finissent par manquer d'égards et par se montrer irréfléchis, égoïstes, impossibles à diriger et détestables.

Il est malheureux que si peu de parents et d'enseignants connaissent les nombreuses solutions de rechange à la domination par le biais de la discipline, les nombreuses méthodes servant à *influencer* les enfants afin de modifier leurs comportements inacceptables, des méthodes qui assurent la satisfaction des deux membres de la relation.

Depuis 1950, je me suis employé à concevoir, à élaborer et à enseigner ces méthodes non fondées sur le pouvoir, faisant de ce travail une sorte de mission professionnelle. C'est cette année-là que j'ai créé et testé un court programme de formation au leadership à l'intention des responsables éducatifs et religieux de l'université de Chicago, où j'enseignais alors.

Pour cet atelier, j'avais abondamment puisé dans mon expérience antérieure à titre de conseiller et de thérapeute, convaincu que les aptitudes à communiquer que j'avais acquises au cours de ma formation étaient celles-là mêmes dont avaient besoin les dirigeants (gestionnaires, administrateurs, superviseurs) qui voulaient créer des groupes productifs comprenant des membres motivés et heureux. Pour moi, cet atelier marquait le début d'une décennie de consultation auprès d'organisations commerciales, industrielles et gouvernementales, où j'employais surtout des programmes de formation au leadership qui mettaient en relief des façons d'influencer les employés plutôt que d'essayer de les manipuler au moyen de récompenses et de punitions.

En 1962, ayant compris que les relations entre parents et enfants ressemblaient beaucoup aux relations entre patrons et employés, j'élaborai un programme de formation à l'intention des parents. Ce programme connut un succès immédiat d'abord auprès des parents de ma région. Sous le nom de *Parents efficaces,* notre programme de formation finit par attirer des personnes désireuses de devenir elles-mêmes monitrices. La formation et l'accréditation de plusieurs centaines de personnes accéléra la diffusion du programme dans de nombreux autres régions au cours des cinq années subséquentes.

Aujourd'hui, plus d'un million de parents ont complété ce programme sous l'égide de plusieurs milliers de moniteurs accrédités. Notre effectif comprend des personnes de vingt-cinq pays. L'année 1987 a marqué le vingt-cinquième anniversaire du programme *Parents efficaces*; un quart de siècle passé à former des parents et à leur enseigner des procédés éducatifs. Cette expérience m'a fourni la preuve impressionnante que la plupart des parents peuvent apprendre et appliquer chez eux de nouvelles méthodes et procédés pouvant transformer radicalement leur tâche éducative, améliorer la qualité de leur vie familiale et former des jeunes dotés d'une autodiscipline .

Plusieurs années après que j'ai lancé *Parents efficaces,* un certain nombre d'administrateurs scolaires me demandèrent d'enseigner aux professeurs les aptitudes mêmes que j'inculquais aux parents. Cela m'encouragea à créer le programme *Enseignants efficaces.* Depuis lors, nos moniteurs ont enseigné à plus de 100 000 participants (y compris des directeurs d'école, des conseillers, des psychologues œuvrant en milieu scolaire ainsi que des professeurs) dans une douzaine d'autres pays. Le programme *Enseignants efficaces* a prouvé que la plupart des enseignants peuvent apprendre de nouvelles façons, différentes de leurs méthodes disciplinaires traditionnelles et que ces procédés non fondés sur le pouvoir peuvent diminuer le désordre en classe tout en améliorant le rendement scolaire et la maturité affective des élèves.

Dans ce chapitre, je présenterai des procédés et des méthodes différents, en commençant par ceux qui s'appliquent aux jeunes enfants qui n'ont pas encore appris à parler et à communiquer. Puis j'expliquerai d'autres méthodes et procédés exigeant une communication verbale bilatérale.

Toutefois, je commencerai par vous expliquer en quoi consistent les programmes *Parents efficaces* et *Enseignants efficaces*. Jusqu'à tout récemment, je croyais que ces programmes ne faisaient qu'accroître l'efficacité des gens, leur donner de nouveaux procédés à entrer en relation avec l'autre, à communiquer et à résoudre leurs problèmes. Cependant, je me suis aperçu que cette vision était inappropriée et trompeuse, qu'elle conférait à ces programmes une allure mécanique et technique sans illustrer intégralement ce qu'ils apportaient aux parents et aux enseignants ainsi que, bien sûr, aux enfants.

Les programmes *Parents efficaces* et *Enseignants efficaces* font plus qu'assurer une formation axée sur des procédés et des outils précis puisqu'ils confèrent aux participants un *modèle*, un *rôle*, un *style de leadership* et une *façon d'être* tout à fait différents dans leurs relations avec les enfants et les adolescents.

Pour subir une transformation aussi complète, comme l'ont fait bien des diplômés de nos cours, certaines personnes doivent modifier profondément leurs attitudes face à la discipline, au pouvoir et à l'autorité. Une fois le cours terminé, les participants parlent un nouveau langage très éloigné du langage traditionnel du pouvoir universellement employé dans les relations entre adultes et enfants. Je parle de termes comme *autorité, obéir, exiger, permettre, laisser, établir des limites, priver, discipline, restreindre, punir, interdire, défendre, imposer les règles, respect de l'autorité*. Nos diplômés endossent un rôle tout à fait nouveau en tant que parent ou enseignant, un rôle non centré sur le pouvoir qui peut être décrit par des termes comme *facilitateur, conseiller, ami, oreille attentive, qui résoud le problème, participant, négociateur, agent d'aide, personne-ressource*.

Cette transformation est manifeste dans ce récit rapporté par une enseignante au primaire qui venait de participer à la formation *Enseignants efficaces*:

> J'avais l'habitude d'essayer de me faire obéir en posant à mes élèves des questions qui les obligeaient à me donner les réponses que je voulais. Exemple: «Sommes-nous calmes lorsque nous nous rendons à la bibliothèque?» Comme des élèves modèles, les enfants répondaient: «Oui.» «Est-ce que nous courons?» «Non, nous ne courons pas», répondaient-ils. Je leur faisais répéter leur leçon avant les excursions, les exercices de feu ou la venue de visiteurs. Les enfants étaient toujours d'accord

avec moi. «Non, ne courons pas.» Mais ils couraient toujours, se poussaient, criaient. De retour dans la classe, je posais une autre question: «Tenons-nous nos promesses?» Et la réponse habituelle venait: «Oui, nous tenons nos promesses.»

Un jour, le moniteur du programme *Enseignants efficaces* nous fit écouter un enregistrement; quand je vis combien le professeur avait l'air stupide sur cette bande et combien je lui ressemblais, je résolus de changer ma méthode et d'essayer la Troisième méthode [résolution de conflits sans perdant] pour traiter d'un problème sur lequel je sermonnais mes élèves depuis des semaines, soit leur retour ponctuel après la récréation. Dans le passé, je procédais comme d'habitude; comme les enfants tardaient toujours à se placer en rangs, je sortais et leur criais de le faire. Avant qu'ils soient tous en rangs et entrent dans la classe, nous avions perdu au moins dix minutes. Je leur demandais alors: «Lorsque la cloche sonne, est-ce que nous continuons à jouer?» Ils répondaient: «Non.» Je poursuivais: «Que faisons-nous lorsque la cloche sonne?» «Nous nous plaçons en rangs», chantonnaient-ils. J'ajoutais: «À partir de maintenant, je n'aurai plus besoin de vous crier de vous mettre en rangs, n'est-ce pas?» «Non», rétorquaient-ils en chœur. Le lendemain, j'étais encore là à leur crier de se mettre en rangs.

Incroyable, n'est-ce pas? Eh bien! cette semaine j'ai émis un message «je» au lieu de poser mes questions habituelles. Je leur ai dit que j'étais fatiguée de leur crier après et que je craignais que le directeur m'accorde une note médiocre en raison de tout le temps perdu. Puis je les ai écoutés. Je n'en croyais pas mes oreilles. Ils déclarèrent qu'ils en avaient assez de rester piqués là au soleil en m'attendant et demandèrent pourquoi ils devaient se mettre en rangs de toute façon au lieu de rentrer tout simplement au son de la cloche. Je répondis que nous avions toujours procédé ainsi. «Pourquoi?» demandèrent-ils. Je réfléchis un moment puis avouai que je ne savais pas pourquoi mais que c'était comme ça.

Eh bien! ils n'étaient pas d'accord et nous avons décidé de déterminer nos besoins. En ce qui me concerne, il fallait qu'ils quittent la cour de récréation et entrent en classe d'une manière aussi ordonnée et rapide que possible. Quant à eux, ils voulaient éviter de rester en rangs pendant cinq minutes ou plus au soleil en attendant que j'arrive pour les escorter jusqu'à la classe. Nous avons adopté une solution proposée par l'un des enfants: au son de la cloche, les enfants devaient se rendre dans la classe en marchant pendant que, de mon côté, je partirais de la salle des professeurs pour les rejoindre.

Nous procédons ainsi depuis trois jours maintenant et tout marche à merveille. Nous sauvons dix minutes par jour ainsi que tout le temps que je passais auparavant à les sermonner sur la nécessité de se mettre en rangs et de marcher calmement. Je n'ai plus besoin de me rendre dans la cour de récréation. Mais le plus important, ce sont nos sentiments réciproques lorsque nous entrons dans la classe. Avant, tous les enfant étaient en colère une fois alignés et en route pour la classe. Maintenant, nous nous sentons bien ou, du moins, nous ne sommes plus fâchés les uns contre les autres. Cela sauve parfois tout un après-midi. Le plus difficile fut de me convaincre que les enfants n'avaient pas besoin de se mettre en rangs; en fait, c'était là ma solution à un besoin et, dans notre cas, une très mauvaise solution.

Les enfants ne se conduisent pas vraiment mal

Les programmes *Enseignants efficaces* et *Parents efficaces* contribuent à transformer radicalement la façon dont parents et enseignants perçoivent le comportement des enfants. La plupart des adultes croient que les enfants «se tiennent bien» ou «se comportent mal». Cette étiquette «bien» ou «mal» est apposée au comportement de l'enfant lorsqu'il est très jeune. Dans nos programmes de formation, nous aidons les parents à voir que les enfants ne se comportent pas vraiment mal.

Il est intéressant de noter que cette expression s'applique presque exclusivement aux *enfants* et rarement aux adultes. Nous n'entendons jamais personne dire:

«Mon mari s'est mal conduit hier.»

«L'un de nos invités s'est mal comporté pendant la soirée d'hier.»
«J'ai piqué une colère lorsque mon ami s'est mal conduit pendant le déjeuner.»
«Mes employés se sont mal conduits dernièrement.»

Apparemment, seuls les enfants se comportent mal. Or, cette expression relève exclusivement du *langage des parents et des enseignants* et révèle la vision traditionnelle des adultes par rapport aux enfants. Elle est également employée dans presque tous les manuels sur l'éducation des enfants que j'ai lus, ce qui n'est pas peu dire.

À mon avis, les adultes disent qu'un enfant se conduit mal lorsqu'il fait une action jugée contraire à celle qu'il devrait faire *à leur avis*. Ce verdict constitue donc manifestement un jugement de valeur posé par l'adulte, une étiquette accolée à un comportement particulier, un jugement négatif de l'action de l'enfant. La mauvaise conduite est donc une action précise qui entraîne une conséquence indésirable pour l'*adulte*. En fait, la conduite de l'enfant est mauvaise *pour l'adulte*. Donc, c'est dans l'esprit de l'adulte et non dans celui de l'enfant que le comportement en question à un caractère négatif. L'enfant, pour sa part, fait ce qu'il veut ou a besoin de faire pour satisfaire un de ses besoins.

Autrement dit, c'est l'*adulte* qui voit le mauvais côté du comportement et non l'enfant. Pour être plus précis, ce sont les conséquences pour l'adulte du comportement de l'enfant qui sont jugées mauvaises (ou potentiellement mauvaises) et non le comportement comme tel.

Lorsque parents et enseignants saisissent cette distinction critique, leur attitude à l'égard de leurs enfants ou de leurs élèves se modifie considérablement. Ils commencent à voir les actions des jeunes comme de simples comportements destinés à satisfaire des besoins précis. Lorsqu'ils se mettent à voir les enfants comme des êtres humains qui adoptent divers comportements pour satisfaire des besoins humains normaux, ils sont moins portés à classer leurs comportements comme bons ou mauvais.

Accepter que les enfants ne se conduisent pas vraiment mal ne signifie nullement que les adultes seront toujours *d'accord* avec ce qu'ils feront. Et on ne doit pas s'attendre à ce qu'ils le soient, car les enfants font des choses que les adultes n'aiment pas et qui nuisent à leur propre «poursuite du bonheur». Mais même dans ce cas, l'enfant ne se conduit pas mal et il n'est pas mauvais; il n'essaie pas de faire quelque chose *à l'adulte*, mais plutôt *pour lui-même*.

C'est seulement lorsque parents ou professeurs modifient leur attitude, c'est-à-dire déplacent le nœud du problème de l'enfant à l'adulte, qu'ils peuvent apprécier la logique de certaines solutions non fondées sur le pouvoir qui leur permettent de faire face à des comportements qu'ils n'acceptent pas.

À qui appartient le problème?

Afin d'aider nos participants à effectuer cette transformation, nous employons le concept «à qui appartient le problème». Laissez-moi vous l'expliquer. Chaque fois qu'un enfant fait un geste qui vous empêche de satisfaire un besoin, vous pensez que ce comportement est inacceptable puisqu'il vous cause des ennuis. C'est à vous qu'appartient le problème.

Toutefois, supposez que c'est l'enfant qui voit son besoin frustré, il a donc un problème qui lui appartient en propre.

Dans nos cours, nous demandons aux parents et aux enseignants de visualiser une fenêtre à travers laquelle ils observeront tous les comportements possibles de l'enfant. Puis nous leur expliquons que certains de ces comportements seront acceptables et d'autres non. Les comportements inacceptables se situant dans la zone inférieure de la fenêtre, là où le problème appartient à l'adulte.

La fenêtre des comportements

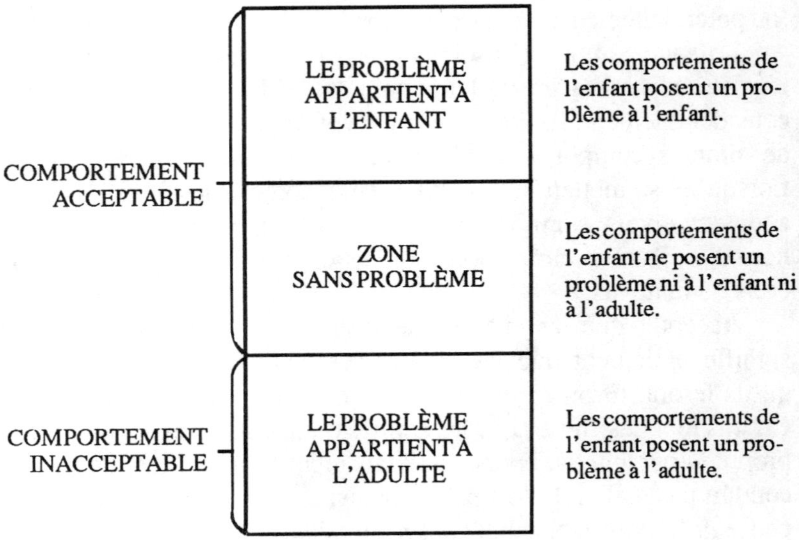

Voici des exemples de comportements susceptibles de causer des ennuis à la plupart des parents: l'enfant fait du bruit pendant que l'adulte est au téléphone; il lambine alors que le parent est pressé; il marche dans le salon avec des chaussures crottées; il frappe son petit frère avec un de ses blocs; il conduit la voiture familiale trop vite.

Dans la zone supérieure de la fenêtre, nous plaçons les comportements qui indiquent que l'enfant éprouve un problème. Exemples: l'enfant est fâché parce qu'il n'a personne avec qui jouer; l'enfant dit que son ami l'a rejeté; l'adolescente est malheureuse parce qu'elle est obèse. Ce sont là des problèmes que les enfants rencontrent dans leur propre vie, et non avec les adultes.

La zone centrale de la fenêtre est réservée aux comportements de l'enfant qui ne posent un problème ni à l'enfant ni à l'adulte. Il existe des moments délicieux dans une relation entre adulte et enfant où l'enfant s'amuse en toute quiétude de son côté ou encore où adultes et enfants font une activité commune sans problème. Nous appelons cette zone «zone sans problème» de la fenêtre des comportements.

Dans ce chapitre, je présenterai aux parents et aux enseignants des solutions non axées sur l'usage des punitions qu'ils peuvent employer pour modifier les comportements qui leur posent un problème. Plus loin, j'expliquerai un autre ensemble de méthodes destinées, cette fois, à aider les enfants à résoudre leurs propres problèmes.

Option n° 1: découvrir le besoin de l'enfant

Barbara, six mois, se met à hurler en pleine nuit. Ses parents se réveillent et, privés du sommeil dont ils ont besoin, trouvent naturellement ce comportement inacceptable. Mais comment arrêter les pleurs de Barbara? En cherchant à comprendre. Essayer de trouver l'origine de ses cris pour trouver le remède au problème est un véritable casse-tête:

> Peut-être est-elle mouillée ou a-t-elle froid? Nous allons d'abord vérifier cela. Non, sa couche est sèche. Peut-être qu'elle n'a pas fait son rot? Prenons-la et essayons de lui faire faire son rot. Non, ce n'est pas cela. Et si elle avait faim? Il y a encore du lait dans son biberon, mais celui-ci se trouve au pied du berceau. Bravo! Elle tète et commence à s'endormir, je vais la remettre dans son lit. Merveilleux! Elle dort. À notre tour maintenant.

Les parents sont souvent forcés de jouer aux devinettes avec les bébés qui pleurent sans arrêt, sont surexcités, n'arrivent pas à s'endormir, jettent leur nourriture par terre, lambinent. N'oubliez pas que lorsque les bébés font des choses inacceptables pour leurs parents, c'est pour satisfaire un besoin. En essayant de découvrir ce besoin au lieu de punir l'enfant pour sa «mauvaise conduite», les parents peuvent habituellement trouver la cause du comportement inacceptable ou fournir à l'enfant ce dont il a besoin et qu'il ne peut se procurer lui-même.

À mesure que les bébés grandissent et se mettent à parler, le jeu des devinettes devient plus facile. Les parents n'ont qu'à écouter attentivement le message de l'enfant, par exemple:

«J'ai mal au ventre.»
«Jojo a pris mon ballon.»
«Pourquoi faut-il que je me couche?»

Bien sûr, les parents sont parfois obligés de poser des questions simples comme:

«Pourquoi pleures-tu?»
«Que veux-tu?»
«Pourquoi as-tu frappé ton petit frère?»
«Pourquoi n'es-tu pas en train de t'habiller?»

Les réponses vous donneront des indices sur ce que vous devez faire pour entraîner une modification du comportement qui vous paraît inacceptable.

Option n° 2: faisons un échange

Une autre façon efficace et non fondée sur le pouvoir de modifier un comportement inacceptable chez les bébés consiste à substituer au comportement *inacceptable* un comportement qui vous paraît *acceptable*.

> Laura la curieuse, âgée d'un an, s'est emparée d'une de vos paires de bas qu'elle s'amuse à caresser et à tirailler. Vous craignez qu'elle ne les déchire. Vous prenez dans un tiroir une vieille paire déjà déchirée, vous la mettez dans les mains de la petite et retirez doucement les bas

neufs. Laura, qui ne voit pas la différence, s'amuse autant avec les vieux bas. Son besoin est comblé et le vôtre aussi.

Lorsque les adultes commencent à penser en termes d'échange, ils sont moins portés à exercer leur autorité et à punir la «mauvaise conduite».

Option n° 3: modifier l'environnement

La plupart des parents et des enseignants savent intuitivement qu'ils peuvent mettre un terme à un comportement inacceptable en modifiant l'*environnement* de l'enfant, au lieu de faire des efforts pour changer l'*enfant*. Qui n'a pas déjà observé un enfant geignard, importun et désœuvré s'absorber entièrement (et calmement) dans un jeu lorsqu'on lui fournit des matériaux captivants comme de l'argile, de la peinture aux doigts, un casse-tête, un livre à colorier ou tout autre jeu. C'est ce qu'on appelle «enrichir l'environnement» et les moniteurs efficaces des garderies ou des maternelles le font quotidiennement.

À d'autres moments, les enfants ont besoin exactement du contraire. Ainsi, s'ils sont hyperactifs avant d'aller au lit, le parent avisé sait qu'il doit «appauvrir l'environnement». Les enfants surexcités se calment souvent lorsqu'on leur lit une histoire ou un conte de fées, ou qu'on leur demande de raconter les événements de leur journée. Les parents éviteraient une grande partie de la bataille et de l'énervement propres au coucher des enfants s'ils faisaient un effort pour réduire la stimulation que leur offre l'environnement à ce moment-là.

En outre, les parents peuvent éviter un grand nombre de comportements inacceptables et dangereux chez les bambins en leur fabriquant un environnement «à l'épreuve des enfants»:

Acheter des tasses et des verres incassables.
Mettre allumettes, couteaux et lames de rasoir hors de leur portée.
Mettre les médicaments et les objets contondants dans une armoire fermée à clé.
Fermer la porte du sous-sol à clé.
Fixer au sol les carpettes glissantes.

Une fois encore, le principe consiste à limiter l'*environnement* plutôt que l'*enfant.*

Les moniteurs et monitrices de la maternelle ont acquis un grand savoir-faire dans la modification de l'environnement dans le but de prévenir ou de modifier les comportements perturbateurs et inacceptables. C'est pourquoi les enfants de la maternelle sont souvent occupés et calmes. Les professeurs qui enseignent aux tout-petits ont généralement appris à enrichir l'environnement scolaire afin d'empêcher que les enfants ne s'ennuient (ce qui est souvent à l'origine des comportements inacceptables). Les professeurs compétents présentent une multitude d'options à leurs élèves et font un usage efficace des activités individuelles où les enfants font différentes choses au même moment.

Ils savent aussi quand appauvrir l'environnement et réduire la stimulation offerte aux enfants. Ils assombrissent la pièce, prévoient des moments de repos ou mettent en œuvre des techniques captivantes comme la peinture, les films, les vidéos ou les histoires.

Avec les tout-petits, la restriction de l'environnement peut prévenir une multitude de comportements dérangeants; il suffit de réserver un endroit à certaines activités (par exemple, la peinture aux doigts dans la cuisine ou le garage), de limiter le nombre d'enfants qui se trouvent ensemble, d'assigner des aires plus calmes à certains enfants.

Les jeunes enfants adoptent parfois des comportements indésirables lorsque leur environnement est trop restreint. Les moniteurs et monitrices sensibles sauront élargir le milieu en organisant des voyages d'étude et des excursions éducatives, en prévoyant des activités au gymnase ou à la bibiothèque, en combinant des groupes d'élèves, etc.

Il arrive que la classe ou la maison constitue un milieu inutilement complexe pour l'enfant. C'est le cas, en particulier, des bambins obligés de se mouvoir dans un environnement construit pour des adultes. Les enfants peuvent se conduire d'une manière inacceptable en présence d'une surcharge de règles et de procédés d'adulte qu'ils trouvent difficiles à respecter. Parents et enseignants peuvent simplifier les choses en mettant les objets que les enfants utilisent à leur portée; en affichant les règles là où ils peuvent les voir; en mettant à leur disposition un petit escabeau; en étiquetant les tiroirs, les meubles de rangement, les classeurs et les armoires.

Option n° 4: le message «je» de confrontation

Un message «je» de confrontation est un message qui ne véhicule ni reproche ni jugement et exprime ce que l'adulte ressent face à un comportement inacceptable. En voici des exemples:

> «Lorsque le volume de la télévision est trop élevé, je ne peux pas parler avec ta mère.»
> «Je crains bien de ne pas pouvoir apprécier les fleurs que j'ai semées si on les piétine.»
> «Lorsqu'il y a autant de bruit dans la classe, je n'entends pas ce que chacun dit.»
> «Lorsque j'attends aussi longtemps que tu te prépares pour l'école, j'arrive en retard au travail et mon patron se fâche contre moi.»

L'un des principaux objectifs de nos programmes *Parents efficaces* et *Enseignants efficaces* consiste à encourager l'emploi de ce *langage «je»* au lieu du *langage «tu»* traditionnel, dévalorisant et souvent coercitif. Les messages «tu» véhiculent toute une charge de reproches, de jugements, de critiques, de contraintes. Ils forment le langage des adultes qui jugent que les enfants «se comportent mal». Exemples:

> «Tu dois bien savoir que tu ne dois pas faire cela.»
> «Cesse ce bruit ou je t'envoie dehors.»
> «Tu devrais avoir honte.»
> «Tu me rends folle.»
> «Si tu ne ranges pas tes vêtements, tu auras une fessée.»
> «Tu manges comme un porc.»
> «Tu as réussi à me donner mal à la tête.»

L'adulte qui formule un message «je» prend la responsabilité du problème qui lui appartient. Les messages «je» incitent l'enfant à modifier son comportement de lui-même par égard pour les autres. Les enfants qui ne sont pas rabaissés ni blâmés pour leur conduite sont davantage prêts à aider les autres et à modifier le comportement qui semble poser un problème à quelqu'un.

Il en va tout autrement des messages «tu» qui mettent les enfants sur la défensive et les incitent à résister. En outre, les messages «tu» détruisent l'estime de soi des enfants. Pas étonnant alors que les jeunes se vengent en renvoyant des messages «tu» de leur cru, envenimant ainsi une situation qui débouche sur des ego blessés, des larmes, des portes claquées ou des menaces de punition.

Bien des gens sont stupéfaits de noter pour la première fois la proportion de leur conversation consacrée aux messages «tu» alors qu'ils avaient toujours eu l'impression d'exprimer honnêtement leur pensée. «Culpabiliser mon enfant, affirment-ils avec insistance, est bien la dernière chose que je veux faire. On me l'a assez fait.» Pourquoi les messages «tu» sont-ils alors si courants?

Parce que ce type de messages nous vient plus facilement. Comme ils n'exigent aucune conscience de soi, ils sortent de notre bouche sans difficulté, plaçant la responsabilité de nos sentiments sur les autres. Ils représentent en outre une manière facile et impulsive de rendre la monnaie de leur pièce aux personnes qui nous posent un problème. Toutefois, ils n'atteignent pas leur objectif puisqu'en fait, les messages «tu» provoquent de la résistance et une réaction de défense chez les enfants. En outre, les messages «tu»:

- Entraînent des querelles destructrices ou un échange d'injures.
- Font que les enfants se sentent coupables, rabaissés, critiqués, blessés.
- Peuvent inciter l'enfant à se venger et à *vous* rabaisser.
- Véhiculent un manque de respect pour les besoins de l'autre personne.

Renoncer aux messages «tu» et apprendre à formuler des messages «je», c'est plus qu'acquérir un nouveau procédé. Parents et enseignants transforment radicalement leur perception lorsqu'ils acceptent que le problème *leur* appartient lorsque le comportement d'un enfant leur paraît inacceptable.

Lorsque les enfants sont trop jeunes pour comprendre les messages «je» verbaux, les parents doivent exprimer des messages *non verbaux*, tels que l'illustrent les exemples suivants:

> Le père s'en va au supermarché en portant le petit Antoine dans ses bras. L'enfant lui donne des coups dans l'estomac en éclatant de rire à chaque fois. Le père pose aussitôt l'enfant par terre et continue à marcher. (Message:

«Ça me fait mal quand tu me frappes dans l'estomac alors je refuse de te porter.»)

Julie traîne et se sauve au moment de partir en voiture alors que sa mère est terriblement pressée. Celle-ci met sa main sur le derrière de Julie et la pousse gentiment sur le siège avant. (Message: «J'ai besoin que tu montes tout de suite parce que je suis pressée.»)

Outre qu'ils influencent les enfants et les incitent à modifier leur comportement, les messages «je» leur font comprendre que leurs parents ou leurs professeurs sont humains, qu'eux aussi éprouvent des sentiments, des besoins, des désirs, des limites. Les messages «je» mettent adultes et enfants sur un certain pied d'égalité. Nous savons en outre que la remarquable efficacité des messages «je» provient du fait que les enfants les considèrent comme des *appels à l'aide*. Leur message sous-jacent est le suivant: «J'ai un problème avec ton comportement et j'ai besoin de ton aide.» Comme vous vous le rappellerez peut-être, lorsque vous étiez enfants et qu'on vous lançait un appel à l'aide, vous étiez beaucoup plus disposés à modifier votre comportement que lorsqu'on vous punissait, vous réprimandait, vous blâmait, vous menaçait ou vous commandait avec des paroles dévalorisantes comme celles-ci:

«Tu n'es pas gentil.»
«Va dans ta chambre.»
«Tu agis comme un bébé.»
«Cesse ton manège ou tu auras une raclée!»
«Ne recommence plus jamais.»
«Tu as gâché ma journée.»
«Tu me feras mourir.»

Les messages «je» sont aussi des «messages de responsabilité» pour deux raisons: 1. l'adulte qui formule un message «je» assume la responsabilité de sa condition intérieure (il est à l'écoute de ses sentiments) et celle d'exprimer ouvertement à l'enfant cette perception de lui-même; 2. les messages «je» laissent à l'enfant la responsabilité de modifier son comportement inacceptable plutôt que de le forcer à le faire. En même temps, ils sont dépourvus du jugement négatif qui caractérise les messages «tu» et incitent donc l'enfant à écouter et à aider l'adulte plutôt qu'à se mettre en colère et à se venger.

Les messages «je» répondent aux trois critères importants d'une confrontation efficace:

1. Ils ont de fortes chances d'inciter l'autre personne à vouloir changer.
2. Ils véhiculent une évaluation négative minimale à l'égard de l'enfant ou de l'élève.
3. Ils ne nuisent pas à la relation.

Voici ce que rapportait une enseignante qui émettait des messages «je» pour la première fois dans sa classe:

> J'hésitais beaucoup à émettre des messages «je» à l'intention de mes élèves. Nous nous entendions très mal. Mais j'ai finalement pris mon courage à deux mains et décidé d'émettre un message «je» direct à l'intention d'un groupe qui était en train de tout salir le lavabo au fond de la classe en lavant des pinceaux de couleurs. Je leur ai dit: «Lorsque vous mélangez vos couleurs et en mettez partout sur le lavabo et les tables, c'est moi qui dois ensuite frotter et subir la mauvaise humeur du concierge. J'en ai ras le bol de nettoyer après vous et je ne vois vraiment pas comment faire pour empêcher tout cela.» Je m'attendais en fait à ce qu'ils se moquent de moi et adoptent une attitude «je-m'en-foutiste» qui leur était propre à longueur d'année. Mais pas du tout! Ils sont restés figés à me regarder d'un air étonné pendant une minute, vraiment ahuris de découvrir que j'étais indisposée. Puis l'un d'eux a pris la parole pour dire: «Allons, les gars, nettoyons vite tout ça.» J'étais abasourdie. Je ne veux pas vous faire croire que mes élèves sont devenus des modèles de perfection, mais maintenant ils nettoient le lavabo et les tables tous les jours, qu'ils aient ou non renversé de la peinture. (Gordon, 1980)

Cette expérience n'est pas unique. Presque tous les enseignants ont besoin de prendre leur courage à deux mains pour affronter leurs élèves directement et franchement et se montrer tels qu'ils sont. Et pourtant, après avoir couru ce risque une première fois, ils se rendent compte que ces jeunes qu'ils croyaient «méchants» et «écervelés» réagissent avec plus d'égards qu'ils n'en attendaient de leur part.

Un autre enseignant nous faisait remarquer toute la difficulté qu'il éprouvait à passer des messages «tu», qui blâment et culpabilisent, aux messages «je»:

> Mes premiers messages «je» ont exigé de pénibles efforts. Je comprenais très bien que mes messages «tu» nuisaient aux élèves et à notre relation; mais je ne parvenais pas pour autant à changer mon attitude fondamentale. Mon éducation m'a appris que ce n'est guère poli de commencer une phrase par «je». À l'école, lorsque je rédigeais une composition à la première personne du singulier, l'enseignant me remettait une copie remplie de marques rouges. Dans ma jeunesse, les adultes m'ont appris à ne pas laisser paraître mes sentiments personnels; ils m'ont fait comprendre qu'un homme qui trahit ses émotions est faible, mesquin et peu viril. J'ai déployé beaucoup d'énergie pour me défaire de cette image mais je dois admettre que j'identifie encore très rarement ce que je ressens. J'ai l'impression d'être désorienté tout le temps, et je sais qu'il me faut dépasser ce sentiment de désarroi et découvrir ce qui me tracasse vraiment. (Gordon, 1980)

Les élèves sentiront sûrement que cet enseignant est franchement humain, parce qu'ils détecteront les efforts qu'il déploie pour exposer ses sentiments, d'abord à lui-même, puis aux autres, pour se révéler en tant que personne capable d'éprouver de la déception, de la peine, de la colère et de la crainte. Les jeunes verront en lui un être normal avec ses faiblesses, un être vulnérable qui se sent parfois même incompétent et effrayé, un être qui leur ressemble à tous points de vue.

Les messages «je» efficaces ne proposent pas de solutions («Tu dois procéder comme ceci»; «Tu devrais faire cela»; «Voici à mon avis ce que tu devrais faire»). Ils permettent plutôt aux jeunes de trouver leurs propres solutions au problème de l'adulte. Souvent, ces solutions sont étonnamment ingénieuses et surprennent les adultes. Mêmes les petits de deux ou trois ans peuvent trouver des solutions très créatrices tel que l'illustre l'incident ci-dessous survenu entre une mère et un petit garçon de trois ans, Marc, que ses frayeurs empêchaient de dormir. Il lui arrivait souvent de se rendre dans la chambre de ses parents en pleine nuit et de les réveiller. Voici le récit que nous a fourni sa mère:

> Il avait peur de certains objets dans sa chambre. Il adore les monstres pendant le jour, mais la nuit il panique. Il a pris l'habitude de venir nous rejoindre dans notre lit. Nous lui avons dit: «Marc, ça nous ferait bien plaisir que tu restes dans ton lit parce que nous avons bien besoin de dormir; quand tu viens nous réveiller, le matin nous sommes très fatigués et de mauvaise humeur.» Les dix premières fois il n'a pas réagi, mais une nuit il s'est levé et il a mis en marche son tourne-disques. Alors nous lui avons dit que le tourne-disques aussi nous empêchait de dormir. Il a été très futé: il a ajusté le volume au plus bas de sorte qu'il puisse entendre un ronronnement, et c'était suffisant pour le rassurer. La plupart du temps, nous n'arrivions même pas à percevoir le son.

Un père nous a raconté la solution ingénieuse imaginée en réponse à un problème que son fils lui posait en menaçant de détruire sa pelouse fraîchement semée:

> En rentrant, j'ai trouvé le filet de hockey de Jérome installé au beau milieu de la pelouse nouvellement semée. Il y avait de nombreuses empreintes de pas dans l'herbe qui commençait tout juste à germer. J'ai émis un vigoureux message «je» pour dire à mon fils que ça me rendait malade de voir la pelouse complètement ravagée, et que je n'aurais plus le courage ni le temps de tout recommencer. Il a acquiescé en marmonnant et a continué de regarder la télé. Quelques jours plus tard, je rentre et je trouve mon fils et quatre ou cinq petits copains en pleine partie de hockey. Cette fois, le filet était installé du côté du garage, et les garçons sautaient par-dessus la pelouse neuve au lieu de marcher dessus. J'ai fait un commentaire et un des gars m'a lancé: «Chaque empreinte vaut un lancer de pénalité.» Je n'ai jamais su comment cette solution avait été trouvée, mais elle était efficace et je n'y aurais jamais pensé moi-même.

Les enfants sont vraiment créatifs pour trouver des solutions parce qu'ils détestent voir leurs besoins rester insatisfaits. On peut presque voir leurs petites têtes en train de carburer à la recherche d'une solution qui tiendra compte des besoins des parents sans les bloquer pour autant dans leurs activités. C'est peut-être ce qui motivait François dans le bref incident ci-dessous:

> Une de nos jeunes mères participantes avait nettoyé le meuble stéréo parce qu'elle attendait des amis. Cet après-midi-là, ses deux petits garçons (sept et quatre ans) voulaient écouter leurs disques, mais elle craignait qu'ils ne fissent des empreintes de doigt partout. Elle résista à la tentation de dire: «Demandez-moi de mettre les disques» et choisit d'émettre un message «je»: «J'ai peur que vous laissiez des marques de doigt sur le couvercle et je n'ai pas envie de nettoyer de nouveau avant que les invités arrivent.» Son aîné eut l'idée suivante, plutôt ingénieuse: il tira soigneusement les manches de son pull jusque sur ses mains et ouvrit l'appareil sans faire de marques.

Cela mérite d'être répété: *nous avons tendance à sous-estimer les capacités des enfants tant que nous ne leur laissons pas l'occasion d'en faire usage.*

Option n° 5: le message «je» préventif

Lorsque parents et enseignants expriment un besoin qui, pour être satisfait, exigera le soutien, la coopération ou une action directe de la part des enfants ou des élèves, nous parlons de *message «je» préventif.*

Contrairement aux messages «je» de confrontation, qui visent à inciter les enfants à modifier des comportements inacceptables qui se sont déjà produits, les messages «je» préventifs visent à amener les enfants à adopter une conduite particulière *dans le futur* de manière à *ne pas susciter* le mécontentement de l'adulte (non-acceptation). Ils préviennent donc les autres en avance de ce qu'on veut ou de ce dont on a besoin.

Informer les autres de vos besoins les aide à s'intéresser de près à ce que vous comptez faire. Cela leur évite des surprises et les prépare aux changements éventuels que vous exigerez d'eux. Voici quelques exemples de messages «je» préventifs:

«J'aimerais que tu me préviennes lorsque tu ne prévois pas rentrer tout de suite après l'école de manière que je ne m'inquiète pas.»

«J'aimerais que nous décidions maintenant ce qui doit être fait avant de partir pour le week-end de sorte que nous ayons assez de temps pour tout faire.»

«Comme nous allons faire une excursion au musée la semaine prochaine, établissons les règles qui nous permettront de prévenir toute difficulté.»

«Grand-mère vient passer une semaine avec nous. J'aimerais que nous décidions ce que nous devons faire pour rendre son séjour agréable pour elle et pour nous. Comme elle ne quitte guère son fauteuil roulant, pensons aux changements à faire pour qu'elle puisse se déplacer sans difficulté.»

Parents et enseignants sont stupéfaits et charmés de voir à quel point leurs enfants ou leurs élèves sont prêts à coopérer lorsqu'ils émettent des messages aussi affirmatifs. On entend souvent les enfants dire:

«Nous ne le savions pas.»
«Tu ne me l'as jamais demandé.»
«Je suis content que tu me le dises.»

Combien de besoins non comblés et d'objectifs non atteints résultent du fait que les parents et les enseignants n'avaient «jamais demandé» ou qu'ils avaient formulé des demandes agressives qui rebutaient les enfants ou les poussaient à résister?

Afin d'éviter d'avoir l'air agressif, exigeant ou autoritaire, il est important d'expliquer les *raisons* de son besoin, comme l'illustre le message ci-dessous:

«J'ai décidé de recommencer à travailler afin d'aider à faire face à nos dépenses croissantes. De plus, j'ai besoin d'occuper un emploi qui me permette d'exploiter ma formation particulière. J'ai besoin de votre aide pour certaines corvées ménagères que j'exécutais seule jusqu'à maintenant.»

Vous verrez que les messages «je» préventifs comportent de nombreux avantages, non seulement pour vous mais pour vos enfants ou vos élèves:

- Vous demeurez conscients, responsables et maîtres de vos besoins et de vos sentiments.
- Les autres connaissent vos besoins et l'ampleur de vos sentiments à leur égard.
- Votre attitude ouverte, directe et honnête incite les autres à se comporter de même.
- Vous réduisez les chances de conflits et de tensions résultant de besoins inconscients ou inexprimés et diminuez l'élément de surprise qui secoue souvent même les relations les plus intimes.
- Vous prenez l'entière responsabilité de vos projets et préparez la satisfaction de vos besoins futurs.
- Vos relations demeurent saines parce qu'elles sont fondées sur l'ouverture, l'honnêteté et la satisfaction mutuelle de vos besoins.

Enfin, voici une conséquence moins évidente du message «je» préventif: les enfants se rendent compte que leurs parents sont des êtres humains comme tout le monde avec leurs propres besoins, leurs propres désirs et leurs propres préférences. Et, bien sûr, ces messages qui expriment un besoin offrent aux enfants la possibilité, sans qu'on leur *dise* quoi faire, de trouver une solution susceptible de plaire à leurs parents.

Une mère qui élève seule ses trois enfants adolescents nous décrit comment elle émit un message «je» de prévention à son fils Donald au sujet d'une réunion de parents de son école:

> Je sens Donald plus proche de moi, je peux lui exprimer mes sentiments. L'autre soir, je suis allée à cet événement organisé par le comité des parents et des enseignants où il devait jouer de la guitare et chanter. Il voulait que je vienne, mais je n'y étais jamais allée et, ne connaissant personne, je craignais un peu d'être laissée

en plan. Alors j'ai dit: «Je n'ai jamais été à tes petites fêtes scolaires et j'ai un petit peu peur, tu sais. J'aimerais que tu t'occupes de moi là-bas, que tu ne me laisses pas tomber.» Et il l'a fait! Il m'a prise par le bras et m'a présentée à des tas de gens que je ne connaissais pas, il m'a apporté une tasse de thé. Il a vraiment veillé sur moi! (Gordon, 1979)

Option n° 6: changer de position pour réduire la résistance

La réaction positive (fréquente) des jeunes face à vos messages «je» risque de vous surprendre; toutefois, il vous arrivera de vous heurter à de la résistance, à des réactions défensives, à de la culpabilité, à de la négation, à un malaise ou à des sentiments blessés. On comprend aisément que les messages «je» provoquent parfois ces réactions, car ils mettent les enfants devant la perspective de modifier un comportement familier. Les enfants sont souvent surpris ou bouleversés d'apprendre ce que vous ressentez et n'aiment pas entendre dire que leur comportement est inacceptable ou qu'il vous pose un problème même si vous émettez un message «je» parfait.

Donc, lorsque vous obtenez ce genre de réaction, assez courante, inutile de continuer d'assommer les enfants avec des messages d'affirmation comme le recommandent certains programmes de formation axés sur l'affirmation de soi. Si vous répétez votre message sans arrêt, l'enfant entendra ceci: «Je veux telle ou telle chose et je me fiche de tes besoins à toi.»

Lorsque vous entendez une résistance ou à toute autre réaction négative, vous devez passer rapidement d'une attitude affirmative à une attitude d'écoute. Ce changement exprimera ceci: «Je désire être sensible aux sentiments que mon attitude affirmative a provoqués en toi; je reviendrai plus tard à mon besoin, mais pour l'instant, je suis prêt à prendre connaissance de tes sentiments.» En «changeant» ainsi de position, de la position affirmative à la position négative (voyez cela comme le passage de la marche avant à la marche arrière), vous indiquez que vous ne cherchez pas uniquement à satisfaire vos besoins au détriment de l'autre personne. Bien que vous ne renonciez pas à satisfaire vos besoins, vous voulez faire preuve d'empathie et comprendre le problème que votre message «je» a posé à votre interlocuteur. Cette attitude peut déboucher sur un compromis.

Le «changement de position» a souvent pour effet de dissoudre sur-le-champ la résistance du récepteur. Le fait que l'on reconnaisse leurs sentiments semble inciter les enfants à modifier leur comportement d'eux-mêmes. *Ils trouvent plus facile de changer si l'adulte comprend combien cela est difficile pour eux.* Voici un échange entre un père et sa fille qui illustre le «changement de position» et ses effets immédiats:

PÈRE: Cela me dérange de voir la vaisselle sale dans l'évier. N'étions-nous pas d'accord pour que tu la fasses tout de suite après le dîner?

VIRGINIE: J'étais très fatiguée après le dîner parce que j'ai bûché jusqu'à trois heures du matin pour terminer mon travail.

PÈRE: Tu n'avais vraiment pas envie de faire la vaisselle tout de suite après le dîner.

VIRGINIE: Non. J'ai fait une sieste jusqu'à 22 h 30 et j'ai l'intention de laver la vaisselle avant de me coucher, d'accord?

PÈRE: D'accord.

Voici un autre exemple où l'enseignant rajuste son tir face à un élève peu ponctuel:

ENSEIGNANT: Alain, ton manque de ponctualité me pose un problème. Quand tu arrives en retard, je dois m'arrêter. Cela me distrait de ma tâche et je me sens frustré.

ÉLÈVE: Ouais, eh bien, j'ai été très occupé dernièrement et parfois je suis incapable d'arriver à temps.

ENSEIGNANT(qui passe en mode d'écoute): Je vois. Tu as de nouveaux problèmes depuis peu.

ÉLÈVE: Oui. M. Carrier m'a demandé de l'aider au laboratoire après mon troisième cours... Je l'aide à préparer le quatrième cours. C'est une bonne affaire.

ENSEIGNANT: Tu es vraiment content qu'il t'ait demandé de l'aider. *(Écoute active)*

ÉLÈVE: Justement! Il me prendra probablement comme assistant au laboratoire l'année prochaine et cela ferait vraiment mon affaire.

ENSEIGNANT: Ce travail peut avoir des conséquences positives pour toi et tu trouves cela très important. *(Écoute active)*

ÉLÈVE: Ouais. Je sais que ça vous dérange que j'arrive en retard, mais je ne pensais pas que cela poserait un tel problème. Vous savez, j'essaie de me glisser en douce à ma place.

ENSEIGNANT: Cela t'étonne un peu que ton retard me pose un tel problème alors que tu ne fais pas de bruit. *(Écoute active)*

ÉLÈVE: Eh bien! pas vraiment. Je vois votre point de vue. Vous êtes obligé de vous interrompre et de modifier la liste des présences. La plupart du temps, j'arrive en retard parce que je discute trop longtemps avec monsieur Perreault. Je lui dirai que ça vous pose un problème et je quitterai quelques minutes plus tôt, d'accord?

ENSEIGNANT: Cela m'aiderait sûrement. Merci, Alain.

ÉLÈVE: Pas de quoi!

Dans cet incident, l'enseignant exprime son problème avec un message «je» initial, puis se met en mode d'écoute afin de permettre à Alain de débrouiller les écheveaux de son propre problème jusqu'à ce qu'il puisse trouver une façon acceptable d'aider l'enseignant à résoudre le sien.

Option n° 7: la résolution de conflits

Il arrive que ni les messages «je» ni le changement de position n'amènent l'enfant à modifier son comportement sur-le-champ. Ces messages ne font que créer une atmosphère de conciliation susceptible de déboucher sur une sorte de résolution de conflit.

Bien que votre message «je» exprime clairement pourquoi son comportement vous paraît inacceptable, l'enfant peut éprouver un violent besoin de le maintenir pour des raisons qui demeurent obscures pour vous. Dans ce cas, le problème vous appartient à tous deux: vous n'aimez pas son comportement et lui l'aime! Même si vous émettez un second message «je» plus vigoureux, l'enfant ne voudra peut-être pas changer.

Cela n'est certainement pas une raison pour abandonner la partie (permissivité). Vous êtes encore aux prises avec vos besoins et votre problème. Votre rôle consiste à engager une recherche mutuelle de solution qui comprend habituellement les quatre étapes ci-dessous:

1. Définir le problème. (Quels sont vos besoins et ceux de l'enfant?)
2. Proposer des solutions.
3. Évaluer chacune d'elles.
4. S'entendre (par accord mutuel) sur une solution acceptable pour les deux parties.

Un parent, moniteur du programme *Parents efficaces,* décrit comment fonctionne ce procédé:

> Notre cour est vraiment jolie, de sorte que tous les enfants du voisinage viennent jouer chez nous. Le problème c'est que je ne voulais pas qu'ils viennent le dimanche matin, moment où je préfère lire mon journal tranquille en sirotant mon café. Je leur ai donc dit: «J'apprécierais beaucoup que vous ne veniez pas avant midi parce que j'aimerais rester seul pour boire mon café et lire le journal.»
>
> Mais cela n'a pas marché parce qu'ils sonnaient à la porte tous les quarts d'heure pour me demander s'il était midi. Mon message «je» était resté sans effet. J'ai donc décidé de résoudre le problème avec eux parce que j'aimais vraiment les enfants et que je voulais qu'ils se sentent bien aise de venir chez nous, mais je voulais aussi avoir du temps pour moi-même.
>
> Voici la solution que nous avons trouvée: à midi, je mettrais un drapeau rouge devant la maison et les enfants sauraient qu'ils pouvaient venir jouer. Pas question qu'ils viennent sonner avant de voir le drapeau.
>
> Le dimanche suivant, nous avons procédé ainsi et lorsque je suis sorti pour placer le drapeau, ils étaient tous là, alignés sur le trottoir, les yeux rivés à la maison afin de voir le moment où j'érigerais le drapeau. Cela a vraiment réglé le problème. Je ne sais plus au juste qui avait trouvé cette solution; elle a surgi comme ça et c'était la bonne.

Dans le prochain chapitre, j'expliquerai plus en détail la méthode de résolution de conflit dont voici le fondement: lorsqu'un message «je» ne produit pas de résultat, vous devez envisager de chercher une solution susceptible de répondre à *vos* besoins ainsi qu'à ceux de l'enfant.

Option n° 8: en colère, identifier le «sentiment primaire»

Certains adultes, dès qu'ils entendent parler des messages «je», ont l'impression qu'ils peuvent laisser jaillir leurs émotions comme un volcan. Une mère revint au cours en annonçant qu'elle avait passé la semaine à se fâcher contre ses deux enfants. L'ennui, c'est que ceux-ci avaient une peur bleue de son nouveau comportement.

Pourquoi la colère est-elle si effrayante et si nocive pour les enfants? Comment peut-on aider parents et enseignants à ne pas se fâcher? Qu'est-ce au juste que la colère?

À l'inverse de la plupart des sentiments, la colère est presque invariablement dirigée contre une autre personne. Elle s'exprime habituellement de cette manière: «Je suis en colère contre *toi*» ou «*Tu* m'as fait fâcher», soit par des messages «tu» et non par des messages «je». De plus, il est impossible de déguiser ces messages «tu» en disant: «Je suis en colère.» En conséquence, les enfants perçoivent la colère comme un message «tu» de reproche: ils se font dire qu'ils sont mauvais parce qu'ils ont provoqué la colère de l'adulte. Résultat: ils se sentent rabaissés, blâmés, coupables, réaction en tous points semblable à celle que provoque n'importe quel message «tu».

Je suis persuadé que la colère est quelque chose que nous produisons *après* avoir éprouvé un autre sentiment. Nous «fabriquons» la colère après avoir eu un *premier* sentiment. Voici deux exemples illustrant ce phénomène:

> Je conduis mon auto sur l'autoroute: tout à coup, un autre conducteur me coupe en voulant me doubler et il me frôle dangereusement. Mon sentiment primaire est la peur: son comportement m'a fait peur. Parce qu'il m'a donné la frousse, je klaxonne et «j'agis comme une personne en colère»; je vais même jusqu'à lui crier: «Imbécile, va donc apprendre à conduire.» Personne ne pourra nier qu'il s'agit là d'un «message tu». Le but de mon comportement colérique est de punir l'autre conducteur ou de l'amener à se sentir coupable de m'avoir fait peur, afin qu'il ne recommence plus. (Gordon, 1977)

> Une mère perd son enfant dans un magasin à rayons. Son sentiment primaire est la peur: elle craint

> qu'il lui arrive quelque chose. Si on lui demandait ce qu'elle éprouve en le cherchant, elle répondrait sans doute: «J'ai terriblement peur» ou «Je suis très inquiète». Lorsqu'elle le retrouve finalement, elle éprouve un grand soulagement: «Dieu merci, il ne t'est rien arrivé.» Mais tout haut, elle n'emploie pas le même langage. Feignant la colère, elle émet un message comme «Méchant garnement» ou «Je suis vraiment fâchée contre toi! Comment peux-tu être assez idiot pour te séparer de moi?» ou «Je t'avais bien dit de rester près de moi». Elle feint la colère afin de donner une leçon à l'enfant ou de le punir parce qu'il l'a effrayée.

En tant que sentiment secondaire, la colère se transforme presque toujours en message «tu» empreint d'un jugement négatif ou de reproches. Je suis persuadé que la plupart d'entre nous affichons délibérément de la colère afin de blâmer, de punir ou de donner une leçon à l'enfant, de lui montrer que sa conduite a suscité un sentiment désagréable (le sentiment primaire) en nous. Lorsque nous nous fâchons contre les autres, il se pourrait que nous endossions ce rôle à dessein afin de les influencer, de leur montrer ce qu'ils ont fait, de leur donner une leçon, de les persuader de ne pas recommencer, de nous venger. Je ne veux pas dire que la colère n'est pas réelle, au contraire. Elle est réelle puisqu'elle peut augmenter notre pression sanguine, accélérer notre pouls, et nous faire bouillonner intérieurement et trembler extérieurement. Mais ces réactions surviennent après que nous nous soyons *mis en colère*. C'est ce jeu théâtral qui provoque les changements physiologiques. Ce que je dis, en fait, c'est que les gens se font bouillonner et trembler de colère parce qu'on les a amenés à se sentir effrayés, blessés, embarrassés, rendus jaloux, laissés seuls ou quoi que ce soit. Voici d'autres exemples:

> Un enfant se conduit mal au restaurant et ses parents se sentent embarrassés (sentiment primaire). Leur sentiment secondaire est la colère: «Cesse de te conduire comme un enfant de deux ans. Nous n'aurions jamais dû t'emmener aujourd'hui.»
>
> Une fillette rapporte à la maison un bulletin de notes plutôt médiocre. Sa mère commence par éprouver de la

déception (sentiment primaire), puis elle se met en colère: «Je savais que tu ne foutais rien de tout le semestre. Tu es fière de toi, j'espère!»

Les enseignants peuvent, eux aussi, se mettre en colère après avoir éprouvé un sentiment primaire. Voici des exemples:

Un élève manque de tomber par la fenêtre en essayant d'y accrocher une bannière. L'enseignant a peur (premier sentiment); puis il feint la colère et dit: «Descends tout de suite; je vois bien que tu n'es pas prudent.»

L'enseignante s'est mise en quatre pour préparer un exposé intéressant, mais ses élèves, agités et ennuyés, font circuler des messages sur des bouts de papier. Elle commence par être déçue, puis elle dit avec colère: «C'est la dernière fois que j'essaie de vous présenter ce sujet d'une manière intéressante. Vous êtes trop ingrats!»

Un élève n'arrive pas à comprendre l'addition des fractions. Son professeur est frustré, puis il crie, en colère: «Tu ne fais même pas d'effort. C'est tellement facile qu'un élève de troisième année aurait déjà compris!»

Les enseignants admettent volontiers que les messages de colère n'aident pas les enfants à apprendre. Si c'était le cas, aucun élève n'échouerait.

Comment parents et enseignants peuvent-ils apprendre à cesser d'émettre des messages «tu» de colère à l'endroit des enfants? L'expérience tentée dans nos cours est plutôt encourageante. Tout d'abord, nous aidons les adultes à comprendre la différence entre les sentiments primaires et secondaires. En conséquence, ils se concentrent davantage sur leurs sentiments primaires et maîtrisent mieux leurs sentiments secondaires de colère. Cela les aide à prendre conscience de leurs vrais sentiments lorsqu'ils sont tentés de se mettre en colère. Ils sont mieux à même d'identifier le sentiment primaire, comme l'illustrent les situations ci-dessous:

Madame Clavet, une mère consciencieuse participant à notre formation *Parents efficaces*, raconta comment elle avait découvert que ses colères fréquentes à l'endroit de sa fillette de douze ans constituaient des réactions secondaires et qu'en fait, elle était déçue de voir que sa fille n'était pas aussi studieuse qu'elle-même à son âge. Cette mère commençait à comprendre l'importance qu'avait à ses yeux la réussite scolaire de sa fille et comment, à chaque déception, elle la foudroyait avec des messages «tu» de colère.

M. Jeanneret, un conseiller professionnel, avoua au cours d'un stage qu'il comprenait désormais pourquoi il se fâchait contre sa fille de onze ans lorsqu'il sortait avec elle. À l'inverse de son père, qui était très sociable, elle affichait une grande timidité. Chaque fois qu'il la présentait à ses amis, elle refusait de leur tendre la main ou de dire les paroles d'usage. Son «bonjour» étouffé et presque inaudible embarrassait son père qui craignait d'être vu par ses amis comme un père dur et restrictif qui avait produit une enfant soumise et craintive. Dès qu'il reconnut ce fait, il cessa de se fâcher dans ces moments-là et commença d'accepter le fait que sa fille n'avait tout simplement pas la même personnalité extravertie que lui. Lorsqu'il cessa de se mettre en colère, sa fille se sentit beaucoup moins intimidée.

L'un de nos participants relata l'expérience ci-dessous en décrivant les sentiments de colère que lui inspirait sa relation avec un élève en particulier:

J'étais toujours en colère contre Charles sans savoir au juste pourquoi. Je me disais que c'était «une de ces choses». Charles était simplement une de ces personnes qui me prenaient à rebrousse-poil. Mais j'étais constamment en colère. Lorsque nous avons abordé le sujet ici au cours, je me suis demandé quelle était ma première réaction à propos de Charles. Je n'aime pas beaucoup avouer ce que j'ai découvert parce que cela me fait paraître beaucoup plus anxieux que j'ai l'impression de l'être, mais mon sentiment primaire était la peur. Je craignais que Charles, avec son langage acerbe et son intelligence, me fasse perdre la face devant les autres élèves. La semaine

> dernière, je lui ai demandé de rester après la classe et je lui ai simplement dit combien je me sentais menacé lorsqu'il me reprenait sur un détail sans importance ou me posait des questions compliquées dont j'ignorais les réponses. Il était un peu étonné et m'a dit qu'il ne cherchait pas à me rabaisser mais essayait de gagner des «points de mérite». Nous avons fini par en rire et maintenant je ne me sens plus menacé. Lorsqu'il s'oublie et me pose une colle, je ris et lui dis: «Voilà un autre point de mérite pour toi, Charles!»

Parents et professeurs qui expriment souvent des messages «tu» de colère devraient se regarder dans un miroir et se demander: «Qu'est-ce qui se passe? Quels besoins sont menacés par le comportement de l'enfant? Quels sont les sentiments primaires que je n'aime pas?»

Comment les messages «je» changent l'émetteur

Lorsque les adultes commencent à exprimer des messages «je», ils remarquent des changements non seulement chez l'enfant mais en eux-mêmes. Les différentes façons dont ils décrivent ce changement se résument à un sentiment accru d'honnêteté, d'authenticité et d'ouverture:

> «Je n'ai plus besoin de faire semblant lorsque je n'ai pas envie de jouer avec mon bambin.»
>
> «Je suis beaucoup moins hésitant maintenant.»
>
> «Je suis beaucoup plus adéquat — mes paroles s'accordent avec mes sentiments.»
>
> «Je me montre tel que je suis; je suis franc avec les gens.»
>
> «Grâce aux messages «je», je suis ouvert et franc avec les autres.»

Il semble que la vieille maxime «On devient ce que l'on fait» s'applique également ici. En employant une nouvelle forme de communication honnête, les adultes sentent au fond d'eux-mêmes l'honnêteté que leurs messages «je» transmettent aux autres. Le message «je» est comme un outil qui leur permet d'entrer en contact avec leur vrai moi, ce que ne font pas les messages «tu» entièrement orientés vers les autres.

Nos entrevues avec les gens qui ont participé à la formation *Parents efficaces* nous prouvent hors de tout doute que le cours offre une sorte de formation à l'honnêteté ainsi que l'atteste cette mère:

> Il me semble qu'avant le cours *Parents efficaces,* je devais jouer certains rôles, agir d'une certaine façon. Cela n'est plus nécessaire, je crois. Je suis libre d'être moi-même. Et libre de courir le risque d'être encore aimée et acceptée, sinon, tant pis... Cela a aussi donné la chance à mon mari d'être plus ouvert, plus disposé à aborder certains sujets et à exprimer ses sentiments... L'avantage d'émettre un message «je» honnête à propos de mes sentiments... [c'est que] j'ai maintenant la permission de dire: «Je n'ai pas le temps» ou «Je ne peux pas le faire maintenant».

Un autre parent, un père, nous dit combien il a changé:

> Cela va beaucoup mieux parce que nous avons tous deux cessé de faire des promesses que nous ne pouvons pas tenir. Et cela est un vrai soulagement. Si c'est non, nous leur disons: «Non, peut-être demain, mais maintenant j'ai un travail urgent à faire.»

Une mère décrit comment elle et son mari avaient appris à réprimer leurs véritables sentiments:

> C'est ce qui nous a semblé le plus difficile — accepter des sentiments négatifs que nos familles avaient toujours censurés. Nous étions tous censés être heureux, nous intéresser à toutes sortes de choses et avoir diverses activités. S'ennuyer ou se sentir déprimé, cela ne se faisait pas. Je trouve cela vraiment formidable d'avoir appris, grâce au cours *Parents efficaces,* que je pouvais me sentir comme cela.

Un autre parent se sent libéré grâce aux messages «je»:

> Cela me libère, je crois... de pouvoir m'exprimer sans me sentir coupable d'être centré sur moi ou quelque chose comme ça. C'est utile, à mon avis, d'avoir la liberté d'émettre ces messages aux enfants. Je n'avais pas l'habitude de dire: «Vous savez, je me sens comme ceci ou cela.»

Les messages «je» ont à coup sûr un effet cathartique en ce sens qu'ils aident les parents à laisser sortir leurs sentiments au lieu de les refouler, comme l'explique ce parent:

> Avec un message «je», on n'étouffe pas ses sentiments. On exprime ce qu'on ressent tout en sachant que quelqu'un vous écoute. Que l'autre réagisse ou non, la situation n'est plus aussi noire qu'avant.

Monsieur Guérin, le directeur d'une école spécialisée (pour jeunes caractériels et délinquants) nous a donné un exemple précis de ce que peuvent réaliser les messages «je»:

> Pendant des semaines, j'avais toléré les comportements d'un groupe de garçons qui transgressaient sans cesse les règlements de l'école. Un matin, je regardais par la fenêtre de mon bureau quand je les vis par hasard traverser la pelouse avec des bouteilles de coca-cola à la main, ce qui était défendu. Ce fut la goutte d'eau qui fit déborder le vase. Tout récemment, j'avais participé à une session *Enseignants efficaces,* où on m'avait parlé des messages «je»: je suis sorti précipitamment et leur ai communiqué quelques-uns de mes sentiments: «Ah! oui, les gars, j'en ai marre de vous; je suis tellement découragé! J'ai tout essayé pour vous aider à profiter au maximum de votre temps d'école. Je me suis dépensé corps et âme à ma tâche. Et tout ce que vous trouvez à faire, vous les gars, c'est d'enfreindre le règlement. Je me suis débattu comme un diable avec les autorités pour qu'on vous permette d'avoir des cheveux d'une longueur raisonnable pour un jeune de votre âge, mais ce n'est pas encore assez. Et maintenant,

> voilà que vous traînez des bouteilles de coca-cola, ce qui va aussi à l'encontre des règlements. J'ai envie de tout plaquer ici pour m'en aller dans une école secondaire ordinaire, où j'aurai l'impression de faire quelque chose d'utile. J'ai l'impression d'avoir complètement échoué ici.»
>
> Ce même après-midi le groupe m'a fait la surprise d'une visite. «Salut, monsieur Guérin, nous avons réfléchi à ce qui s'est passé ce matin. Nous ne savions pas que ça vous rendrait furieux ou que ça vous démonterait à ce point. Jusqu'ici on ne vous avait jamais vu comme cela. Nous ne voulons pas d'autre directeur que vous ici; il ne vous vaudra pas. Nous sommes tous d'accord pour que vous nous coupiez les cheveux à la longueur réglementaire. De même nous avons décidé de respecter tous les autres règlements de l'école.» (Gordon, 1980)

Après s'être remis de son choc, monsieur Guérin se rendit dans une autre pièce avec les élèves et il leur coupa les cheveux à la longueur voulue. Il nous a confié que tout le monde s'était bien amusé durant la séance de coupe et que c'était là le point le plus important pour lui. «Nous avons ri comme jamais!» disait-il plus tard. Ses relations avec ses élèves se sont grandement améliorées ce jour-là et les jeunes se sont beaucoup rapprochés les uns des autres. Quand tout le monde quitta la pièce, ils se sentaient très proches et foncièrement amis, ce qui est rare entre adultes et élèves dans une école.

Cette histoire illustre clairement jusqu'à quel point les jeunes peuvent réagir de façon responsable quand les adultes leur parlent d'égal à égal. Je crois qu'ils sont flattés de savoir qu'ils sont les seuls à pouvoir répondre aux besoins de l'adulte dans une situation donnée. Quel dommage qu'enseignants et administrateurs sous-estiment la volonté de leurs élèves de respecter les besoins des adultes! Quel dommage qu'ils les commandent et les rabaissent au lieu d'exprimer ouvertement leurs sentiments!

En émettant des messages «je», parents et enseignants donnent aussi l'exemple: ils montrent qu'il est légitime d'exprimer aux autres ce qu'on veut obtenir d'eux. Ils montrent aussi qu'il existe une manière d'exprimer ses sentiments qui n'est ni blâmante, ni menaçante, ni méprisante pour l'autre.

Les enfants exposés à cet apprentissage apprennent à employer les messages «je» eux-mêmes pour obtenir ce qu'ils veulent dans leurs relations. Comme les adultes leur parlent franchement, ces enfants se montrent ouverts, honnêtes, directs et authentiques avec les autres. Les autres leur font confiance parce qu'ils savent toujours ce qu'ils pensent ou ressentent.

Il est évident que les messages «je» ne servent pas à *contrôler* les enfants mais leur laissent plutôt la responsabilité de *se contrôler eux-mêmes.* Ils stimulent le sens des responsabilités et de la discipline chez les jeunes. Une expérience classique menée en 1967 auprès d'enfants de la maternelle par Diana Baumrind, de l'université de la Californie à Berkeley, confirme ce principe fondamental. Elle découvrit que les enfants de la maternelle possédant une grande maîtrise de soi et beaucoup d'autodiscipline étaient issus de parents qui n'employaient ni brimades ni punitions mais recouraient plutôt au raisonnement et à ce qu'elle a appelé «la structure cognitive». Cette expression savante équivaut à notre message «je» qui consiste à exprimer aux enfants les effets négatifs de leur comportement sur les autres. Diana Baumrind explique que ces messages aident les enfants à se rendre compte des conséquences de leur comportement et *à développer leur conscience ou leur contrôle interne,* que j'ai appelée *autodiscipline,* par opposition à la discipline imposée de l'extérieur.

De tels messages, selon l'étude de Diana Baumrind, sont beaucoup plus efficaces lorsque les parents sont *plutôt* tolérants (ou, en termes de *Parents efficaces,* lorsqu'ils voient la plupart des comportements de leurs enfants à travers les deux zones supérieures de la fenêtre des comportements). L'enfant d'un parent plutôt tolérant prêtera une attention particulière à l'occasionnel message «je» qui lui indique que tel comportement n'est pas acceptable. Par contre, l'enfant d'un parent presque toujours intolérant pourrait ne pas remarquer ni réagir à «un autre» message de non-acceptation.

Les conséquences des messages «je» sur les comportements inacceptables des élèves sont illustrées dans une expérience mettant en vedette deux enseignantes de cinquième et de sixième années. Aux fins de l'expérience, on expliqua aux enseignantes la nature des messages «je» ainsi que leur utilisation et on leur donna la chance de s'exercer dans le cadre de jeux de rôles. L'enseignante de cinquième réussit à réduire les comportements perturbateurs de ses élèves de 50 p. 100 et à augmenter de 25 p. 100 le temps qu'ils consacraient à l'étude. Toutefois, elle revint bientôt aux messages «tu» et perdit en conséquence les gains acquis. L'enseignante de sixième continua d'émettre des messages «je» à huit élèves dont six améliorèrent leur comportement et quatre consacrèrent davantage de temps à l'étude. (Peterson et al., 1979)

Une autre étude compare l'efficacité relative des punitions avec celle des messages «je» dans une situation où on veut empêcher les enfants de jouer avec certains jouets attrayants. Examinez l'excellent message «je» (qui ne portait pas ce nom) émis aux enfants soumis à cette expérience:

> Vous ne devriez pas jouer avec certains de ces jouets ni y toucher car je n'en ai pas d'autres semblables et s'ils se brisaient ou s'usaient, je ne pourrais plus les utiliser. C'est pourquoi je vous demande de ne pas y toucher ni de jouer avec.

Ce message (qui porte aussi le nom de «message cognitif») fut plus efficace que la punition pour empêcher les enfants de jouer avec les jouets interdits *en l'absence du chercheur*. Pour citer celui-ci: «La pensée interne de l'enfant, ce qu'il ou elle se dit en présence d'une tentation, sert à maîtriser son comportement davantage qu'une punition externe.» Voici un autre résultat de cette même étude: les effets du message «je», pour contrôler la tentation de dévier du comportement acceptable, persistèrent tandis que ceux de la punition physique s'émoussèrent (Parke, 1969). Cette étude offre l'un des arguments les plus solides *contre* la discipline punitive et *en faveur* des messages «je» non fondés sur le pouvoir.

La notion d'estime de soi, critique dans la vie des gens, nous en dit long sur la valeur des messages «je». On a découvert qu'une image positive de soi est reliée à une grande motivation, que ce soit dans les sports, le travail ou l'étude. Des études ont également démontré que les jeunes qui ont une bonne estime d'eux-mêmes ont plus d'amis, sont plus aptes à résister aux pressions nocives de leurs camarades, sont moins sensibles à la critique ou à l'opinion d'autrui, ont un quotient intellectuel plus élevé, sont mieux informés, possèdent une meilleure coordination physique, sont moins timides et sujets au trac, et plus aptes à s'affirmer et à faire respecter leurs besoins. D'aucuns considèrent l'estime de soi comme le pilier de la santé mentale.

Dans une étude bien connue, le psychologue Stanley Coopersmith (1967) s'est appliqué à identifier les facteurs d'une haute estime de soi. Il a découvert que les mères des garçons possédant une grande estime d'eux-mêmes employaient «le raisonnement verbal [l'équivalent de nos messages «je»] et la discussion» tandis que celles des garçons ne s'aimant pas beaucoup recouraient à une discipline plus arbitraire et punitive. Cette étude vient appuyer la position que j'ai adoptée à maintes reprises contre la discipline punitive. Elle confirme en outre le bien-fondé des méthodes non centrées sur le pouvoir que nous enseignons dans nos programmes, soit l'émission de messages «je» lorsque l'enfant se conduit de façon inacceptable. Stanley Coopersmith fournit également une preuve expérimentale des effets nocifs des messages «tu» de reproche qui, nous le savons, sont si souvent dénigrants, critiques et méprisants, le type de messages qui entame inévitablement l'estime et le respect de soi de l'enfant.

Un peu plus loin, nous examinerons une étude révélant que l'effet le plus remarquable du cours *Parents efficaces* est l'amélioration de l'estime de soi des enfants.

CHAPITRE 7

De nouvelles façons de gouverner les familles et les classes

Dans le chapitre précédent, nous avons étudié les façons dont un parent ou un enseignant peut *influencer* efficacement un enfant afin qu'il prenne sur lui de modifier un comportement inacceptable aux yeux de l'adulte plutôt que d'employer l'*autorité* ou les messages «tu» de reproche. Dans le présent chapitre, je propose une autre solution de rechange à la discipline fondée sur le pouvoir, une façon nouvelle et meilleure de gouverner les enfants et les élèves.

Cette nouvelle forme de direction et de gestion, comme je le prouverai, ne vise pas tant à *changer* les comportements inacceptables et perturbateurs des enfants qu'à *prévenir* ces comportements. Elle a déjà fait ses preuves dans nombres d'entreprises et peut être aussi efficace dans les familles et les écoles.

La gestion participative

Les entreprises ont été le siège d'une révolution tranquille avec l'avènement d'un nouveau style de direction appelé *gestion participative*. (On l'appelle aussi parfois «modèle japonais de direction organisationnelle», bien que cette expression puisse être trompeuse.) Cette nouvelle formule augmente la participation des employés aux décisions concernant le milieu de travail, les méthodes de production, le contrôle de la qualité, la conception des produits et des services, ainsi que les règlements et lignes de conduite de l'entreprise.

Plus de six mille entreprises américaines ont adopté cette philosophie de gestion et donné à leurs gestionnaires et à leurs superviseurs la formation nécessaire pour appliquer ce mode de direction démocratique. Ma propre compagnie offre cette formation spéciale. Notre cours, qui s'intitule *Cadres et dirigeants efficaces,* est décrit dans l'ouvrage du même nom (Gordon, 1977).

Dans un ouvrage avant-gardiste intitulé *Working together* (Travailler ensemble) (1983), John Simmons et William Mares résument les résultats d'une étude menée auprès de cinquante compagnies américaines et européennes ayant lancé des projets visant à accroître la participation des employés aux décisions et à la résolution des problèmes. Ils ont été assez impressionnés par les avantages que présente cette formule:

> Des hausses de rendement de dix pour cent et plus ne sont pas rares et se maintiennent pendant plusieurs années. Au début du programme, le rendement individuel de l'employé peut faire un bond de cent pour cent. Les récriminations sont tombées de trois mille à quinze et sont demeurées à ce niveau. L'absentéisme et le roulement de main-d'œuvre ont diminué de moitié... Aux yeux de certains pionniers de la direction participative, les avantages les plus importants touchent l'aspect humain, les avantages matériels étant secondaires. Les employés se sentent mieux dans leur peau. Ils sont heureux d'aller travailler.

> Ils jouissent d'une estime de soi et d'une assurance accrues. Ils sont davantage maîtres de leur vie, même si c'est très peu, et ne se sentent plus aussi impuissants. (Simmons et Mares, 1983)

Il ne faut toutefois pas confondre ce mode démocratique de direction ou «démocratie d'entreprise» avec la «démocratie politique». La première confère aux employés une participation directe aux décisions qui touchent leurs emplois tandis que la seconde leur donne le droit de voter pour un représentant qui réglera leurs problèmes mais qui est très éloigné de leurs préoccupations quotidiennes.

La gestion participative entraîne une redistribution radicale du pouvoir au sein de l'organisation et contraste fortement avec la vieille philosophie de la gestion qui érige un mur entre dirigeants et dirigés. Les travailleurs détiennent une plus grande mainmise sur leur emploi et leurs conditions de travail et prennent, de concert avec leurs dirigeants, les décisions concernant les règlements de l'organisation. James F. Lincoln, président d'une compagnie et pionnier de la gestion participative, a décrit celle-ci d'une manière plutôt provocatrice: «Que chaque travailleur dirige; que chaque dirigeant travaille.»

Dans le milieu scolaire, les enseignants, les administrateurs et les éducateurs commencent à reconnaître que la participation des élèves aux décisions constitue un élément clé dans les écoles où règne la discipline (c'est-à-dire où les élèves possèdent un grand sens de la discipline).

William Glasser, psychiatre renommé et conseiller scolaire, a, mieux que quiconque, décrit l'analogie qui existe entre la relation traditionnelle patron-employé et la relation professeur-élève. Dans son ouvrage intitulé *Control Theory in the Classroom* (Théorie du contrôle dans la classe), paru en 1986, il écrit:

> On considère aussi les enseignants comme des dirigeants, dans la mesure, du moins, où ils dirigent leurs élèves en se servant de leur pouvoir pour les récompenser ou les punir. En tant que dirigeants, ils dépassent rarement ce rôle traditionnel qui consiste à distribuer des récompenses et des punitions. La plupart des enseignants ont peu réfléchi à la façon dont les dirigeants pourraient dépasser ce concept traditionnel, parce qu'ils se voient davantage comme des travailleurs et que les travailleurs ne passent

> pas beaucoup de temps à se demander ce que peuvent faire les dirigeants. Tant qu'ils ne se verront pas comme des dirigeants et ne percevront pas leurs élèves, et non eux-mêmes, comme des travailleurs, la quantité d'efforts déployés par la plupart des élèves restera à peu près la même. (Glasser, 1986)

William Glasser souligne que les enseignants qui deviennent des *dirigeants modernes* seraient disposés à partager leur pouvoir, au contraire du *dirigeant traditionnel* qui cherche plutôt à augmenter le sien. L'enseignant traditionnel organise sa classe à sa façon, dirige tout le travail, distribue les travaux, élabore les normes de rendement, fixe les objectifs, évalue le travail, identifie les élèves médiocres qu'il essaie d'aider ou qu'il coule afin de s'en débarrasser.

William Glasser prescrit un remède stimulant pour nos écoles: *l'apprentissage coopératif,* qui permettrait aux enseignants d'appliquer le principe de la *gestion participative.* Il nous avertit en outre que «nous n'améliorerons pas la situation dans nos écoles à moins de changer radicalement notre mode d'enseignement». Voici la comparaison qu'établit M. Glasser entre le modèle d'apprentissage en équipe et le modèle d'enseignement traditionnel (inscrit en italique):

1. Les élèves peuvent développer un sentiment d'appartenance en travaillant ensemble en équipes de deux à cinq. L'enseignant se charge de former les équipes de manière qu'elles comprennent des élèves de bas, de moyen et de haut niveau. *Les élèves travaillent individuellement.*
2. Le sentiment d'appartenance est le premier facteur de motivation de l'élève. Lorsqu'il réussit, l'élève paresseux commence à associer la connaissance au pouvoir, ce qui l'incite à travailler plus fort. *À moins de réussir individuellement, les élèves ne sont pas motivés à travailler et ne peuvent jamais sentir que savoir égale pouvoir.*
3. Les élèves les plus doués trouvent gratifiant d'aider les plus faibles parce qu'ils souhaitent créer le pouvoir et la camaraderie qui caractérisent une équipe de qualité. *Les élèves les plus doués connaissent à peine les plus faibles.*

4. Les élèves plus faibles trouvent gratifiant de contribuer autant qu'ils le peuvent à l'effort d'équipe parce que leur contribution, aussi minime soit-elle, est utile. Quand ils travaillaient seuls, un effort minime ne les menait nulle part. *La contribution des élèves plus faibles, minime au début, diminue avec le temps.*
5. Les élèves ne dépendent pas uniquement du professeur. Ils peuvent se fier énormément à eux-mêmes, à leur propre créativité et aux membres de leur équipe (et sont encouragés à le faire). Tout cela les libère de la tutelle du professeur et, ce faisant, leur confère à la fois du pouvoir et une grande liberté. *Presque tous les élèves, exception faite d'une poignée d'élèves doués, dépendent entièrement du professeur. Ils ne se fient presque jamais les uns aux autres et sont peu portés à s'aider mutuellement. Aider les autres, c'est tricher.*
6. Les équipes peuvent offrir une structure apte à aider les élèves à dépasser la superficialité (pensées stériles et futiles) qui sévit dans nos écoles aujourd'hui. Sans cette structure, peu d'élèves ont la chance de pousser l'étude assez loin pour saisir le lien vital qui existe entre la connaisance et le pouvoir. *Les élèves se plaignent qu'ils s'ennuient. Des élèves qui s'ennuient ne travaillent pas.*
7. Les équipes sont libres de décider comment elles persuaderont le professeur et leurs camarades (ainsi que leurs parents) qu'elles ont bien appris leurs matières. Les professeurs encouragent les équipes à établir cette preuve (autrement que par des tests). *Le professeur (ou le système scolaire) décide de la façon d'évaluer les élèves, qui sont rarement encouragés à faire plus qu'étudier la matière de l'examen conçu par le professeur.*
8. Le professeur modifiera régulièrement la composition des équipes de sorte que tous les élèves aient la chance de faire partie d'une équipe performante. Pour certains devoirs, mais pas tous, chaque membre de l'équipe recevra la note de l'équipe. Les élèves les plus doués qui pourraient se plaindre du fait que la note d'équipe est plus basse que la leur feront systématiquement

> partie des équipes les plus performantes afin de ne pas souffrir en tant qu'individus à la longue. Cela motive les élèves sans égard à la force de l'équipe. *Les élèves rivalisent uniquement au niveau individuel et, dans la plupart des classes, sauf certaines classes de mérite, on peut déterminer les gagnants et les perdants quelques semaines seulement après le début des cours.*

Il ne faut pas beaucoup d'imagination pour voir le caractère unique d'une école qui adopterait le modèle proposé par William Glasser.

Un examen exhaustif de cent vingt-deux études publiées entre 1924 et 1980 établit la supériorité du travail d'équipe sur la compétition. Les résultats de cette recherche sont remarquables: soixante-cinq études démontrent que la coopération entraîne un meilleur rendement que la compétition, huit études seulement prouvent le contraire et trente-six études n'ont trouvé aucune différence significative du point de vue statistique. On a déterminé dans cent huit études que la coopération entraînait un rendement plus élevé que le travail indépendant tandis que six études révélaient le contraire et que quarante-deux ne décelaient aucune différence entre ces deux modes de travail. La supériorité de la coopération était démontrée pour toutes les matières et dans tous les groupes d'âge (Johnson *et al.*, 1981).

Outre qu'il favorise un meilleur rendement, on a prouvé que le travail d'équipe créait des liens et rapprochait les personnes de races et de milieux différents tandis que la compétition créait une atmosphère d'hostilité, d'envie et de rivalité. Le simple fait d'interdire la ségrégation dans nos écoles n'améliore pas les relations entre les diverses ethnies. Ce qui compte, c'est le sort des élèves de divers milieux réunis dans une même classe (Johnson *et al.*, 1984). Lorsque le travail d'équipe rapproche les enfants, ceux-ci continuent de passer du temps ensemble après les cours.

Un nombre petit mais croissant d'écoles ont adopté de nouveaux procédés qui offrent aux élèves la chance de participer davantage aux décisions concernant ce qui se passe dans et à l'extérieur de la classe.

Certaines écoles permettent même aux élèves de surveiller leurs propres progrès scolaires et d'identifier les matières où ils sont plus faibles. Dans l'une de ces écoles, on a découvert que les élèves amélioraient de manière significative leurs habitudes scolaires et leurs notes (McLaughlin, 1984). Certaines écoles secondaires invitent les élèves à élaborer leurs objectifs scolaires puis conçoivent des cours personnalisés pour les aider à atteindre ces objectifs (Burrows, 1973).

J'ai lu des rapports affirmant que certaines écoles confient aux élèves la responsabilité de corriger les comportements de leurs camarades qu'ils jugent improductifs (Duke, 1980); d'autres sollicitent l'opinion des élèves sur les aptitudes pédagogiques de leurs professeurs et leurs suggestions concernant l'amélioration des relations enseignants-élèves (Jones et Jones, 1981).

Encore plus avant-gardistes sont les écoles qui invitent les élèves à participer aux décisions concernant toutes sortes de sujets comme le choix des manuels, l'absentéisme, les retards, les ajouts au programme, les coupures budgétaires, l'économie d'énergie et la discipline scolaire (Aschuler, 1980; Urich et Batchelder, 1979).

Ces exemples de gestion participative et de participation estudiantine sont rares, surtout dans les écoles publiques traditionnelles des États-Unis. Espérons, toutefois, que les choses iront en s'améliorant. Il est encourageant de trouver de plus en plus d'éducateurs éminents qui reconnaissent la valeur de cette nouvelle philosophie de gestion lorsqu'il s'agit d'inculquer aux élèves le sens de la discipline. Mentionnons, à titre d'exemple, Arthur Combs (1985), éminent psychologue et consultant en milieu scolaire, qui écrit:

> La responsabilité axée sur l'autodiscipline exige la participation des étudiants aux décisions afin qu'ils sentent qu'ils comptent et sont maîtres de leur vie. Elle s'apprend à force d'affronter des problèmes, de trouver des solutions et d'en subir les conséquences. N'importe quel enseignant peut trouver des façons de confier aux élèves des responsabilités dans sa classe.

La Cluster School, fondée en 1974 par feu Lawrence Kohlberg, de Harvard, constitue un remarquable exemple du principe de participation. Appelée «communauté juste», l'école a adopté l'autodétermination, l'affection mutuelle, la solidarité collective, l'évolution morale, la gestion démocratique et l'emploi des problèmes qui surviennent naturellement dans les classes et l'école comme fondement des discussions et des décisions à caractère moral. Un corps «judiciaire» appelé Comité d'équité et composé d'élèves, d'enseignants et d'administrateurs résoud les problèmes disciplinaires (Kohlberg, 1980).

Une étude longitudinale de quatre ans portant sur les répercussions de la Cluster School (Power, 1979) a révélé que le raisonnement des élèves évoluait et s'humanisait avec le temps et que ceux-ci respectaient davantage les règles qu'ils avaient eux-mêmes établies. Une autre étude a démontré que les élèves ayant connu de graves difficultés dans d'autres écoles avaient acquis une grande maturité de raisonnement (Wasserman, 1976).

Une étude menée auprès de dix-huit «écoles dans des écoles» ou «écoles secondaires alternatives» californiennes révélait que les enseignants comme les élèves affichaient des problèmes de comportement moins nombreux et moins graves que ceux qui fréquentaient des écoles secondaires traditionnelles. Les relations personnalisées entre enseignants et élèves, la participation des élèves à la gestion de l'école et les règlements non autoritaires contribuaient au faible taux de problèmes disciplinaires. Par contraste, les écoles secondaires étudiées présentaient souvent un grand nombre de règles minutieusement définies ainsi que des façons rigides de régler les infractions (Duke et Perry, 1978).

La Cluster School, en tant que «communauté juste», et les écoles secondaires alternatives et non autoritaires représentent des exemples très prometteurs de la *façon d'inculquer aux élèves le sens de la discipline,* en les aidant à formuler leurs propres normes morales et à se comporter conformément à ces normes.

Le psychologue Raymond Corsini a élaboré un nouveau modèle d'enseignement d'abord appelé «Éducation individuelle» puis «Système Corsini des quatre éléments» (C4E). Dans un article publié en 1988, Corsini et son collègue, D. Lombardi, décrivent ainsi leur école modèle:

> Le C4E est un milieu d'apprentissage caractérisé par le respect mutuel, dans lequel les enfants sont traités d'égaux à égaux avec les adultes (parents et enseignants) et possèdent des droits et des obligations établis par une «constitution» régissant le fonctionnement de l'école fondée essentiellement sur l'idéal démocratique . Le système C4E propose quatre objectifs en ce qui touche l'évolution de l'élève: *responsabilité* (les enfants participent aux décisions concernant leur instruction, avec l'aide des conseils réalistes des adultes), *respect* (on respecte les élèves et on exige d'eux le respect), *débrouillardise* (les enfants ont l'occasion de se préparer à trois aspects importants de leur vie: travail et loisir, vie familiale, adhésion sociale), et *sensibilité* (on s'efforce de créer un milieu scolaire où règnent la confiance et la bienveillance).

Voici quelques-uns des aspects les plus originaux du C4E: 1. au cours de la journée scolaire, les enfants ont le choix entre plusieurs activités et lieux de travail; 2. ils peuvent apprendre leurs matières de cinq façons différentes: a) travail en classe, b) étude à la bibliothèque, c) travail avec des camarades, d) travail avec le professeur ou son adjoint, e) étude à la maison; 3. chaque enfant choisit lui-même un membre du corps enseignant comme professeur et conseiller; 4. il n'y a pas de notes; 5. le type et le niveau d'apprentissage sont fondés sur des tests objectifs hebdomadaires portant sur des tranches précises de matières; 6. les professeurs ne doivent pas communiquer avec les parents sauf en présence de l'enfant; 7. chaque enfant «choisit» un membre du corps enseignant comme conseiller, mais dès que celui-ci accepte de superviser un enfant, seul ce dernier peut changer de professeur-conseiller; 8. il n'existe pas de bulletins, mais des rapports de progrès hebdomadaires remis aux *élèves* qui sont invités à les montrer à leurs parents; 9. les enfants établissent leur propre rythme d'apprentissage et peuvent étudier simultanément divers sujets à différents niveaux; 10. le rendement scolaire des enfants n'est souligné par aucune récompense, distinction ni attention spéciale.

L'ambiance démocratique et détendue de l'école est attribuable à deux facteurs: 1. une philosophie axée sur la liberté et la responsabilité; 2. un système disciplinaire simple fondé sur trois règles et des conséquences logiques, prévisibles et acceptées au préalable par tous (parents et enfants) lorsqu'une règle est violée.

Voici ces trois règles: 1. ne fais rien qui pourrait être dangereux ou préjudiciable; 2. trouve-toi toujours dans un lieu supervisé ou en route d'un lieu supervisé à un autre; 3. si un professeur te prie de quitter la classe, sors tout de suite et en silence.

Le système disciplinaire C4E représente une réplique exacte de notre système judiciaire: tous les élèves connaissent les trois règlements de l'école et les conséquences d'un manquement à ces règlements. On a établi une procédure légale et le professeur-conseiller de l'élève joue le rôle d'avocat devant le directeur en cas d'infraction. Chaque enfant comprend clairement les conséquences précises d'une série d'infractions. Exemple: après six fautes, l'enfant est convoqué en présence du directeur, de son professeur-conseiller et de ses parents.

Ce que j'ai déjà dit mérite d'être répété: la seule discipline efficace à l'école comme dans les familles est l'autodiscipline; et on ne l'inculque pas aux enfants en leur imposant une discipline fondée sur le pouvoir. Il faut mettre au rancart la discipline traditionnelle et concevoir de nouvelles façons plus efficaces de gouverner nos familles et nos écoles.

Les groupes ont besoin de règlements

Les défenseurs de cette «bonne vieille discipline» et d'une autorité stricte tentent souvent d'étayer leur position en affirmant qu'une absence de contrôle externe et de discipline imposée par les adultes nous conduirait droit à l'anarchie: pas de règles, pas de limites, les enfants s'en donnent à cœur joie.

Les auteurs de ce sinistre avertissement ne semblent pas voir que les familles et les écoles peuvent laisser tomber la discipline punitive et axée sur le pouvoir tout en conservant des règlements et des lignes de conduite aptes à régir le comportement de leurs membres. Une absence totale de règles ou des règles inefficaces ne constituent pas les seules solutions de rechange aux règles entièrement conçues par les adultes. Laissez-moi vous expliquer.

Tous les groupes, quelle que soit leur taille ou leur nature, ont besoin de lois, de règlements, de lignes de conduite et de procédés d'exploitation normalisés. Je ne cherche pas à nier cette nécessité car sans cela, les groupes risquent de tomber dans le chaos et les conflits. Les règlements et les lignes de conduite jouent un rôle indispensable: ils préviennent les malentendus et les conflits interpersonnels; précisent les droits et privilèges de chacun; désignent les comportements justes et équitables au sein des relations humaines et renseignent les gens sur les limites à respecter.

Il ne s'agit pas ici de décider si les groupes ont besoin de règles — ils en ont certainement besoin — mais plutôt de la façon d'inciter tous les membres du groupe à respecter ces règles.

Nous avons tous refusé un jour ou l'autre de nous conformer à une règle ou à une ligne de conduite que nous n'avions pas contribué à établir. La plupart des gens qui n'ont pas été consultés se sentent brimés et irrités face à une nouvelle règle. Par contre, si on leur donne voix au chapitre, ils seront plus portés à respecter cette règle et se feront même un point d'honneur de le faire. C'est ce que les psychologues appellent le *principe de participation,* principe dont la force a été démontrée dans de nombreuses études.

Remarquez que cet engagement est à l'origine de l'Autorité A, soit celle qui tire son influence du fait que les gens se sont *engagés* à respecter une décision ou une entente qu'ils ont volontairement acceptée. L'un des principaux objectifs de nos programmes *Parents efficaces* et *Enseignants efficaces* consiste à inciter parents et enseignants à établir conjointement avec leurs enfants les règles qui concernent ces derniers plutôt que de le faire de façon unilatérale.

Lorsqu'on agit ainsi, les enfants se sentent mieux dans leur peau, s'estiment davantage et se sentent plus sûrs d'eux-mêmes. Qui plus est, ils ont l'impression de maîtriser davantage leur destin. Ils se sentent sur un pied d'égalité avec les autres membres de la famille, de la classe, de l'école; ils font partie d'une équipe au lieu d'être des citoyens de second ordre. Précisons que les familles et les classes qui privilégient la collaboration et la démocratie développent des relations plus affectueuses et plus étroites que celles où les adultes agissent comme des figures d'autorités qui s'attendent à être obéis au doigt et à l'œil.

En outre, lorsqu'on encourage la participation entière des enfants aux décisions, tant dans la famille qu'à l'école, on obtient souvent des solutions plus ingénieuses aux problèmes. Deux têtes (ou trois ou quatre) valent mieux qu'une et les décisions prises en commun seront fondées non seulement sur la connaissance et l'expérience des adultes mais aussi sur celles des enfants. Dans mon premier livre intitulé *Group-Centered Leadership* (Le leadership centré sur le groupe) (1955), je soulignais que la plupart des discussions visant à déterminer qui prend les décisions les meilleures ou les plus sages dressent le dirigeant contre les membres, le premier remportant toujours la palme. Je soulignais que ce n'était pas là la bonne façon de poser la question, qui devrait plutôt être formulée ainsi: qui peut prendre les décisions les plus éclairées? Un dirigeant *sans les ressources des membres du groupe* ou le groupe en entier, *y compris l'animateur*?

À mon avis, la seconde option est la meilleure. C'est pourquoi on devrait opposer à la maxime «Papa a raison», qui sous-entend que papa est plus sage que son fils ou sa fille, l'argument suivant: «Oui, mais est-ce que le père est plus sage que le père et les enfants ensemble?»

Pour terminer, voici les avantages indéniables liés au fait d'établir les règlements de concert avec les enfants: 1. les enfants sont davantage portés à appliquer ou à respecter les règlements; 2. on prend de meilleures décisions; 3. des relations plus étroites et plus chaleureuses s'établissent entre les adultes et les enfants; 4. ce procédé accroît l'estime de soi, l'assurance et le sentiment de dominer son destin chez les enfants; et 5. cette façon de faire développe le sens des responsabilités et de la discipline des enfants.

Les parents qui ont participé à notre formation *Parents efficaces* nous fournissent des centaines d'exemples illustrant l'emploi du principe de participation lorsqu'il s'agit d'élaborer des règles et de prendre des décisions. Nous avons conçu un procédé utile pour vous faciliter la tâche que nous avons appelé «la résolution de problèmes en six étapes» et que je décrirai un peu plus loin. Je me suis inspiré des travaux du psychologue et éducateur John Dewey, qui croyait que ces étapes aideraient les gens à trouver des solutions ingénieuses à toutes sortes de problèmes de leur vie quotidienne. Nous employons ce procédé non seulement pour résoudre des problèmes individuels, mais également avec les groupes (familles, classes, groupes de travail) ou pour aider deux personnes ou plus à résoudre leurs conflits (un problème particulier).

La résolution de problèmes en six étapes

Nous sommes maintenant prêts à examiner ce procédé qui passe de la définition du problème à l'énumération de solutions pour aller jusqu'à l'application de la décision. Pour l'illustrer, je vous parlerai d'un problème qui se posait dans ma famille il y a quelques années. Ce problème courant entraîne habituellement beaucoup de querelles et de frustrations: Qui fait quoi dans la maison? Comment répartir les tâches domestiques auxquelles est confrontée n'importe quelle famille?

D'habitude ce sont les parents qui décident qui fera quoi, les enfants n'ayant presque pas voix au chapitre. Et, comme on peut s'y attendre, ils n'aiment pas se voir imposer des corvées de sorte qu'ils se fichent de s'en acquitter d'une manière correcte ou ponctuelle à moins d'être talonnés par leurs parents. En fait, la plupart des enfants considèrent que les corvées domestiques incombent à ces derniers. Comment pourrait-il en être autrement puisqu'on leur demande d'«aider maman à faire la vaisselle» ou d'«aider papa à laver la voiture», comme si ces tâches relevaient d'abord et avant tout de maman et de papa?

On peut répartir les tâches beaucoup plus efficacement en intégrant tous les membres de la famille au processus et en commençant avec une liste des corvées routinières. On désigne ensuite le responsable de chaque tâche, la fréquence de celle-ci et les normes de qualité à respecter.

Je me rappelle fort bien la réunion au cours de laquelle notre famille a abordé ce sujet complexe. Cette réunion avait été convoquée par ma femme, Linda, qui en avait trop sur les bras depuis qu'elle travaillait à temps plein à l'extérieur de la maison.

À mesure que je décrirai notre méthode de résolution de problèmes, je soulignerai les six étapes que notre famille a franchies, qui sont celles-là même que nous enseignons aux parents et aux enseignants. Nous recommandons aux personnes concernées de suivre ces étapes, peu importe le type de problème à régler, qu'il soit personnel (qu'est-ce que j'attends vraiment de la vie?), familial (quelles règles devrions-nous suivre pour regarder la télé?) ou un conflit parent-enfant (votre fils veut s'acheter une moto mais vous vous y opposez fortement en raison des dangers que cela comporte).

Linda commença la réunion en énonçant son problème au moyen de messages «je» appropriés. **Première étape: identifier le problème.** «Je trouve injuste d'être obligée d'effectuer la même somme de travail qu'auparavant, lorsque je restais à la maison. Je voudrais que nous décidions comment répartir les corvées domestiques d'une manière plus équitable. Commençons par en dresser la liste.»

Michelle, ma benjamine, et moi (après quelques grognements initiaux) acceptâmes d'aider Linda à dresser cette liste qui, à notre grande stupéfaction (mais non à celle de Linda, bien sûr!) comprenait vingt-six points différents.

Puis, nous lançâmes des idées en vrac. **Deuxième étape: énumérer toutes les solutions possibles.** «Que chacun de nous choisisse les tâches qu'il préfère» ou «Nous pourrions combiner certaines corvées, comme préparer le dîner et faire la vaisselle ou laver et nourrir le chien.» Nous mîmes environ une demi-heure à énumérer un tel éventail de solutions possibles qui furent évaluées en long et en large.

Troisième étape: évaluer les solutions. «Je trouve injuste de devoir veiller à l'entretien des deux voitures» ou «Arroser les plantes prend bien moins de temps que faire les courses» ou «Celui qui fait la vaisselle devrait aussi balayer le sol de la cuisine et de la salle à dîner» ou «Qui fera la vaisselle du petit déjeuner?» Cette troisième étape nous prit une autre demi-heure, si mon souvenir est bon.

Finalement, nous fûmes prêts à prendre une décision. Comme j'avais pris des notes, je relis la liste des différentes tâches en mentionnant le responsable que nous avions désigné et en demandant fréquemment: «Est-ce bien ce que nous avons décidé?» **Quatrième étape: prendre une décision.**

Nous n'étions pas au bout de nos peines, toutefois, puisque nous devions régler quelques détails délicats concernant l'application de nos décisions: «Avec quelle fréquence devrait-on laver le chien?»; «Dans quel délai la vaisselle doit-elle être rangée et le plancher balayé après le dîner?»; «Que fera-t-on si nous dînons à l'extérieur un soir où l'un de nous doit cuisiner?»; «Qui dressera la liste d'épicerie?» Nous prîmes encore dix minutes pour régler ces détails qui font partie de la **cinquième étape: appliquer la solution.**

Il nous restait un autre point à débattre lors d'une réunion ultérieure: «Comment savoir si nos décisons sont valables?» **Sixième étape: évaluer les résultats.** «Que faire si l'un de nous ne veut plus se charger d'une tâche qui lui incombe?» Nous nous entendîmes pour mettre nos décisions à l'essai pendant plusieurs semaines. Puis, si l'un de nous désirait se plaindre ou changer de tâche, il convoquerait une réunion où nous débattrions tous ensemble de la question. Si je me souviens bien, lors de la seconde réunion, seule Linda avait une plainte à formuler concernant mon oubli de balayer le plancher les soirs où je cuisinais. Je répondis que le plancher me paraissait propre mais elle rétorqua qu'à deux reprises, elle avait ramassé une grande quantité de poussière et de miettes. Je dus admettre que je détestais balayer et qu'en conséquence, je m'arrangeais pour oublier cette corvée en espérant que personne ne remarquerait mon subterfuge.

Nous nous en tînmes à nos décisions pendant plusieurs années jusqu'au jour où Michelle nous informa qu'elle n'aimait plus cuisiner. Elle nous offrait de se charger de la vaisselle et du balayage pendant six soirs si Linda et moi acceptions de cuisiner un soir de plus chacun. Nous acquiescâmes sans hésitation parce que nous en avions assez de manger le jambon ou les hamburgers que Michelle nous servait immanquablement les soirs où elle était de service.

Je tiens à préciser que tous les problèmes ne se résolvent pas d'une manière aussi ordonnée. Il arrive souvent qu'une personne propose une solution tellement géniale à la deuxième étape qu'elle éclipse toutes les autres et raccourcit de beaucoup la troisième étape, soit celle de l'évaluation. Il arrive aussi que les parties en cause ne pouvant s'entendre sur une solution, elles soient forcées de revenir à la deuxième étape afin d'en énumérer de nouvelles, ou encore à la première afin de redéfinir le problème.

Essayez d'identifier chacune des six étapes de la résolution du problème ci-dessous, que nous exposèrent les parents de deux enfants de sept et neuf ans. Voici comment l'un des parents décrivit leur réunion:

> La télévision posait un problème à l'heure du dîner. Les enfants couraient la regarder en emportant leurs assiettes et refusaient de s'asseoir à table. Cela faisait toute une histoire chaque soir. Lors d'une séance de résolution de problème, la question est venue sur le tapis. Ma femme et moi avons formulé des messages «je». La télévision nous posait un problème parce que:
>
> 1. J'avais du plaisir à discuter avec mes enfants pendant le dîner, à les écouter me raconter leur journée et à parler de la mienne. J'avais de la peine quand je ne pouvais pas le faire.
> 2. Pour ma femme, préparer le dîner était un problème — le garder chaud, savoir quand le servir.
> 3. Si nous obligions les enfants à manger à table, c'était la bagarre; ils étaient blessés et personne ne profitait du repas; s'ils mangeaient devant la télé, les enfants abandonnaient leurs assiettes sur place et ma femme et moi étions déçus de ne pas pouvoir bavarder avec eux.
>
> À leur tour, les enfants exprimèrent *leurs* besoins:
>
> 1. Les meilleurs programmes pour leur âge étaient diffusés entre 18 et 19 heures.
> 2. C'était au moment où ils commençaient tout juste à s'intéresser à une émission que nous les appelions pour dîner. Ils trouvaient cela injuste.
>
> Nous avons commencé à chercher des solutions:
>
> 1. Le dîner pourrait être servi à la même heure tous les jours. Ma femme était d'accord. Les enfants n'écouteraient pas la télévision à ce moment-là.

2. Je travaillais deux soirs par semaine. Ma femme était d'accord pour que les enfants regardent la télévision en mon absence. J'ai acquiescé.
3. Les enfants ont offert de ne pas écouter la télé en semaine. J'ai failli tomber à la renverse! Ma femme et moi avons répondu que cette solution nous paraissait beaucoup trop extrême. Les enfants risquaient de ne pas tenir leur promesse.
4. Ils ont répondu qu'ils se limiteraient à une émission par soir, du dimanche au jeudi. Nous nous mîmes d'accord là-dessus, avec une exception pour les émissions spéciales.

RÉSULTAT: Les chamailleries autour de la télévision ont vraiment cessé. Les enfants ont sélectionné minutieusement leurs émissions et ont tenu leur promesse de n'en écouter qu'une seule par soir. Nous n'en attendions pas tant d'eux et nous avons trouvé cela merveilleux. Désormais, nous avions du temps pour jouer le soir en famille. Les enfants avaient du temps pour faire leurs devoirs et se couchaient plus tôt. Nous avons respecté ces dispositions pendant un an et demi ou deux. Après, les habitudes étaient prises, les enfants avaient grandi et nous n'avions plus besoin de règles à ce sujet. Le problème avait simplement cessé d'exister. Aujourd'hui encore, nous regardons la télévision avec modération.

Les participants à *Parents efficaces* nous ont fourni de nombreux autres exemples de la résolution de problème avec l'aide des enfants. Grâce à cette méthode en six étapes, les familles établissent des lignes de conduite et concluent des ententes sur tous les types de problèmes imaginables: quand écouter la télévision, à quelle heure se coucher ou rentrer le soir; comment informer les autres de l'endroit où chacun se trouve, rentrer à la maison en sécurité quand on a trop bu, se servir du téléphone d'une manière adéquate, utiliser la piscine sans danger, traiter les étrangers qui viennent à la maison, manipuler les appareils compliqués ou dangereux; où aller en vacances, et ainsi de suite.

Il vaut la peine de souligner que nous ne préconisons ni ne prescrivons de solutions «miracles» aux problèmes. Nous offrons plutôt un procédé, la résolution de problème en six étapes, susceptible d'aider chaque famille à trouver les *solutions les plus appropriées dans son cas*. Des familles peuvent trouver une grande variété de solutions différentes au même problème.

Je désire également souligner que la méthode en six étapes ne produit pas toujours la *meilleure* solution ni une solution *définitive*. Les membres d'une famille peuvent se rendre compte que leur première solution n'était pas efficace et qu'ils doivent se réunir de nouveau pour en trouver une meilleure. Les conditions peuvent changer, les enfants vieillir ou la famille déménager, et tous ces changements peuvent exiger l'élaboration de nouvelles règles ou solutions. Il ne fait aucun doute que l'une des grandes forces de cette méthode réside dans sa souplesse et sa capacité d'adaptation.

La résolution de conflits: la méthode sans perdant

La création mutuelle de règles vise à *prévenir* les conflits et elle joue certainement ce rôle mieux que leur institution unilatérale par les adultes. Toutefois, tant dans les familles que dans les écoles, on assiste inévitablement à des conflits qui ne sont soumis à aucune règle et qui doivent être résolus sans tarder faute de quoi ils risquent de nuire aux relations entre les parties. Comment règle-t-on les conflits interpersonnels en général?

Comme je l'ai déjà mentionné, la plupart des parents et des enseignants sont soit stricts soit indulgents, durs ou mous, autoritaires ou permissifs dans leurs rapports avec les enfants. Enfermés dans cette vision tranchée des choses, ils sont portés à considérer leurs relations avec les enfants comme une lutte de pouvoir, un conflit de volontés, un combat destiné à prouver qui est le meilleur. Au tout début de son cours *Parents efficaces*, un parent déclarait:

> Il faut commencer tôt à leur faire comprendre qui est le patron sinon ils vous montent sur le dos et vous dominent. C'est le problème avec ma femme: elle finit toujours par laisser les enfants avoir le dessus et ils le savent.

Deux mères ayant des enfants adolescents expriment cela dans leurs propres mots:

> J'essaie de laisser mes enfants faire ce qu'ils veulent, mais alors j'en souffre. Ils me marchent dessus. Vous leur donnez un centimètre et ils prennent un mètre.
>
> Je me fiche de son opinion et de ce que font les autres parents, mais il n'est pas question que ma fille porte une coiffure punk. Je suis intraitable sur ce point et je gagnerai cette bataille.

Les enfants, aussi, voient leur relation avec leurs parents comme une lutte de pouvoir. Catherine, une jeune fille intelligente de quinze ans qui inquiète ses parents parce qu'elle refuse de leur parler, nous a avoué:

> À quoi ça sert de se quereller avec eux? Ils gagnent toujours, je le sais avant même de commencer à discuter. Ils obtiennent toujours gain de cause. Après tout, ce sont eux les parents et ils savent qu'ils ont raison. Alors maintenant, je ne discute plus; je m'en vais et ne leur parle pas. Bien sûr, cela me dérange d'agir comme ça, mais je m'en fous.

Thomas, un élève du secondaire, a appris à affronter l'attitude gagnant-perdant de ses parents d'une manière différente:

> Si je veux vraiment faire quelque chose, j'évite de consulter ma mère parce qu'elle dit toujours non. J'attends le retour de papa, car je peux habituellement le convaincre de se ranger de mon côté. Il est beaucoup plus indulgent et j'obtiens habituellement ce que veux avec lui.

En général, les parents et les enseignants veulent régler les conflits au moyen d'une solution qui les fait *gagner,* tandis que d'autres adultes, beaucoup moins nombreux, cèdent toujours aux enfants par crainte de «frustrer leurs besoins», auquel cas c'est *l'enfant qui gagne* au détriment de l'adulte.

Dans nos cours, nous avons appelé ces deux approches gagnant-perdant la *première* et la *deuxième méthode.* Voici comment fonctionne la première méthode: lorsqu'un conflit survient entre un adulte et un enfant, l'adulte trouve une solution en espérant que l'enfant l'acceptera.

S'il résiste, l'adulte menace d'employer (ou emploie) le pouvoir — l'Autorité P — afin de forcer l'enfant à lui céder. *(L'adulte gagne et l'enfant perd.)*

Voici le fondement de la deuxième méthode:

Lorsqu'un conflit survient entre un adulte et un enfant, l'adulte essaie de persuader l'enfant d'accepter sa solution. S'il résiste, l'adulte cède ou abandonne en laissant l'enfant libre de choisir sa voie. *(L'enfant gagne et l'adulte perd.)*

Tout le monde comprendra que dans la première méthode l'adulte exerce l'Autorité P et est disposé à s'en servir le cas échéant. Les effets de cette méthode sur le perdant sont assez prévisibles: ressentiment, peu d'intérêt à appliquer la solution, et une réaction prenant la forme de l'un ou l'autre des mécanismes d'adaptation suivants: *se battre, fuir ou se soumettre*. Les adultes paient cher l'emploi de la première méthode car ils passent beaucoup de temps à appliquer la décision (harceler, rappeler, pousser, menacer), ils risquent d'aliéner l'enfant et lui ôtent la chance de participer à la résolution du problème. Les adultes qui recourent à la deuxième méthode doivent céder, se montrer faussement tolérants et sacrifier la satisfaction de leurs besoins en faveur de ceux de l'enfant. Leurs enfants n'ont jamais la chance de se rebeller, de se montrer hostiles ou agressifs ni celle de céder ou de se soumettre. Toutefois, ces enfants ont tendance à piquer des colères, ils provoquent la culpabilité des adultes et profèrent des méchancetés pour parvenir à leurs fins. Ils grandissent avec l'idée que leurs besoins sont plus importants que ceux des autres; ils croient qu'on leur doit tout et manquent d'égards envers autrui. Ils ne sont pas très aimables.

Les enfants qui obtiennent toujours gain de cause à la maison s'attendent à ce qu'il en soit de même avec leurs camarades, mais ces derniers, à l'instar de leurs professeurs (dont la plupart sont habitués à avoir le dessus dans la classe), les trouvent «gâtés».

La deuxième méthode provoque le ressentiment et la colère des adultes. Il est difficile pour les parents et les enseignants d'aimer un enfants écervelé qui n'en fait qu'à sa tête. Les parents qui emploient la deuxième méthode trouvent en général que leur tâche leur pèse et ont hâte de voir les enfants quitter la maison. Leur rôle de parents — et cela est déplorable — leur procure peu de joie. Heureusement, nous avons découvert que moins de dix pour cent des parents emploient la deuxième méthode.

Comme peu d'adultes ont connu autre chose que les première et deuxième méthodes dans leur enfance, ils sont étonnés de voir que nous leur proposons une troisième méthode de résolution des conflits, où personne ne perd, où les deux parties gagnent. Voici le fondement de cette «méthode sans perdant»:

Quand un conflit survient entre un adulte et un enfant, l'adulte demande à l'enfant de participer à la recherche en commun de solutions acceptables pour l'un et pour l'autre. Chacun peut suggérer des solutions, qui sont alors évaluées. Les deux parties s'entendent pour choisir la meilleure solution, puis décident comment l'appliquer. Il n'y a ni contrainte ni rapport de force. Cette méthode repose sur l'Autorité A.

Le conflit n'a rien de nocif en soi. En fait, toutes les relations entraînent des mésententes et des différends. Une absence de conflit pourrait signifier que les enfants ont peur de leurs parents ou de leurs professeurs. C'est l'approche «je gagne, tu perds» ou vice versa qui rend le conflit si destructeur, car elle est fondée sur la compétition.

Le psychologue Morton Deutsch, penseur et chercheur hors pair dans le domaine de la coopération et de la compétition, établit clairement cette distinction dans un ouvrage intitulé *Distributive justice* (La justice distributive)(1985):

> Dans l'esprit de la coopération, on définit le conflit d'intérêts comme *un problème mutuel à régler en collaboration.* Elle met en valeur la légitimité des intérêts de chacun et la nécessité de trouver une solution répondant aux besoins de chacun. Par contraste, la compétition met en relief l'idée que la solution du conflit peut uniquement être imposée par l'une ou l'autre partie... par le biais d'une force supérieure, de la tromperie ou de la ruse.

La coopération n'est pas à l'opposé du conflit; elle crée plutôt un climat dans lequel le conflit peut survenir mais aussi être résolu d'une manière créative sans les effets toxiques de la lutte de pouvoir que la plupart des gens mettent en jeu à ces moments-là. C'est dans cet esprit de collaboration que les participants aux formations *Parents efficaces* et *Enseignants efficaces* emploient notre méthode sans perdant afin de trouver des solutions acceptables tant pour eux que pour l'enfant.

Cette méthode ne s'emploie pas uniquement avec les adolescents; elle donne également de merveilleux résultats avec les tout-petits. Voici une brève séance de résolution de conflit qui met aux prises Julie, trois ans, et sa mère qui nous a récité le dialogue tel qu'elle s'en souvenait:

JULIE: Je ne veux plus aller chez ma gardienne.

MÈRE: Tu n'aimes pas aller chez madame Lacombe quand je travaille.

JULIE: Non, je ne veux pas y aller.

MÈRE: Je dois aller travailler et tu ne peux pas rester à la maison toute seule, mais cela te rend vraiment malheureuse d'aller là-bas. Que pourrions-nous faire pour te faciliter la chose?

JULIE[silence]: Je pourrais rester sur le trottoir en attendant que tu t'en ailles.

MÈRE: Mais tu dois être à l'intérieur avec les autres afin que madame Lacombe sache où tu es.

JULIE: Je pourrais me mettre à la fenêtre pour te regarder partir.

MÈRE: Tu te sentirais mieux?

JULIE: Oui.

MÈRE: D'accord. Nous allons essayer cela la prochaine fois.

La méthode sans perdant s'emploie même avec les nourrissons, à la seule différence que la résolution de problème s'effectue de façon non verbale. Je me rappelle très bien un incident survenu dans ma famille alors que ma fille Judy avait cinq mois.

Nous avions loué un chalet au bord d'un lac pour un mois. Avant ce voyage, nous avions loué le ciel du fait que Judy ne prenait jamais de biberon entre 23 h et 7 h. Mais le changement de milieu brouilla les cartes et Judy commença à se réveiller à 4 h du matin pour boire. Or, il était pénible de se lever à cette heure-là car nous étions en septembre, il faisait glacial dans le chalet et nous n'avions qu'un petit poêle à bois. Donc, nous devions ou prendre le temps d'allumer un feu ou, ce qui n'était guère mieux, nous enrouler dans une couverture pour nous réchauffer pendant que nous faisions chauffer le lait. À notre avis, la situation présentait vraiment un conflit d'intérêts requérant une résolution conjointe.

Mettant à contribution nos cellules grises, ma femme et moi décidâmes d'offrir à Judy une autre option dans l'espoir qu'elle la trouverait acceptable. Au lieu de l'éveiller pour la nourrir à 23 h le lendemain, nous la laissâmes dormir jusqu'à minuit avant de la réveiller pour la faire boire. Le surlendemain, elle dormit jusqu'à 5 h. Ce qui était déjà mieux.

Le soir d'après, nous veillâmes à ce qu'elle boive un peu plus que sa quantité habituelle de lait, puis nous la recouchâmes vers minuit trente. Cela marcha: elle «accepta» notre solution si l'on peut dire, car le lendemain et tous les autres matins, elle dormit jusqu'à 7 h, heure à laquelle nous nous levions de toute façon pour aller taquiner le poisson. Personne ne perdait, tout le monde gagnait.

Même sous forme non verbale, la résolution de problème passe par les mêmes six étapes, comme l'illustre l'incident ci-dessous raconté par un parent:

> Mon bébé menait grand tapage dans son parc, hurlant et secouant les barreaux, mais je voulais qu'il y reste parce que j'avais beaucoup à faire **(Étape 1: définir le conflit et identifier le problème).** En pensant à la troisième méthode, j'ai donc commencé à envisager différentes solutions. Je lui ai d'abord donné son biberon à moitié plein **(Étape 2: énumérer des solutions).** Il l'a jeté par terre en trépignant **(Étape 3: évaluer les solutions). J**'ai mis un hochet dans le parc (étape 2), il l'a ignoré, toujours hurlant (étape 3). Je me suis alors rappelé une babiole que j'avais achetée et empaquetée un peu auparavant; je suis allée la prendre et je lui ai remis la boîte enrubannée (étape 2). Il a immédiatement cessé de pleurer et commencé à jouer avec la boîte en essayant d'enlever le ruban **(Étape 4: choisir une solution).** Il est resté occupé avec son joujou pendant une demi-heure et moi j'ai pu faire le ménage **(Étape 5: appliquer la décision),** tout en allant le voir de temps en temps **(Étape 6: évaluer les résultats).**

La mère n'a pas perdu, l'enfant non plus! Tous deux ont gagné sans proférer une parole.

C'est à dessein que j'ai présenté ces quelques exemples de la méthode sans perdant mettant en vedette des tout-petits afin de montrer que cette technique fonctionne même avec de jeunes enfants.

L'utilisation précoce de la méthode sans perdant peut exercer une puissante *action préventive* dont les avantages les plus importants vous apparaîtront quelques années plus tard. En commençant par les problèmes plus faciles des tout-petits, vous aurez acquis une certaine compétence lorsque vous affronterez les problèmes plus épineux des adolescents (conflits à propos de l'argent de poche, de l'utilisation de la voiture ou du téléphone, de la musique trop forte, des vêtements, etc.). Vous récolterez même des avantages encore plus importants: vous aurez *beaucoup moins* de conflits avec vos adolescents que vous n'en auriez normalement. Au lieu des tempêtes, du stress et des drames que vivent bien des parents d'adolescents, vous connaîtrez sans doute des relations très harmonieuses avec vos enfants. Comment puis-je faire une telle prédiction?

Dans la plupart des activités, l'excellence vient avec la pratique. Il en va de même en ce qui touche la résolution de conflits par le biais d'ententes acceptables pour les deux parties. En commençant quand vos enfants sont jeunes, vous établissez un modèle, vous prenez l'habitude de résoudre vos conflits sans perdant. Et plus vous le ferez, plus vous et vos enfants trouverez cela facile. À chaque nouveau conflit, chacun de vous adoptera l'attitude suivante: «Je veux trouver une façon de satisfaire mes besoins et les tiens aussi.» Et comme vous aurez réussi à faire cela dans le passé, vous serez tous deux persuadés que vous pouvez le faire encore (avec compétence).

Si vous avez employé avec succès la méthode sans perdant pendant longtemps, il est probable que ni vous ni vos enfants n'engagerez une lutte de pouvoir à l'apparition d'un nouveau conflit. Vous aurez adopté une attitude tout à fait différente et changé les règles du jeu. Vous saurez comment régler un conflit en discutant et non en vous battant; en négociant plutôt qu'en rivalisant; en gagnant tous deux. Vous verrez que la plupart des conflits ne se rendront même pas jusqu'à la table de négociation, mais seront résolus rapidement, d'une manière informelle et sans que les esprits s'échauffent. C'est ce que nous appelons la résolution de problèmes «en règle», les problèmes n'atteignant jamais le stade du véritable conflit.

Au lieu de vous voir comme un adversaire, comme tant d'adolescents voient leurs parents, votre fils ou votre fille vous considérera comme un ami et un conseiller. Votre relation sera fondée sur le respect, l'affection et l'amour.

Traiter les collisions de valeurs

La méthode sans perdant est rarement efficace lorsque parents et enfants rencontrent un type de conflit qui s'articule autour de certains sujets: valeurs, croyances, goûts personnels, habillement, philosophie de la vie, choix d'amis, etc., et qu'on appelle *collisions de valeurs*. La méthode sans perdant n'est pas toujours appropriée parce que les jeunes ne veulent pas négocier leurs valeurs, qui sont pour eux des constantes. Ils estiment, en tant que citoyens, avoir le droit de choisir leurs valeurs, leurs croyances et leurs préférences et sont prêts, comme les jeunes d'autrefois, à défendre ardemment ce droit. Ils se révolteront contre toute tentative des adultes de les faire entrer dans leur moule, de les forcer à agir selon leurs critères à eux. Ils refuseront de négocier parce que leurs valeurs ne sont pas négociables à leurs yeux.

Il seront prêts, toutefois, à essayer la méthode sans perdant s'il est clair pour eux, d'une façon tangible, que leur comportement fait obstacle à la satisfaction des besoins de leurs parents. Dans ce cas, ils sont en général disposés à participer à la résolution de problème, à modifier le comportement qui apparaît inacceptable à l'autre personne et à respecter les besoins de celle-ci. Mais ils *refuseront* de le faire si leur comportement ne vous touche pas d'une manière bien concrète.

Les enfants ne diffèrent pas des adultes sur ce point. Combien d'adultes sont prêts à modifier leur comportement pour la simple raison que quelqu'un pense qu'ils devraient le faire? Pour que les adultes acceptent de négocier, ils doivent, eux aussi, être convaincus que leur comportement nuit vraiment à l'autre personne.

Il faut retenir de tout cela que la méthode sans perdant n'est pas la bonne lorsqu'on veut changer les valeurs et les croyances des jeunes gens. Un enfant changera ses valeurs si ses parents peuvent lui prouver que son comportement a un effet négatif concret sur leur vie. Sinon, il ne jugera pas utile d'en discuter.

Voici quelques comportements des enfants considérés comme non négociables par ceux-ci:

Avoir les oreilles percées.
Porter une minijupe, des jeans serrés, des espadrilles usées jusqu'à la corde.
Arborer une coiffure punk.
Avoir un ami ou une amie que ses parents n'aiment pas.
Vouloir cesser ses études pour devenir un musicien rock.
S'inscrire dans une église de confession différente.
Fumer la cigarette.
Ne pas faire ses devoirs.
Fréquenter une personne de race ou de religion différente.
Veiller tard.

Dépenser son argent en vétilles.
Fumer de la marijuana.

Prenons l'un des comportements ci-dessus. Supposons que ma fille porte une coiffure punk. Puis-je la convaincre que sa coiffure a un effet tangible sur moi? Sa coiffure ne me fera pas congédier, elle ne réduira pas mon revenu, ne m'empêchera pas de fréquenter les amis de mon choix, n'affectera pas mon habileté au tennis, ne me fera pas grossir, ne m'empêchera pas d'écrire ce livre, ne me coûtera ni temps ni argent.

À vrai dire, je ne pourrai sans doute jamais convaincre ma fille du fait que sa coiffure hérissée a un effet concret sur moi ni qu'elle entrave la satisfaction d'un de mes besoins. Alors pourquoi devrais-je m'attendre à ce qu'elle renonce à une chose qu'elle aime de toute évidence et qui compte à ses yeux?

Cela signifie-t-il que parents et enseignants ne peuvent pas espérer influencer les valeurs des enfants, leur transmettre celles qui leur sont chères ainsi que leurs croyances fondamentales? Rassurez-vous, les adultes *peuvent* influencer les valeurs de leurs enfants et d'une manière puissante.

Tout d'abord, les adultes enseignent *constamment* leurs valeurs aux enfants en vivant en accord avec leurs croyances, en leur donnant l'exemple, en mettant en pratique ce qu'ils prêchent. Et plus les relations sont harmonieuses entre parents et enfants, plus l'influence des premiers est grande. Cela est attribuable au fait que les enfants adoptent plus facilement les valeurs des adultes qu'ils aiment et respectent.

Parents et enseignants peuvent aussi influencer les enfants en partageant avec eux leurs connaissances, leur expérience et leur sagesse un peu comme un consultant le fait avec son client. Pour jouer ce rôle le plus efficacement possible, toutefois, les adultes doivent respecter les mêmes principes que les consultants prospères:

- Assurez-vous d'être «embauché» par l'enfant ou l'élève, c'est-à-dire que celui-ci fait appel à vos services et à votre Autorité E. Demandez-lui s'il veut que lui donniez votre opinion ou vos conseils.
- Assurez-vous de bien connaître le *véritable* besoin ou problème de l'enfant ou de l'élève. Cela vous aidera à décider quelles informations ou quel type d'expérience conviennent à son cas et si vous possédez ou non ces informations et cette expérience.

- Partagez votre savoir au lieu de prêcher; proposez au lieu d'imposer; suggérez au lieu d'exiger.
- Ne harcelez pas constamment vos enfants pour qu'ils acceptent ce que vous leur offrez; ne les humiliez pas s'ils ne vous écoutent pas; n'insistez pas si vous sentez de la résistance chez eux.
- Laissez vos enfants entièrement responsables d'accepter ou de rejeter votre compétence.
- Utilisez votre outil le plus précieux: l'écoute active.

La plupart des adultes emploient la méthode de la «vente sous pression» qui entraîne chez les enfants des réactions comme: «Laisse-moi tranquille»; «Cesse de me harceler»; «C'est ma vie et pas la tienne»; «Je ne sais que trop ce que tu en penses!»

Un père nous racontait comment il avait essayé de mettre en pratique nos conseils en matière de consultation:

> Mon fils avait décidé de faire pousser un plant de marijuana avec deux copains du voisinage. L'un d'eux en avait déjà cultivé à plusieurs reprises — il a des problèmes affectifs sérieux. Un jour, et ce jour-là seulement, j'ai exprimé le fond de ma pensée à mon fils: «Je pense que ta décision de faire pousser de l'«herbe» reste ta responsabilité, aussi longtemps que ce n'est pas sur notre propriété, auquel cas nous pourrions avoir des ennuis. Et tu dois savoir que si ce garçon est pris, tu pourrais être impliqué. Il est plus que probable qu'il va en vendre pour faire de l'argent, et cela pourrait aussi te compromettre en tant que trafiquant, ce qui est illégal.» C'est tout ce que j'ai dit, une seule fois, directement et fortement, comme je le sentais. Je n'en ai pas reparlé depuis. Je ne sais pas ce qui est arrivé, mais j'ai fait mon boulot de consultant et c'est à peu près tout ce que je pouvais faire.... Avant, je l'aurais harcelé à mort là-dessus...

Que le conflit de valeurs touche les devoirs, la cigarette, les relations sexuelles, l'habillement, les notes, le choix d'amis ou les drogues, vous serez peut-être obligés de concéder que ni l'exemple que vous lui donnez ni vos talents de consultant ne peuvent résoudre le conflit qui vous oppose à votre enfant. Même si les conflits de valeurs sont pénibles, vous éprouveriez une souffrance encore plus grande si vous gâchiez votre relation avec votre enfant. Votre seule option demeure alors d'accepter le fait que vous ne le changerez pas. Le lecteur se rappellera peut-être ce poème profond qui devient très approprié en cas de conflit de valeurs:

> Le courage de changer ce que je peux changer,
> la sérénité d'accepter ce que je ne peux pas changer,
> et la sagesse d'en connaître la différence.

Parents et enseignants auront parfois besoin de sérénité pour accepter ce qu'ils ne peuvent pas changer, parce qu'ils se heurteront inévitablement à des conflits de valeurs insolubles, à des moments où même l'exemple qu'ils donnent aux jeunes et leurs efforts les plus vigoureux ne réussiront pas à les amener à changer ce qui compte tellement à leurs yeux.

CHAPITRE 8

Aider les enfants à résoudre eux-mêmes leurs problèmes

Dans les deux chapitres précédents, j'ai mis l'accent sur la nécessité d'influencer les enfants afin qu'ils tiennent davantage compte des besoins des adultes, et sur la façon dont parents et enseignants peuvent amener les enfants à changer d'eux-mêmes leurs comportements inacceptables, à se conformer aux règles et à respecter leurs ententes. Comme nous l'avons vu, les méthodes visant à les influencer pourront, bien davantage que la punition et la domination, inciter les enfants à *modifier* leur comportement afin de respecter les besoins des adultes.

Néanmoins, il faut comprendre que même ces méthodes risquent d'échouer si les adultes ne respectent pas le droit des enfants de satisfaire leurs propres besoins et ne les aident pas à le faire. J'exprimerai cette idée sous forme d'un principe que chaque adulte devrait mémoriser: *Les enfants ne seront pas disposés à vous aider lorsqu'un de leurs comportements vous pose un problème sauf si vous avez essayé de les aider quand ils ont eu des problèmes à leur tour.*

Autrement dit, l'enfant ne prendra la peine de modifier son comportement que s'il sent que votre relation est fondée sur la réciprocité, qu'elle est juste, ouverte et équitable.

Les enfants qui sont prêts à coopérer, qui sont sensibles aux besoins, aux sentiments et aux problèmes des adultes, ont des enseignants et des parents qui appliquent souvent ces mêmes qualités à l'égard de leurs besoins, de leurs sentiments et de leurs problèmes. Si un adulte se plaint de leur comportement, les enfants refuseront de le changer ou d'aider l'adulte si celui-ci a refusé de les aider ou ignorait comment le faire dans la situation inverse. En conséquence, il est très important pour les parents et les enseignants d'apprendre à aider efficacement les enfants qui ont des problèmes.

Il y a une autre puissante raison pour laquelle les parents doivent acquérir les compétences nécessaires pour aider leurs enfants à résoudre leurs problèmes et à satisfaire leurs besoins. Les enfants frustrés, bouleversés ou malheureux parce qu'ils n'arrivent pas à résoudre *leurs* problèmes sont beaucoup plus enclins à adopter des comportements antisociaux ou autodestructeurs propres à causer de graves ennuis aux adultes, à blesser les autres, à nécessiter des «mesures disciplinaires», à adopter des comportements qu'on nomme «rebelles», «asociaux», «dérangeants», «pathologiques», «bizarres», «autodestructeurs», «désordonnés», «délinquants», «indisciplinés».

En apprenant à aider efficacement les enfants, parents et enseignants peuvent *prévenir* ces comportements déviants. Malheureusement, la plupart d'entre eux ignorent que leur propre conduite joue un rôle important dans la prévention (ou le déclenchement) des comportements mêmes qu'ils craignent le plus de voir leurs enfants adopter: agressivité, toxicomanie et alcoolisme, échec, abandon scolaire, dépression, grossesse avant le mariage, vol, violence, suicide et ainsi de suite.

Bien des parents — et cela me paraît tragique — ne comprennent pas que les comportements antisociaux et autodestructeurs de leurs enfants ne sont pas programmés dans leurs gènes, pas plus qu'ils ne sont attribuables à la malchance, à la télévision ou à un «déclin du respect envers l'autorité». Ils reflètent plutôt la manière des jeunes d'affronter leurs problèmes irrésolus. Ces comportements traduisent les frustrations des enfants, leur besoin d'appartenir à un groupe et de compter pour les autres. Ce sont les moyens qu'ils emploient pour se venger des blessures et des privations, pour défier leurs dominateurs et attirer l'attention de leurs proches.

Trop de parents, même ceux qui ont de l'instruction, croient que l'échec et les privations sont bons pour leurs enfants tandis que le succès et la satisfaction de leurs besoins les affaibliront ou les gâteront. En fait, il a été maintes fois prouvé que la résolution de ses problèmes et la satisfaction de ses besoins fondamentaux sont à la base d'une attitude saine, coopérative, prévenante, responsable et autodisciplinée. Il va de soi alors que les adultes qui peuvent aider leurs enfants à résoudre leurs problèmes et à satisfaire leurs besoins augmentent nettement leurs chances de voir ces derniers hériter des mêmes qualités. Dans la même veine, les enseignants qui aident leurs élèves réduiront *de beaucoup* les problèmes disciplinaires.

Mais la plupart des adultes n'aident-ils pas les enfants qui ont des problèmes? D'après mon expérience, ce n'est pas le cas. Beaucoup d'entre eux *essaient* de les aider, bien sûr, mais la plupart échouent au point que les enfants perçoivent leurs gestes ou leurs propos comme peu utiles ou carrément nuisibles. La plupart des adultes, sans que ce soit de leur faute, ne passent pas pour être de bons conseillers auprès des enfants, ce qui explique pourquoi tant d'enfants se plaignent du fait que les adultes ne les écoutent ou ne les comprennent pas.

Existe-t-il des méthodes et des aptitudes précises qui ont fait leurs preuves pour aider les autres à résoudre leurs problèmes? Si c'est le cas, peut-on les enseigner aux parents et aux enseignants? À ces deux questions, je réponds sans hésiter: «Oui.» Nous possédons à l'heure actuelle un vaste réservoir de moyens efficaces d'aider les gens à résoudre leurs problèmes. Aujourd'hui on appelle «professionnels aidants» les personnes qui utilisent ces nouvelles connaissances dans l'exercice de leurs fonctions. Ces professionnels travaillent comme conseillers ou thérapeutes dans les organismes de services sociaux, les hôpitaux psychiatriques, les entreprises, ou encore travaillent en pratique privée. Ce sont des psychologues, des psychiatres, des travailleuses sociales, des conseillers religieux, matrimoniaux, familiaux ou personnels, et ainsi de suite. Depuis quelques années, en outre, il a été prouvé que les parents et les enseignants pouvaient apprendre les techniques employées par ces professionnels.

Pour désigner ces nouvelles méthodes, on parle de «capacité d'aider les autres», d'«aptitudes à la consultation» ou d'«habiletés de facilitateur». Les circonstances entourant leur découverte sont intéressantes en soi.

Au début des années quarante, quelques étudiants diplômés en psychologie, dont je faisais partie, stimulés par les cours de counseling donnés par le psychologue Carl Rogers, qui venait d'accepter un nouveau poste à l'université de l'Ohio, décidèrent d'étudier de près les interventions des Conseillers professionnels lors de séances de thérapie. Que faisaient ces derniers derrière les portes closes de leur bureau? Qu'est-ce qui aidait les gens perturbés à régler leurs problèmes? Qu'est-ce qui les en empêchait?

Forts de notre formation scientifique, nous comprîmes d'entrée de jeu qu'il fallait d'abord enregistrer quelques consultations sur bandes magnétiques, ce que nous fîmes à la clinique de psychologie de l'université de l'Ohio. C'était une première dans l'histoire de la psychologie. De prime abord, nous crûmes que l'enregistrement devait se faire à l'insu des clients afin de ne pas les troubler. Mais cela était contraire à notre code de déontologie. Nous décidâmes donc de placer le microphone bien en vue et d'informer les clients que l'enregistrement était nécessaire à des fins de recherche, que tous les passages susceptibles de révéler leur identité seraient supprimés et qu'ils pouvaient refuser d'être enregistrés. Or, non seulement chaque client ou presque accéda à notre demande mais l'enregistrement ne sembla inhiber en aucune façon le déroulement de la consultation.

Les transcriptions dactylographiées de centaines de séances de cinquante minutes chacune fournirent à notre groupe les données de base dont nous avions besoin pour comprendre l'abc du counseling. Ces études, qui se présentaient pour la plupart sous forme de thèses de doctorat, inaugurèrent un nouveau champ de recherche scientifique, soit l'étude du procédé d'aide aux personnes en difficulté et des résultats obtenus. Grâce au soutien créatif et aux conseils de Carl Rogers, notre directeur de recherche, superviseur et source d'inspiration, ces étudiants au doctorat* devinrent des pionniers dans un nouveau domaine qui prit plus tard le nom de «psychothérapie centrée sur la personne».

Les applications de ce nouveau domaine se sont depuis grandement élargies. Alors qu'au départ cela concernait la relation d'aide entre un conseiller *professionnel* et un client en difficulté, ce domaine englobe maintenant le processus d'aide appliqué aux relations entre parents et enfants, enseignants et élèves, patrons et employés, partenaires amoureux, docteurs et patients, infirmières et patients, et ainsi de suite.

---

* Elias Porter, Julius Seeman, Bernard Covner, Elizabeth Sheerer, Dorothy Stock, William Snyder, Virginia Axline, Victor Raimy, Nathaniel Raskin, Nicholas Hobbs, Donald Grummon, Arthur Combs, George Muench, Thomas Gordon.

Nous avons découvert que les aptitudes dont se servent les conseillers pour aider leurs patients à résoudre leurs problèmes peuvent aussi contribuer à résoudre les problèmes qui surviennent dans toutes ces relations importantes. Cette découverte entraîna finalement la mise au point de nouveaux programmes destinés aux non-professionnels. Dans mes propres cours, les moniteurs ont formé près d'un million de parents, d'enseignants, d'administrateurs scolaires, d'infirmières, de travailleurs sociaux, de médecins, de dentistes et de cadres. Il existe en outre d'autres programmes de formation similaire dont certaines recherches ont démontré l'efficacité*.

Dans le présent chapitre, je décrirai et illustrerai ces aptitudes d'aide fondamentales, mais il importe en premier lieu de comprendre le processus de résolution de problème lui-même, soit les étapes que franchissent les gens qui règlent avec succès les problèmes de la vie courante.

Aider les enfants à employer le procédé de résolution de problèmes

Lorsque les gens réussissent à régler un problème relié à un besoin insatisfait, c'est qu'ils ont eu recours à un certain procédé, de façon consciente ou non. Ce procédé est le même que le procédé en six étapes décrit au chapitre précédent et que l'on peut résumer ainsi:

Première étape: Identifier et définir le problème
Deuxième étape: Énumérer des solutions possibles
Troisième étape: Évaluer les solutions
Quatrième étape: Prendre une décision
Cinquième étape: Appliquer la décision
Sixième étape: Évaluer les résultats de la décision

À notre avis, il est très utile que parents et enseignants gardent ces étapes en mémoire lorsqu'ils cherchent à aider un enfant en difficulté. Bien sûr, l'adulte ne fait qu'aider l'enfant à résoudre son problème et c'est celui-ci qui franchit les étapes et non l'adulte. Toutefois, il est plus

* La Formation aux relations humaines (Gerald Egan); la Formation à l'impact multiple (George Gazda); le Perfectionnement des relations (Bernard Guerney); le Rappel des processus interpersonnels (Norman Kagan); le Modèle de développement des ressources humaines (Robert Carkhuff); les bandes Shasha (Gerald Goodman); le Focusing (Eugene Gendin); la Formation aux aptitudes sociales (Luciano L'Abate).

compliqué d'aider les tout-petits, les ressources et la communication verbale étant plutôt limitées.

Avec les nourrissons et les bambins qui ne parlent pas encore, l'adulte doit faire plus que *faciliter* le processus puisque les tout petits ne peuvent pas toujours cerner le problème (première étape), ni connaître les solutions de rechange (deuxième étape), ne possèdent pas toujours l'expérience nécessaire pour évaluer les solutions possibles (troisième étape) et en conséquence, ils sont inaptes à choisir la meilleure solution (quatrième étape). Néanmoins, ils ont un rôle important à jouer en ce qu'ils fournissent des indices non verbaux à l'adulte.

En général, les adultes doivent participer activement au procédé de résolution de problème parce que les nourrissons et les bambins dépendent presque entièrement d'eux pour satisfaire un grand nombre de leurs besoins. À mesure qu'ils grandissent, les enfants sont davantage capables de faire le travail par eux-mêmes, soit de cerner leur problème, de trouver des solutions et de les évaluer, et de choisir la meilleure. L'incident ci-dessous, rapporté par un enseignant à l'élémentaire, illustre bien ce phénomène:

> ÉLÈVE: J'ai oublié mes livres de maths à la maison.
> ENSEIGNANT: Mmm, je vois que tu as un problème.
> ÉLÈVE: Ouais, j'ai besoin de mon manuel et du travail que j'étais en train de faire.
> ENSEIGNANT: Je me demande quelles sont les solutions qui s'offrent à nous.
> ÉLÈVE: Je pourrais téléphoner à ma mère pour lui demander de me les apporter, mais il lui arrive de ne pas entendre le téléphone sonner.
> ENSEIGNANT: Ça pourrait bien ne pas marcher, hein?
> ÉLÈVE: Je pourrais prendre le manuel à la bibliothèque et commencer une nouvelle page puisque je sais à quel endroit j'étais rendu.
> ENSEIGNANT: On dirait que ton problème est résolu.
> ÉLÈVE: Oui.

Les adultes qui veulent aider les enfants doivent autant que possible les laisser régler leurs problèmes seuls afin qu'ils se libèrent le plus possible de leur dépendance vis-à-vis d'eux. Or cela crée souvent un dilemme pour les parents et les enseignants, qui ne veulent pas trop s'immiscer, afin de ne pas maintenir l'enfant dans la dépendance, tout en craignant de ne pas les aider assez. La meilleure attitude consiste sans doute à laisser faire l'enfant jusqu'à ce que vous soyez à peu près certain qu'il est incapable de résoudre son problème sans votre aide. Tout le monde sait que les enfants, même ceux du même âge, présentent différents degrés de dépendance et différentes aptitudes à résoudre leurs problèmes.

Les adultes peuvent parfois aider les enfants plus âgés en les guidant ou en les «dirigeant» avec sensibilité à travers les six étapes du procédé. On doit veiller à ne pas pousser l'enfant. En fait, celui-ci *peut* franchir les six étapes sans aucune aide de la part de l'adulte. S'il en a besoin, soyez attentifs aux indices qu'il donne lorsqu'il est prêt à passer à l'étape suivante. Voici ce que l'adulte peut dire lorsqu'il pense que l'enfant est prêt à franchir une étape:

De l'étape 1 à l'étape 2:	«As-tu l'impression de comprendre suffisamment la nature de ton problème pour commencer à envisager des solutions?» «Es-tu prêt à penser aux façons de résoudre ton problème?»
De l'étape 2 à l'étape 3:	«As-tu vraiment pensé à toutes les solutions possibles?» «Penses-tu avoir assez de solutions pour pouvoir commencer à les évaluer?»
De l'étape 3 à l'étape 4:	«On dirait que tu connais la meilleure solution.» «As-tu arrêté ton choix sur l'une des solutions possibles?»
De l'étape 4 à l'étape 5:	«Maintenant que tu as décidé quelle était la meilleure solution, que te faut-il pour l'appliquer?» «Es-tu prêt à décider qui fait quoi et quand?»
De l'étape 5 à l'étape 6:	«Peut-être peux-tu songer à une façon de déterminer si ta solution est vraiment la bonne.»

> «Il serait peut-être bon que tu choisisses tout de suite le moment où tu évalueras les résultats de ta décision.»

Il est clair qu'à titre de guide, l'adulte ne s'immisce pas dans le contenu du problème mais se contente simplement d'aider le jeune à identifier les étapes qui l'aideront à résoudre son problème. N'en endossez pas la responsabilité en le résolvant vous-même car vous maintiendriez ainsi l'enfant dans la dépendance et le priveriez d'une occasion d'apprendre à régler efficacement ses problèmes.

De nombreux parents qui ont suivi le cours *Parents efficaces* nous ont écrit pour nous raconter des incidents illustrant les efforts qu'ils ont déployés pour aider leurs enfants à régler leurs problèmes. Certains nous ont avoué leur étonnement devant l'ingéniosité que manifestaient leurs enfants lorsqu'on leur laissait la chance (et l'entière responsabilité) de résoudre leurs problèmes seuls et à leur manière. Une mère, étudiante diplômée de psychologie qui avait suivi le cours *Parents efficaces* alors que sa fille Alice avait deux ans, nous raconte l'incident cidessous (Alice a maintenant dix ans):

> Alice est une enfant plutôt sage en classe, mais son professeur a manifesté l'intention de modifier la répartition des élèves à cause d'un groupe de garçons qui sèment la pagaille... L'autre jour elle est rentrée en pleurs à la maison. Un torrent de larmes qui a duré un quart d'heure. «Ce n'est pas chic»; «Je déteste mon prof»; «Il est méchant»; «Il n'écoute personne»... Tout cela parce qu'il l'avait changée de place encore une fois, et elle en était très perturbée. Elle avait essayé de lui parler mais il avait refusé de l'écouter. Après qu'elle eut vidé toute sa colère, elle s'est calmée. Je lui ai dit: «S'il n'écoute pas, comment pourrais-tu attirer son attention?» Elle a répondu: «Tiens! Je pourrais lui écrire un mot.» Elle a donc écrit ce mot, en ajoutant qu'elle était très fâchée, que ce n'était pas très chic d'agir ainsi envers quelqu'un qui était sage et qu'elle souhaitait être libre de choisir sa place. Elle ajouta qu'elle était consciente qu'il était difficile pour son professeur d'écouter chacun avec autant d'élèves dans sa classe. Elle a emporté son mot et, ma foi, le professeur l'a lu, et il l'a laissée choisir sa place! Je n'arrivais pas à le croire.

L'échange ci-dessous illustre comment un autre parent participa activement à la deuxième étape avant de se retirer pour laisser son fils franchir seul les étapes 3, 4 et 5:

BERNARD: Maman, que se passerait-il si quelqu'un, en jouant dans la cour d'un voisin, décrochait la corde à linge?

LA MÈRE: Tu as l'air soucieux, Bernard.

BERNARD: Oui, je ne connais pas ces personnes, je me suis juste sauvé.

LA MÈRE: Tu es inquiet parce que tu as pris la fuite?

BERNARD: Non, j'ai peur! Qu'est-ce qu'ils peuvent me faire?

LA MÈRE: Tu as peur de ce qu'ils pourraient te faire pour avoir cassé leur corde à linge.

BERNARD: Pas rien que moi, Alain aussi était là et nous étions en train de jouer avec les fils juste à côté de chez Jean-Marc, et ils se sont cassés, alors nous nous sommes enfuis, et maintenant j'ai peur qu'ils découvrent qu'elle s'est cassée...

LA MÈRE: C'est vrai que tu as l'air très embêté.

BERNARD: Oui, maman, que dois-je faire?

LA MÈRE: Tu aimerais bien que je te dise ce qu'il faut faire.

BERNARD: Oh! je sais bien que tu ne veux pas, c'est mon problème. Mais maman, si tu étais moi, que ferais-tu?

LA MÈRE: Ah! Si j'étais toi... Je pense que j'aurais le choix. Je pourrais oublier tout simplement que c'est arrivé et, comme tu ne les connais pas, ils ne découvriront probablement jamais qui a fait ça. Ou je pourrais demander à papa de m'aider à réparer la corde. Ou je pourrais aller leur dire que j'ai cassé leur corde à linge et que je serais heureux d'essayer de la réparer. Ou je pourrais demander à Alain de m'aider à la réparer. Il y a beaucoup de choses que je pourrais faire, je crois, mais comme ça, à chaud, Bernard, je ne sais vraiment pas ce que je choisirais.

BERNARD: Oh! [Silence]

Bernard s'est alors installé devant la télé. J'ai supposé qu'il allait simplement oublier toute cette histoire. Un bout de temps a passé, puis il s'est levé et est sorti. Un quart

> d'heure plus tard il se ruait dans la maison, très excité: «Eh! maman, j'avais décidé d'aller dire à ces gens que j'avais brisé leur corde à linge, que j'étais désolé et que j'allais essayer de la réparer. Eh! bien le monsieur a été très gentil, il a dit: «Oh! ce truc tombe toujours, ne t'en fais pas pour ça, mais merci de m'avoir averti.» N'est-ce pas qu'il est gentil, maman?»

La maman ajouta un commentaire:

> Quand Pierre, mon mari, est rentré, Bernard était si content de lui qu'il lui a raconté toute l'histoire. Ce fut un moment très exaltant pour Bernard. Il était si fier de lui, et nous l'étions aussi... Il était capable de prendre une décision de son propre chef, et une décision qu'on ne lui avait pas imposée.

Parents et enseignants ne voient pas toujours l'enfant franchir toutes les étapes de la résolution de son problème. Il arrive souvent qu'un enfant exprime ses sentiments et définisse son problème (étape 1), puis s'arrête là, comme s'il avait simplement besoin de se confier et de reconnaître son problème. La maman de Jean-Pierre, âgé de deux ans, décrit une scène analogue:

> Il pleurait toujours beaucoup quand il avait mal. À la garderie, il a eu pour copains des enfants qui avaient coutume d'arriver en disant: «J'ai fait bobo, j'ai fait bobo!» en criant et en pleurant pour qu'on les console. L'autre jour il est arrivé avec ses «fait bobo» — ce n'était rien du tout — et j'ai dit: «Oh! on dirait que tu t'es fait vraiment mal.» Et hop, il est reparti! Juste ça. Et depuis, j'utilise ce stratagème. Quelque chose doit se passer dans la tête de l'enfant quand il sent: «On m'a entendu», mais quoi? Puisque nous ne pouvons pas voir dans sa tête, nous ne pouvons qu'émettre des hypothèses.

Cette mère reconnaît qu'à l'occasion l'enfant a seulement besoin d'être accepté comme une personne à part entière, une personne qui a mal ou peur, qui est déçue, triste ou seule. Souvent, les enfants ont seulement besoin d'être reconnus ou approuvés par quelqu'un d'autre, qu'ils fassent quelque chose de satisfaisant: «Regarde, maman, sans les mains!» ou «Eh! papa, je me tiens en équilibre sur la tête!» ou qu'ils aient un problème: «J'ai peur du tonnerre» ou «Je me suis écorché le genou».

Le langage de la non-acceptation

La croyance populaire veut que si l'on *accepte* vraiment un enfant, il ne changera pas. De plus, on reconnaît d'une manière quasi universelle que pour aider les enfants à s'améliorer, il faut souligner leurs défauts ou leurs traits inacceptables. C'est pourquoi la plupart des adultes émettent presque uniquement des messages «de correction»: ils jugent, critiquent, prêchent, font la morale, admonestent, insultent, blâment, font des sermons, menacent, commandent et dirigent, toutes ces attitudes reflétant leur *non-acceptation* de l'enfant. Les autres gardiens de nos enfants parlent, eux aussi, ce même langage.

Depuis quelques années, cette conviction profondément enracinée a été sérieusement ébranlée par les recherches et les expériences menées par des professionnels aidants. Nous possédons de multiples preuves voulant que la condition *essentielle* pour aider les autres à changer est de les accepter comme ils sont. Intéressante contradiction, n'est-ce pas?

Dans nos cours *Parents efficaces* et *Enseignants efficaces,* nous nous rendons compte que la plupart des parents et des enseignants ne sont pas conscients du fait que leurs rapports avec les enfants sont souvent marqués au signe de la non-acceptation et du désir de les changer. Même les adultes qui se *pensent* acceptants sont étonnés de découvrir la fréquence de leurs jugements et de leurs critiques. Nous utilisons un exercice tout à fait simple pour les convaincre qu'ils parlent le «langage de la non-acceptation» aux enfants.

Dans cet exercice, le moniteur joue successivement le rôle de plusieurs enfants aux prises avec un problème. On demande aux participants d'écrire, mot pour mot, leur réponse à chacun de ces enfants. Leurs réponses sont ensuite rassemblées et analysées. Au cours des années, nous avons découvert que plus de quatre-vingt-dix pour cent de ces réponses se situent dans l'une ou plusieurs des douze catégories que nous avons appelées les «douze obstacles à la communication» parce qu'elles reflètent la non-acceptation de l'enfant et bloquent toute communication ultérieure avec lui.

Quelle serait *votre* réponse à cet adolescent de quatorze ans qui explique les problèmes que ses études lui causent:

«Je n'arrive pas à m'attaquer à mes devoirs. Je déteste ça. Et je déteste l'école. C'est la barbe. On ne vous apprend rien d'important pour la vie — juste un paquet de camelote. Quand je serai assez grand, je quitterai l'école. Il n'est pas nécessaire d'être allé à l'école pour réussir sur cette terre.»

Voici quelques-unes des réponses types formulées par les parents dans le cadre de cet exercice. Nous avons inscrit à droite l'obstacle correspondant à la réponse (et à d'autres réponses semblables):

Réponse	*Obstacle*
Pas question qu'un de mes enfants quitte l'école. Je ne le permettrai pas.	ORDONNER, COMMANDER, EXIGER.
Si tu quittes l'école, je te coupe les vivres.	MENACER, METTRE EN GARDE.
Apprendre, c'est l'expérience la plus enrichissante qui soit.	FAIRE LA MORALE, PRÊCHER.
Pourquoi ne fais-tu pas un plan de travail pour tes devoirs?	CONSEILLER, DONNER DES SOLUTIONS.
Un diplômé de l'université gagne près de la moitié plus qu'un diplômé de l'école secondaire.	ARGUMENTER, DONNER DES FAITS, RENSEIGNER.
Tu ne vois pas plus loin que le bout de ton nez et ce que tu viens de dire montre ton manque de maturité!	JUGER, CRITIQUER, BLÂMER.
Tu as toujours été un bon élève plein de possibilités...	COMPLIMENTER, PASSER DE LA POMMADE.
Tu parles comme un hippy...	STÉRÉOTYPER, RIDICULISER.
Tu n'aimes pas l'école parce que tu dois faire des efforts.	INTERPRÉTER, ANALYSER.
Je sais ce que tu ressens, mais tu aimeras mieux l'école en dernière année.	RASSURER, CONSOLER.
Que feras-tu sans éducation? Comment gagneras-tu ta vie?	ENQUÊTER, QUESTIONNER.
Pas de problème, à table! Comment marche le basket-ball en ce moment?	ESQUIVER, DISTRAIRE, FAIRE DIVERSION.

Ces douze obstacles risquent fortement de provoquer une ou plusieurs des réactions ci-dessous. L'enfant:

- se tait
- adopte une attitude défensive
- résiste et contre-attaque
- se sent incompétent ou inférieur
- éprouve du ressentiment, de la colère
- se sent coupable ou méchant
- ne se sent pas accepté tel qu'il est
- a l'impression qu'on essaie de le changer
- sent qu'on ne lui fait pas confiance pour résoudre ses problèmes
- a l'impression qu'on prend en charge son problème
- se sent incompris
- a l'impression qu'il a tort de ressentir ces émotions
- se sent interrompu, non écouté
- se sent frustré
- se sent comme un témoin qu'on interroge pendant un procès
- a l'impression qu'on ne s'intéresse pas à son problème, qu'on veut se débarrasser de lui

J'ai découvert que les adultes, à quelques exceptions près, emploient un ou plusieurs obstacles à la communication avec les enfants qui exposent leur problème. Certains endossent plutôt le rôle du «conseiller», alors que d'autres se font «juges», «prêcheurs», «consolateurs», «moralisateurs», et ainsi de suite. Dans quelle catégorie vous classez-vous?

Des parents nous ont communiqué leurs expériences du temps où ils employaient les obstacles avec leurs enfants:

> Quand Thomas a commencé à aller à la maternelle, il rentrait à la maison sans souffler mot de ce qui s'était passé le matin. Je lui posais des questions directes; il ne voulait pas répondre... Alors j'ai commencé à remarquer qu'il répondait rarement à toute question directe. C'est très frustrant pour une maman institutrice d'avoir un enfant qui ne veut pas parler quand on l'interroge... J'ai découvert très vite que mon habitude de questionner Thomas directement le mettait dans une position très vulnérable. Il

> avait horreur d'avoir tort. Aussi, plutôt que de répondre de travers à une question, il préférait ne pas répondre du tout. Une semaine durant je me suis écoutée, et j'ai entendu le son strident de ma voix. Ce fut une profonde révélation. La stricte objectivité, l'attitude de juge impartial qui marchait si bien dans ma classe bloquait mon petit enfant de cinq ans. Sa seule défense, c'était le silence. Alors, petit à petit, j'ai découvert que je pouvais obtenir des réponses en adoptant des manières plus douces. Si j'étais patiente, si j'écoutais attentivement, il m'arrivait de l'entendre raconter quelque chose sur sa journée d'école... Petit à petit, il a commencé à s'ouvrir et m'a laissée entr'apercevoir son moi intérieur.

Lorsque les enfants disent: «Mes parents ne m'écoutent pas» ou «Les professeurs n'essaient pas de comprendre les enfants» ou «Je ne peux jamais discuter d'un problème avec mes parents», cela indique à coup sûr que ces gens, comme la plupart des adultes, ont l'habitude d'employer quelques-uns des douze obstacles avec les enfants. Plusieurs études menées par David Aspy et Flora Roebuck en 1983 démontrent l'emploi abusif du langage de la non-acceptation chez les enseignants. Voici leurs principales découvertes:

- Le niveau moyen d'empathie, de compréhension, d'authenticité et de respect témoigné par les enseignants à leurs élèves équivaut à peu près à celui du grand public.
- Le niveau moyen de compétence des enseignants et des administrateurs se trouve *en deçà du seuil d'efficacité minimal de 3,0* sur les échelles de mesure des chercheurs, en ce qui touche l'empathie, l'authenticité et le respect des élèves.

Les chercheurs concluent que la plupart des enseignants et des directeurs d'école sont peu aptes à aider les enfants.

L'acceptation: l'attitude aidante fondamentale

Comme je l'ai déjà mentionné, accepter une personne telle qu'elle est constitue la *seule* façon d'amener cette personne à changer, de l'aider à résoudre ses problèmes, à se fortifier psychologiquement ou à augmenter sa capacité d'apprendre. C'est là un des magnifiques paradoxes de l'existence: à partir du moment où une personne sait que quelqu'un l'accepte telle qu'elle est, elle se sent libérée, et disposée à penser à ce qu'elle souhaite devenir et à développer toutes ses potentialités.

L'acceptation est comme un sol fertile qui permet à la minuscule graine de produire la magnifique fleur qu'elle renferme en puissance; l'acceptation permet simplement à une personne de réaliser son potentiel.

La plus grande récompense que j'aie reçue au cours de ma carrière a été de découvrir que l'on peut enseigner aux parents et aux enseignants comment faire sentir aux enfants qu'ils les acceptent sincèrement. Lorsque les adultes apprennent à montrer cette acceptation, ils se retrouvent en possession d'un outil remarquable pour aider les enfants à résoudre par eux-mêmes les inévitables problèmes de la vie.

Évidemment, on ne peut pas se contenter d'accepter les autres ou d'éviter les obstacles à la communication. L'autre personne doit *sentir* que vous l'acceptez, c'est-à-dire que vous devez le *prouver*, *transmettre* ce sentiment d'une manière active et l'*exprimer* clairement. Je vous expliquerai comment faire cela dans les prochaines pages.

Comment démontrer son acceptation

Il existe trois façons principales de montrer qu'on accepte les autres. Les deux premières vous paraîtront sans doute familières, mais non la troisième: 1. la non-intervention; 2. l'écoute passive et attentive et 3. l'écoute active.

La non-intervention

Les adultes peuvent se montrer acceptants en ne s'immisçant pas dans les activités de l'enfant, ce qui lui indique que son comportement est acceptable puisqu'il ne reçoit aucun message de désapprobation. Trop souvent, toutefois, les adultes ont de la difficulté à rester à l'écart. Imaginez qu'un enfant essaie de construire un château de sable à la plage. Avec les meilleures intentions du monde, les parents lui disent: «Fais ton château loin de l'eau»; «Tu dois mouiller davantage le sable»; «Ne le mouille pas trop»; «Il faut presser le sable davantage»; «Est-ce qu'il ne manque pas un mât à ton château?»; «Ton château va tomber»;

«Laisse-moi t'aider». L'enfant a l'impression qu'il n'est pas assez bon pour «concevoir» son propre projet. Par contre, le silence des parents véhicule un message d'acceptation. L'enfant sent que ce qu'il fait est bien, que son père accepte qu'il édifie son château à sa manière et qu'il résolve ses difficultés en trouvant ses propres solutions.

L'écoute passive et attentive

Une autre façon de montrer à l'enfant qu'on l'accepte consiste à demeurer silencieux mais attentif pendant qu'il exprime ses sentiments ou expose son problème. On se montre attentif en adoptant certaines positions et en maintenant un contact visuel. Voici un dialogue qui illustre cette méthode:

ENFANT: On m'a envoyée chez le directeur aujourd'hui.

PARENT: Ah! oui?

ENFANT: Oui. Parce que je bavardais pendant le cours.

PARENT: Je vois.

ENFANT: Je ne peux pas sentir ce vieux fossile. Il reste là assis à parler de ses problèmes ou de ses petits-enfants et il s'attend à ce que nous soyons captivés. C'est la barbe, tu ne ne peux pas savoir.

PARENT: Mm...mm.

ENFANT: On ne peut pas rester assis là à ne rien faire! On devient fou. Jeannette et moi nous racontons des blagues pendant qu'il parle. C'est le pire professeur que tu peux imaginer. Cela me rend furieuse quand j'ai un professeur nul.

PARENT: [Silence]

ENFANT: Je suppose que je ferais mieux de m'y habituer parce que je n'aurai pas toujours de bons professeurs. Les profs nuls sont plus nombreux que les bons et si je les laisse me démoraliser, je n'aurai pas les notes qu'il faut pour être admise dans une bonne université. J'imagine que c'est à moi que je fais du tort.

Sa mère observant un silence attentif, l'enfant a pu dépasser le simple fait qu'elle avait été envoyée chez le directeur. Elle s'est sentie suffisamment en confiance pour avouer la raison de sa punition, exprimer sa colère, affronter les conséquences de sa négativité face aux professeurs moches et enfin conclure qu'elle se faisait du tort à elle-même.

Comparez cette attitude avec les réponses typiques de certains parents:

> «Quoi? Oh non! Tu n'as pas encore été prise à jacasser!»
> «Tu as eu ce que tu méritais, ma fille.»
> «Depuis quand t'y connais-tu en pédagogie?»
> «Chérie, tu dois apprendre à accepter le bon et le mauvais.»

Comme vous l'imaginez, ces remarques auraient probablement bloqué net la communication entre la mère et la fille, empêchant celle-ci de résoudre son problème d'une manière constructive.

L'écoute active

Bien que l'écoute passive puisse aider l'enfant et lui faire sentir qu'il est accepté, elle ne lui prouve pas qu'il a été bien *compris*. Il existe toutefois une merveilleuse façon de faire cela. Dans le cadre de nos programmes, nous consacrons beaucoup de temps à l'enseignement de ce que nous appelons l'*écoute active,* une méthode d'abord employée en thérapie centrée sur le client et qu'on appelle parfois «reflet des sentiments». En vertu de cette méthode, le récepteur ne demeure pas silencieux mais s'engage dans une forme particulière d'échange avec l'émetteur. En premier lieu, il cherche exclusivement à *comprendre le message* de l'émetteur et sa signification. Puis, il *reflète dans ses propres mots* le message de l'émetteur afin de vérifier s'il l'a bien compris. Grâce à cette simple méthode de reflet, le récepteur peut prouver d'une manière positive à l'émetteur qu'il l'a bien compris. *Les gens qui ne se sentent pas compris se sentent rarement acceptés.*

Les schémas ci-dessous illustrent cette technique. *Notez que:* tout ce que je dirai à partir de maintenant sur la communication entre un enfant et un parent s'applique à la communication entre n'importe quelles personnes.

Quand un enfant émet un message à un parent, c'est presque invariablement parce qu'un de ses besoins n'est pas satisfait. L'enfant se sent mal; il s'ennuie; il est bouleversé, effrayé; il a faim ou froid. On peut dire que l'enfant est dans un état de *déséquilibre.* Ainsi, un enfant a peur du sang. Sa peur est un processus psychologique complexe qui se déroule à l'intérieur de lui. Pour communiquer sa peur à son père, l'enfant doit d'abord choisir un code ou un symbole qui représentera ce qui se passe en lui. C'est ce qu'on appelle le *codage.* C'est le code et non la peur que l'enfant communique à son père.

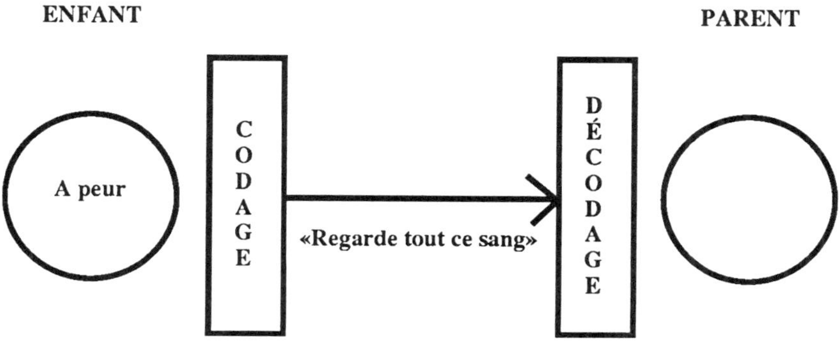

En recevant le code, le père doit le décoder afin de comprendre ce qui se passe chez l'enfant. Le *décodage* permet au parent de deviner ou de déduire ce qui se passe. Dans le cas présent, le père devine juste lorsqu'il sent que l'enfant a peur. Toutefois, il ne peut pas être certain que c'est bien la peur qui tenaille l'enfant. Pour vérifier l'efficacité de son décodage, le père reflète ce qu'il croit avoir entendu. *Il n'émet pas un nouveau message de son cru, mais reformule et reflète le message de l'enfant, tel qu'illustré dans le dessin ci-dessus.*

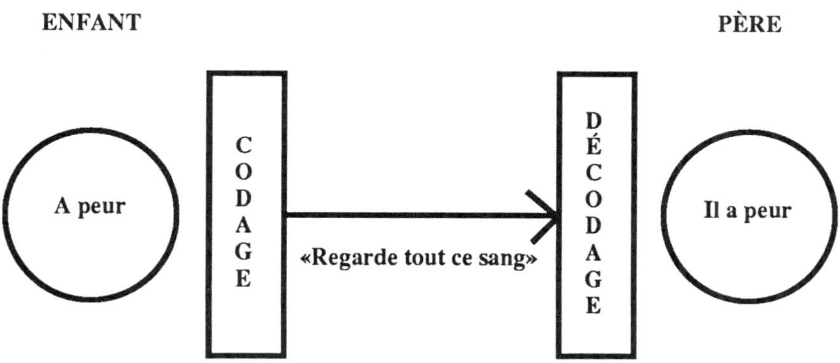

Ce processus, essentiel à ce que nous appelons l'écoute active, joue deux rôles: 1. il permet à l'enfant de s'assurer qu'il a été bien compris et

2. grâce à la réponse de l'enfant à son message de reflet, le père peut voir s'il a bien compris son message.

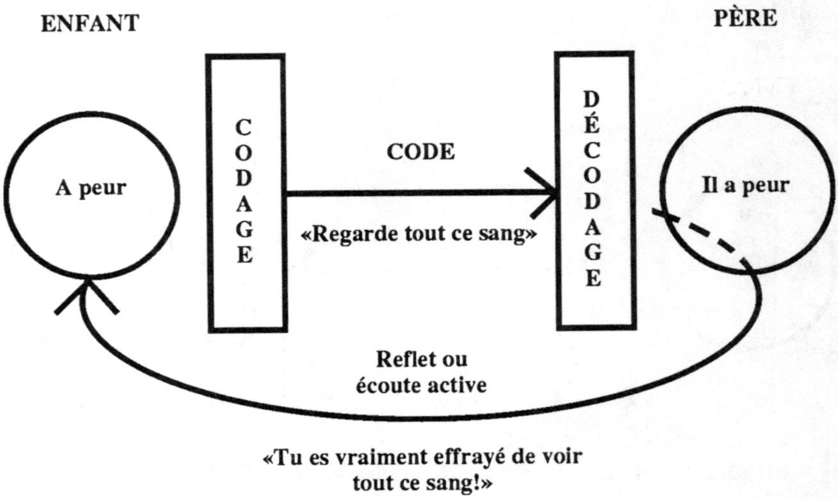

Dans ce cas, l'enfant peut répondre en disant: «J'ai peur» ou «Ouais» ou «C'est ça». Si le père n'a pas compris, l'enfant peut dire «Non», «Pas exactement» ou «Tu n'as pas compris».

Remarquez comment, dans l'échange ci-dessous, Cécile confirme sans cesse les messages de reflet de son père par un «Oui» ou se contente d'émettre un nouveau message:

CÉCILE: J'aimerais bien avoir un rhume de temps en temps comme Josette. Elle en a de la chance!

LE PÈRE: Tu te sens privée de quelque chose.

CÉCILE: Oui. Elle peut s'absenter de l'école et moi, ça ne m'arrive jamais.

LE PÈRE: Tu aimerais pouvoir t'absenter de l'école plus souvent.

CÉCILE: Oui. Je n'aime pas aller à l'école tous les jours, jour après jour après jour. Je finis par en avoir marre.

LE PÈRE: Tu en as vraiment marre parfois d'aller à l'école.

CÉCILE: Parfois je déteste cela, tout simplement.

LE PÈRE: Non seulement tu en as marre, mais parfois tu détestes vraiment l'école.

CÉCILE: C'est exact. Je déteste les devoirs, je déteste les cours, je déteste les profs.

LE PÈRE: Tu détestes tout ce qui touche l'école.

CÉCILE: Je ne déteste pas vraiment tous les profs, seulement deux d'entre eux. Il y en a une en particulier que je ne peux pas supporter, c'est la pire.

LE PÈRE: Tu en détestes une en particulier, hein?

CÉCILE: Et comment! C'est cette madame Bisson. Elle me fait horreur! Et je l'ai toute l'année, en plus,

LE PÈRE: Tu es prise avec elle pour une longue période.

CÉCILE: Oui. Je ne sais pas comment je vais le supporter. Tu sais ce qu'elle fait? Chaque jour, elle nous fait un long discours. Elle se tient là en souriant comme ceci [l'imite] et nous explique comment un élève responsable est censé se comporter, puis elle fait la liste de tout ce qu'il faut faire pour obtenir un «A». Ça me rend malade!

LE PÈRE: Tu détestes vraiment entendre parler de tous ces trucs.

CÉCILE: Oui. D'après ce qu'elle dit, cela semble impossible d'avoir un «A» à moins d'être une sorte de génie ou le chouchou du prof.

LE PÈRE: Tu te sens vaincue avant même de commencer parce que tu ne crois pas pouvoir obtenir un «A».

CÉCILE: Oui. Je n'ai pas l'intention de devenir l'un de ces chouchous du prof. Les autres jeunes les détestent et je ne suis déjà pas très populaire. Il n'y a pas beaucoup de filles qui m'aiment. [Pleure]

LE PÈRE: Tu ne te sens pas populaire et cela te bouleverse.

CÉCILE: Oui. Il y a un groupe de filles qui sont les meilleures dans l'école. Elles sont les plus populaires. J'aimerais bien faire partie de leur groupe mais je ne sais pas comment faire.

LE PÈRE: Tu aimerais vraiment appartenir à ce groupe, mais cela t'embête de ne pas savoir comment y parvenir.

CÉCILE: C'est ça. Je ne sais vraiment pas comment les filles entrent dans ce groupe. Ce ne sont pas les plus belles, pas toutes; ni celles qui réussissent le mieux. Certaines d'entre elles ont de bonnes notes, mais la plupart ont des notes inférieures aux miennes. Je suis embêtée.

LE PÈRE: Tu es perplexe car tu ne sais pas ce que ça prend pour entrer dans ce groupe.

CÉCILE: Eh bien! il y a une chose, c'est qu'elles sont toutes très amicales: elles parlent beaucoup et, tu sais, elles se font des amis. Elles saluent les premières et parlent avec une véritable aisance. Je suis incapable de faire cela. Ce n'est pas mon style.

LE PÈRE: Tu penses que c'est peut-être ça qu'elles ont et que tu n'as pas.

CÉCILE: Je sais que j'ai de la difficulté à parler. Je peux parler facilement avec une fille, mais quand je me retrouve au milieu de toute une poignée de filles, je me tais tout simplement. Je ne sais pas quoi dire.

LE PÈRE: Tu te sens à l'aise avec une fille, mais ce n'est pas la même chose avec toute une bande.

CÉCILE: J'ai toujours peur de dire quelque chose d'idiot ou de mal ou quelque chose du genre. Alors, je reste là et je me sens délaissée. C'est affreux!

LE PÈRE: Tu as l'air de détester ce sentiment.

CÉCILE: Je déteste rester là à ne rien dire, mais j'ai peur d'essayer d'entrer dans la conversation.

Voyez-vous la tendance qui se dessine à mesure que Cécile creuse son sentiment, redéfinit son problème, découvre des choses sur elle-même et commence à résoudre son problème? Avez-vous remarqué aussi que son père, tel un bon conseiller, met de côté ses opinions et ses sentiments? Vous verrez que l'écoute active exige cette attitude, parce que toute l'attention est requise pour écouter attentivement et décoder avec précision le message de l'autre avant de le refléter. Remarquez, aussi, que les réponses du père commencent généralement par «tu», ce qui indique qu'il se concentre sur les pensées et sentiments de *Cécile* et non sur *les siens* (qui prendraient la forme de messages «je»).

Voici un second exemple d'écoute active et de ses conséquences, dans cet échange entre un enseignant et son élève:

ÉLÈVE: Allons-nous subir un examen bientôt?

ENSEIGNANT: Tu t'inquiètes d'avoir à subir un examen bientôt?

ÉLÈVE: Non, ce n'est pas vraiment cela, seulement je ne sais pas quelle sorte d'examen vous allez nous donner et je crains que ce ne soit un essai à composer.

ENSEIGNANT: Je vois. Ce qui t'inquiète, c'est le genre d'examen que nous allons avoir.

ÉLÈVE: Oui, c'est ça. Et je ne réussis jamais bien lorsqu'il s'agit de rédiger un essai.

ENSEIGNANT: Je vois. Tu te sens beaucoup plus à l'aise lorsque je donne des examens du type objectif.

ÉLÈVE: Ouais. Je bâcle toujours les essais.

ENSEIGNANT: Ce sera une série de questions à choix multiples.

ÉLÈVE: Quel soulagement pour moi! Je m'inquiète beaucoup moins maintenant.

Dans cet exemple, le premier message de reflet formulé par l'enseignant n'est pas précis, de sorte que l'élève sent la nécessité de réaffirmer ou de recoder son message jusqu'à ce qu'il soit bien compris.

Je n'insisterai jamais assez sur le fait que sans les attitudes ou les intentions appropriées, l'écoute active peut paraître mécanique et fausse. Cette technique doit être vue simplement comme un véhicule, néanmoins ingénieux, qui sert à communiquer un message d'acceptation: «Je comprends vraiment ce que tu ressens et j'accepte que tu ressentes ou penses cela.» Pour que ce message soit bien compris, les conditions ci-dessous doivent être réunies:

1. Vous devez vouloir entendre ce que l'enfant a à dire. Cela signifie que vous être prêts à prendre le temps d'écouter. Si vous n'avez pas le temps, vous n'avez qu'à le dire.

2. Vous devez vouloir sincèrement aider l'enfant, à ce moment-là, à régler son problème précis. Si ce n'est pas le cas, quelle qu'en soit la raison, soyez honnêtes et dites-le-lui.

3. Vous devez sincèrement accepter ses sentiments, peu importe qu'ils soient différents des vôtres ou de ceux que vous pensez qu'un enfant devrait avoir. Vous ne devez pas vouloir changer l'enfant.

4. Vous devez avoir une profonde confiance dans la capacité de l'enfant à affronter ses sentiments, à les débroussailler et à trouver des solutions à ses problèmes. C'est à force de voir les progrès de votre enfant que vous acquerrez cette confiance.

5. Vous devez comprendre que les sentiments sont passagers. La haine se transforme en amour, le découragement cède parfois rapidement la place à l'espoir. En conséquence, n'ayez pas peur des sentiments exprimés par votre enfant; ils ne resteront pas ancrés de façon permanente en lui. L'écoute active vous le prouvera.

6. Vous devez voir votre enfant comme un être distinct, une personne unique qui n'est plus «reliée» à vous, un individu possédant sa propre vie et sa propre identité. C'est seulement lorsque vous aurez compris cela que vous pourrez l'aider. Vous devez être à ses côtés lorsqu'il affronte ses problèmes, mais non en prendre la responsabilité à sa place.

7. Vous devez vouloir comprendre avec empathie ce que l'enfant ressent. Mettez-vous temporairement à sa place et voyez le monde à sa façon en mettant de côté votre propre vision des choses. Cette qualité fait de l'écoute active le meilleur outil qui soit pour montrer à l'autre qu'on le comprend et qu'on se met à sa place.

8. Vous devez être disposés à courir le risque de voir vos opinions, vos attitudes ou vos valeurs modifiées par ce que vous entendrez. Lorsqu'on comprend vraiment une autre personne, on est parfois obligé de réévaluer sa propre expérience. Une personne sur la défensive ou frustrée ne peut pas se permettre d'écouter des opinions différentes de la sienne par crainte d'être déstabilisée. Il faut posséder un certain sentiment de plénitude pour s'ouvrir aux autres de cette façon.

Lorsque ces conditions seront réunies, je vous assure que votre interlocuteur se sentira *compris, accepté et respecté dans son individualité*. Et le fait de voir les enfants régler leurs problèmes seuls vous comblera d'aise. En outre, vous verrez que les enfants que vous écoutez seront davantage disposés à vous écouter à leur tour lorsque vous aurez des problèmes.

De nombreuses recherches ont démontré la remarquable efficacité de l'écoute active. Dans son ouvrage bien connu intitulé *Psychologie et relations humaines,* Carl Rogers passe en revue quelques travaux portant sur les résultats de l'écoute active employée en consultation. Il résume leurs conclusions, dont voici les plus importantes:

- Le client parle de lui-même d'une manière de plus en plus positive et se respecte davantage.
- Il se déprécie de moins en moins.

- Aux dernières étapes du counseling, il parle de lui-même d'une manière plus positive que négative.
- Il s'accepte de plus en plus pendant le counseling, c'est-à-dire qu'il se perçoit comme une personne digne de valeur et de respect.
- Lorsque le counseling est réussi, le client se voit d'une manière moins émotive et plus objective, il est plus indépendant et plus apte à affronter ses problèmes, plus intégré et moins divisé.

Je désire résumer ici les principaux éléments de ce chapitre et leur importance dans un débat sur la discipline.

Comme je l'ai répété à maintes reprises, tous les enfants se comportent parfois d'une manière que leurs parents trouvent inacceptable. On comprend alors que ces derniers veuillent éliminer ou modifier ces comportements. Ils veulent *influencer leurs enfants* et les amener à changer par considération pour les besoins de leurs parents. Toutefois, pour acquérir cette influence, un parent doit être vu par son enfant comme une personne qui l'aide en général lorsqu'il a des problèmes. Autrement dit, l'enfant doit sentir que sa relation avec le parent est fondée sur la réciprocité et la loyauté. Si les parents se montrent disposés à écouter leurs enfants lorsqu'ils sont en difficulté, il va de soi que les enfants seront plus disposés à écouter à leur tour lorsque leurs parents leur diront: «Ton comportement me pose un problème.»

Apprendre à aider leurs enfants comporte un autre avantage pour les parents. Les qualités décrites dans ce chapitre *préviendront* en fait bien des comportements que les parents détestent voir chez leurs enfants. Les enfants aux prises avec des problèmes non résolus, des besoins insatisfaits ou des difficultés chroniques se sentent frustrés et réagissent souvent en se conduisant d'une manière antisociale et autodestructrice. De même, les élèves qui éprouvent de nombreuses frustrations à l'école sont en général ceux qui donnent du fil à retordre à leurs professeurs. Toutefois, si parents et enseignants apprennent à repérer les enfants en difficulté et à les aider à résoudre leurs problèmes, ils contribueront nettement à désamorcer ces comportements inadmissibles. La discipline ne posera alors plus de problème.

CHAPITRE 9

L'écoute active: le procédé de relations humaines tout usage

Dans le chapitre précédent, j'ai surtout présenté l'écoute active comme une technique susceptible d'aider les enfants à résoudre leurs problèmes. Toutefois, ce n'est nullement là le seul cas où l'écoute active est utile et efficace. En fait, montrer à l'autre qu'on le comprend et qu'on l'accepte est tellement utile dans de nombreuses occasions qu'on pourrait appeler l'écoute active l'«aptitude humaine tout usage». Sa capacité de faciliter la communication a été démontrée dans une vaste gamme de situations: arbitrer les conflits entre enfants, diriger les discussions de groupe, apporter une note affectueuse aux relations entre enseignants et élèves.

Agir comme médiateur dans les conflits entre enfants

L'écoute active sert entre autres à aider les enfants qui affrontent un conflit, comme l'illustre l'incident ci-dessous relaté par une de nos enseignantes participant à notre formation. Les élèves de quatrième n'aimaient pas beaucoup Anne qui était «une petite peste». Personne ne voulait s'asseoir à côté d'elle en classe:

ANNE: Madame, Laure ne veut pas s'asseoir près de moi ni m'aider à dessiner la carte géographique.

LAURE: C'est parce qu'Anne ne veut pas travailler. Elle parle et fait l'idiote; et elle gribouille sur mes feuilles.

ANNE: Je ne fais que semblant de gribouiller sur tes feuilles.

MME TALBOT: J'ai bien l'impression que vous avez un problème. J'aimerais écouter les deux points de vue et nous pourrions tirer des conclusions et peut-être découvrir une solution.

LAURE ET ANNE: Très bien. Que devons-nous faire?

MME TALBOT: Dites-moi simplement ce qui ne va pas; je suis toute prête à vous écouter très attentivement.

ANNE: Laure a dit qu'elle voulait s'asseoir à côté de moi et maintenant elle ne veut plus. De toute manière, elle ne le veut jamais vraiment. Elle l'a dit uniquement pour que je dise qu'elle est gentille. Mais moi, je veux bien qu'elle travaille avec moi.

LAURE: Je voulais travailler avec toi, mais tu gâches mon travail et moi je veux le terminer à temps. Tu te fiches pas mal de ton propre travail et tu voudrais que j'en fasse autant.

MME TALBOT: Anne, si j'ai bien compris, tu aimerais que Laure t'aide à dessiner la carte, mais vous ne vous entendez guère toutes les deux. Laure, tu viens de dire que tu aimerais travailler avec Anne, mais que vous ne pouvez pas vous entendre parce qu'elle ne travaille pas sérieusement. Établissons une liste de toutes les solutions possibles à ce problème.

ANNE: Laure pourrait avoir plus de patience et m'aider un peu.

LAURE: Je pourrais aller à ma place et nous travaillerions séparément.

ANNE: Vous pourriez séparer nos pupitres l'un de l'autre.

LAURE: *(Pas très sérieusement)* Vous pourriez envoyer un mot à la mère d'Anne pour lui dire que sa fille est une petite peste.

ANNE: *(Revanche sérieuse)* Dites à la mère de Laure que sa fille se croit parfaite!

LAURE: Anne pourrait se calmer, cesser de faire l'idiote, et se mettre à travailler.

ANNE: Laure pourrait attendre que je la rattrape dans son travail pour que j'en sois au même point qu'elle.

LAURE: Nous pourrions essayer de nouveau de travailler ensemble.

MME TALBOT: Je vais vous relire les solutions que vous avez suggérées dans le même ordre que je les ai écrites. Laquelle parmi toutes ces solutions vous paraît la meilleure? *(Elle relit les solutions.)*

ANNE: Nous pourrions essayer encore une fois... et si ça ne marche pas, nous pourrions séparer nos pupitres.

MME TALBOT: Puis-je vous suggérer quelque chose? Maintenant que vous savez pourquoi l'autre vous agace, pourquoi n'essaieriez-vous pas pour de bon et durant une seule journée pour commencer, de ne pas faire les choses qui vous agacent réciproquement? À la fin de la journée, vous viendrez me dire comment cela s'est passé. Nous pourrons alors en reparler ensemble; mais faites vraiment des efforts pour que ça marche. Je sais qu'on peut mettre les pupitres très loin l'un de l'autre, mais c'est une solution de facilité; or, je suis convaincue que vous êtes maintenant assez grandes pour mener ce travail à bonne fin tout en réglant votre problème.

Voici le commentaire qu'ajoutait Mme Talbot à la suite de cette brève séance de résolution de conflit:

> Les deux fillettes travaillent ensemble depuis deux jours et elles ne m'ont pas demandé de séparer leurs pupitres. Anne, selon son habitude, a plus ou moins «testé» sa camarade pour s'assurer vraiment de son amitié (en fait, ses amitiés à elle ne vont souvent pas très loin et elle ne voudrait pas avoir à souffrir de nouveau). En tout cas, à

présent Anne a une amie qui est en même temps sa partenaire de travail.

Je ne peux pas m'empêcher de tirer une leçon importante de cette situation vécue. En quelques minutes seulement, Mme Talbot a proposé à Anne *un nouveau modèle* de relations interpersonnelles qui pourra lui servir en tout temps. Si Anne entre plusieurs fois en relation avec les autres de cette façon, peut-être pourra-t-elle modifier d'une façon radicale ses modes de communication avec ses camarades. On pourrait alors dire que Mme Talbot est une éducatrice au vrai sens du terme, qui ne se contente pas d'enseigner des matières scolaires aux enfants, mais les aide en plus à se développer à tous les points de vue. C'est la théorie que tant d'experts en éducation suggèrent souvent mais que l'on met très rarement en pratique dans les écoles.

Faciliter les discussions de groupe

Les enseignants se plaignent souvent du fait qu'ils n'arrivent pas à engager les élèves dans des discussions intéressantes sur les matières scolaires. En conséquence, ils renoncent et reviennent aux cours magistraux ou animent des discussions auxquelles seuls quelques élèves participent. Quoi qu'il en soit, nombre d'élèves que le cours ennuie ou qui demeurent à l'écart des discussions adoptent des comportements turbulents. Les enfants agissent souvent ainsi à l'heure des repas ou en voyage avec leurs parents parce que la conversation les ennuie.

Toutefois, la plupart des jeunes sont stimulés par une discussion dont le sujet les intéresse. Malheureusement, peu d'adultes possèdent la capacité d'animer des discussions de groupe captivantes.

L'écoute active peut grandement aider parents et enseignants à lancer les enfants dans de passionnantes discussions. Comme elle stimule l'acceptation et le respect de l'opinion émise par chaque membre du groupe, cette technique encourage les plus timides à parler. En outre, petit à petit les participants apprennent à s'écouter les uns les autres, ce qui est plutôt rare dans les classes et dans les familles.

Voici ce que raconte un enseignant des dernières classes du primaire qui emploie l'écoute active pour animer des discussions de groupe orientées sur les besoins de ses élèves:

> Ces discussions nous ont vraiment aidés. J'avais oublié combien il est difficile pour des jeunes de onze et douze ans de comprendre ce qui se passe dans notre monde. J'ai été très surpris de les entendre rapporter les «absurdités» auxquelles ils croient sincèrement, mais aussi de constater combien leur vision de certaines situations peut être perspicace et profonde. Ils ont discuté de plusieurs sujets de moindre importance, comme de savoir par quel moyen on pourrait améliorer la nourriture servie à la cafétéria. Mais ils ont également soulevé plusieurs questions vraiment ardues, comme: «Qu'est-ce que l'honnêteté?» et «Les gens ont-ils le droit de dominer les autres pour se satisfaire eux-mêmes?» Ce sont là des problèmes vraiment sérieux dont je n'ai moi-même discuté que lorsque j'avais dix-sept, dix-huit ans et même davantage. Je ne connais pas de moyen plus efficace que ces discussions de classe pour permettre aux jeunes de considérer et d'analyser toutes sortes d'informations et de sentiments contradictoires.

Voici un exemple de discussion de groupe où l'enseignant n'a recours qu'à l'écoute active pour clarifier le sujet et relancer la discussion:

ENSEIGNANT: Vous avez tous lu quelque chose sur la guerre d'Indépendance. Je me demande ce que vous avez appris et quelles sont vos réactions au sujet de cette lecture.

BERTRAND: Je pensais que je m'ennuierais mais, au contraire, le sujet m'a passionné. Hier, justement, j'en discutais avec Henri dans l'autobus. Je lui ai dit ma surprise de constater que le livre disait la vérité. La plupart des manuels d'histoire que j'avais lus auparavant présentaient les Américains comme étant toujours de braves types...

HENRI (lui coupant la parole): Comme ceux que nous avions lus avant et qui nous racontaient toutes sortes d'histoires plus ou moins vraies.

ENSEIGNANT: Ces livres vous paraissent tous différents. Vous n'avez pas l'impression que les auteurs vous mentent.

MARIETTE: Je ne pense pas que les autres livres nous contaient vraiment des mensonges. Ils ne présentaient qu'un aspect de l'histoire ou bien omettaient de signaler certains événements.

HENRI: Franchement, si cela n'est pas mentir, qu'est-ce que c'est alors? Si je racontais à des gens que notre équipe de football a marqué deux buts durant la dernière partie, intercepté une passe et bloqué un coup de volée vendredi dernier contre l'équipe Centrale, ils ne sauraient certainement pas toute la vérité, ne pensez-vous pas?

(Éclats de rire)

ENSEIGNANT: Tu affirmes, Henri, que si quelqu'un ne donne pas toutes les informations à ses interlocuteurs, il leur ment. Et tu penses que certains de nos livres de référence reflètent cette attitude.

HENRI: Oui, c'est vrai! Quand on compare plusieurs de ces livres, on a l'impression qu'ils parlent de guerres différentes.

NICOLE: Eh bien! comment devient-on historien d'abord? Après tout, les historiens ne sont que de simples gens qui ont écrit des livres sur ce qui est arrivé il y a très longtemps. Ils ont forcément des préjugés.

VIVIANE: Tu as raison. Ma sœur dit que tous les historiens sont des hommes chauvins et bornés qui aiment écrire des phrases comme: «Des hommes courageux partirent en direction de l'ouest, quelques-uns emmenant même leur famille avec eux.» Personne n'a jamais rien écrit sur les femmes courageuses, ou s'ils l'ont fait, c'était pour marquer leur surprise de ce qu'une femme pouvait manipuler un fusil et supporter de rudes épreuves.

ENSEIGNANT: Si je comprends bien, vous mettez tous en doute la possibilité que *quelqu'un* puisse écrire l'histoire impartialement. Vous soutenez que l'opinion des auteurs influence forcément les faits historiques.

NICOLE: C'est ça le vrai problème: alors, pourquoi lire ces blagues?

BERTRAND: Nicole, tu passes à côté de la question. Il ne s'agit pas de croire quelque chose simplement parce que c'est écrit dans un livre. Je crois que nous devrions lire leurs livres davantage et non pas moins.

HENRI: Eh bien! je me demande ce que disent les historiens de l'autre point de vue sur cette guerre.

VIVIANE: Si leurs livres sont rédigés par les hommes, ils sont sans doute tout aussi chauvins que les nôtres.

MARIETTE: Qui a jamais entendu parler d'une historienne?

VIVIANE: Personne. C'est pour cela que tous les livres ne parlent que des exploits de nos grands héros masculins et sous-entendent que les seuls êtres importants étaient des hommes. Lorsque j'avais treize ans, nous avions un livre dont environ trois pages traitaient «Des grandes femmes dans l'Histoire». Trois pages, vous imaginez? Ça m'avait écœurée.

ENSEIGNANT: D'après toi, Viviane, les historiens accordent trop peu d'importance au rôle des femmes.

VIVIANE: Oui, c'est bien ça.

HENRI: Eh bien! qu'est-ce que les femmes ont fait dans la guerre d'Indépendance? Je ne vois pas le rapport entre cette question de femmes et le sujet de notre discussion.

MARIETTE: Je pense qu'il existe un lien très étroit entre ces deux sujets. Henri, c'est toi qui parlait tout à l'heure des gens qui cachent une partie de la vérité. Eh bien, ceux qui omettent de dire ce que les femmes ont accompli oublient en quelque sorte une partie de l'histoire.

HENRI: D'accord, mais les femmes n'ont jamais rien *fait*. Elles n'ont jamais rédigé de traités, formé de gouvernements; elles n'ont jamais été capitaines de bateau ou explorateurs, ou je ne sais quoi.

VIVIANE: C'est exactement de cette attitude fondamentale que je parlais. On lit les livres écrits par des *hommes* et on s'imagine que les *hommes* font tout. Je ne prétends pas que des femmes ont accédé au rang de général ou à tout autre. Mais je m'irrite de voir que les femmes sont méprisées dans les livres. On se moque presque des choses qu'elles ont accomplies.

ENSEIGNANT: Vous paraissez vous intéresser vivement à la façon dont on écrit l'histoire et également aux préjugés que l'on remarque dans les livres, comme le préjugé dont parlait Viviane tout à l'heure au sujet des femmes. Pourtant, au début de la discussion, j'avais eu l'impression que la majorité d'entre vous avait aimé lire nos manuels sur la guerre d'Indépendance: je vois donc que votre opinion a changé.

VIVIANE: C'est Henri et Bertrand qui ont dit cela.

BERTRAND: Qui ont dit quoi...?

VIVIANE: Que vous aimiez les livres. Vous disiez qu'ils donnaient un tableau exact de la guerre et qu'ils n'essayaient pas de faire paraître Untel meilleur qu'il ne l'est. Eh bien! ces même ouvrages ne sont pas aussi justes à l'égard des femmes. Ma sœur suit actuellement un cours réservé aux femmes à l'université et elle a assemblé des documents qui montrent à quel point le langage utilisé dans les livres est préjudiciable aux femmes. Je lui demanderai de m'aider à parcourir ces livres et la semaine prochaine je vous ferai un compte rendu.

BERTRAND: D'accord. Mais qu'allons-nous faire des autres préjugés?

ENSEIGNANT: Vous êtes intéressés à savoir comment lire entre les lignes pour découvrir ce qui est vrai et ce qui est faux dans nos livres d'histoire; et cela, non seulement au sujet des femmes mais également à propos de tous les autres préjugés qui s'y trouvent. C'est bien cela que vous voulez, n'est-ce pas?

HENRI: Exactement. Comment devons-nous faire pour savoir si ce que nous lisons est vrai ou faux?

ENSEIGNANT: Viviane nous a promis de nous communiquer quelques techniques d'évaluation. Bertrand, tu as proposé de lire une grande diversité d'ouvrages, et c'est toi, Henri, je crois, qui as suggéré l'acquisition d'ouvrages étrangers afin de pouvoir comparer. Y aurait-il d'autres suggestions?

MARIETTE: Je crois qu'il nous faudrait un spécialiste. Nous pourrions demander à un historien de venir nous dire ce que l'on doit faire et répondre à nos questions. Mon voisin enseigne l'histoire à l'université, peut-être accepterait-il de venir parler à la classe.

VIVIANE: Un historien! Encore un homme! *(Elle hausse les épaules.)*

MARIETTE: Je crois qu'il est très ouvert. En fait, nous pourrions lui demander ce qu'il pense du sexisme dans les livres d'histoire.

NICOLE: Vous pourriez nous procurer quelques-uns des livres inscrits dans la bibliographie.

ENSEIGNANT: Vous voulez dire dans le manuel que nous utilisons?

NICOLE: Oui.

MARIETTE: Je crois que nous devrions oublier la guerre d'Indépendance pour le moment et répondre aux autres questions que nous avons soulevées. Quand je pense que tout ce que j'ai lu pourrait se révéler faux, vous comprenez, cela me rend malade! Ce que Viviane a dit m'a fait réfléchir. Elle a tout à fait raison; je n'ai jamais lu un livre où les femmes jouaient un rôle important, même si en réalité cela a dû se produire bien souvent. Comment savoir maintenant si tout le reste est vrai?

ENSEIGNANT: Tu es d'avis que nous devrions apprendre à étudier et à analyser les livres d'histoire avant d'en lire d'autres.

MARIETTE: Oui.

(Tout le monde acquiesce.)

ENSEIGNANT: Je suggère de dresser un plan de travail afin de nous distribuer les tâches. Je vais sortir les livres de référence de la bibliothèque dès mardi prochain. Viviane, quand pourras-tu nous faire ton compte rendu? *(Les membres du groupe se distribuent les tâches qu'ils ont déterminées en collaboration.)*

En moins de quinze minutes, cette discussion a changé l'orientation des élèves du tout au tout: ils vont maintenant explorer les documents historiques et remonter aux sources afin d'identifier un certain nombre de critères qui les aideront à juger de l'objectivité des textes et des livres utilisés en classe. L'écoute active a joué un rôle vital dans cette expérience d'apprentissage profondément significative.

La plupart des enseignants hésitent à s'éloigner du cours magistral même s'ils savent qu'il est usé et inefficace, parce que cela les frustre d'essayer d'amener les élèves à parler. En fait, la plupart d'entre eux ne savent pas s'y prendre. Beaucoup n'ont jamais entendu parler de l'écoute active comme outil d'enseignement. Les chercheurs en éducation David

Aspy et Flora Roebuck ont découvert que les enseignants de niveau secondaire parlent quatre-vingt pour cent du temps en classe. Tant qu'ils n'apprendront pas à susciter la participation active des élèves, ils affronteront des problèmes disciplinaires. Or l'écoute active est indispensable pour amener les élèves à engager des discussions constructives. Voicice qu'un de nos participants nous racontait pour illustrer ce fait:

> À mon avis, l'une des choses qui nous retient, c'est que nous ne considérons pas l'écoute active comme un outil pour l'enseignement. Notre département nous a demandé d'employer toutes sortes de nouvelles méthodes pédagogiques et d'animer des discussions de groupe. Nous avons suivi une formation spéciale pendant deux ans. Mais c'est seulement depuis quelques jours, depuis que je connais l'écoute active, que ces méthodes ont commencé à produire des résultats. Je comprends maintenant pourquoi mes groupes de discussion tournaient toujours en séances de confrontation ou en cours magistraux — la seule différence étant que les élèves étaient assis en cercle plutôt qu'en rangs. Dans d'autres cours, on nous a demandé de ne pas faire d'évaluations sans nous donner de ligne de conduite. Depuis que j'emploie l'écoute active, nos discussions sont de vrais échanges. Je les apprécie et mes élèves sont vraiment enthousiasmés.

Comme l'a découvert cet enseignant, l'écoute active est un outil puissant qui aide les enfants à parler, à réfléchir et à clarifier leurs idées, qui suscite leur curiosité et crée un climat où ils se sentent libres d'utiliser leurs cellules grises, de poser des questions et d'explorer des idées. Un climat de ce genre, malheureusement, est plutôt rare dans nos écoles. Grâce à une formation systématique, cependant, les enseignants peuvent apprendre à stimuler la participation de leurs élèves et éliminer, par le fait même, bien des problèmes disciplinaires.

Des relations plus chaleureuses entre enseignants et élèves

Rappelez-vous l'époque où vous étiez étudiants. Comment étaient les professeurs que vous aimiez vraiment? La plupart d'entre nous se rappellent un professeur, peut-être deux. Il est triste de constater la médiocrité des relations entre enseignants et élèves dans nos écoles.

«On n'apprend pas d'un prof qu'on n'aime pas» clame le titre d'un ouvrage publié par David Aspy et Flora Roebuck en 1990. On sait également que la relation qui existe entre un professeur et son élève influence nettement la qualité de l'apprentissage de celui-ci. Quand nous étions à l'école, nous nous appliquions de notre mieux avec les professeurs que nous aimions.

Non seulement nous étions plus studieux, mais notre conduite était exemplaire en leur présence. Les enfants sont moins portés à harceler, à se montrer insolents et à créer des problèmes aux professeurs qu'ils aiment. Les enfants dissipés éprouvent habituellement une sorte d'hostilité envers leur professeur ou encore se vengent du traitement infligé par d'anciens professeurs. Bien qu'un certain nombre d'éléments contribuent à promouvoir la discipline et les relations harmonieuses entre enseignants et élèves, aucun n'est plus efficace qu'un climat où les étudiants sont encouragés à exprimer leurs idées et se sentent compris, respectés et acceptés par le professeur.

Les parents comme les enseignants découragent souvent les enfants en refusant de les écouter lorsqu'ils expriment des opinions profondes ou farfelues sur des sujets controversés, comme c'est leur habitude. Mais comme l'écoute active change radicalement la façon dont les adultes et les enfants s'écoutent mutuellement, elle modifie leurs relations du tout au tout.

Les jeunes qui se sentent compris et respectés par les adultes deviennent invariablement plus conscients de leur valeur et de leur importance. La satisfaction de se savoir compris, alliée à une estime de soi accrue, suscite en eux des sentiments positifs à l'égard de leurs parents et de leurs professeurs. Les adultes qui savent écouter avec empathie comprennent mieux les jeunes et sont capables de se mettre à leur place. Faire de l'écoute active, c'est effectuer quelques pas avec un enfant sur le chemin de sa vie, ce qui représente un acte véritable d'affection, de respect et d'amour. Comme la plupart des enfants n'ont jamais connu cela, ils apprécient encore davantage le fait d'être vraiment compris et acceptés puisque c'est la première fois de leur vie qu'ils le sont. Ils se rendent compte que leurs sentiments et leurs opinions sont acceptables, qu'ils peuvent être ce qu'ils sont, que de discuter des sujets qui les passionnent est à la fois exaltant et valable.

Qu'un enseignant emploie l'écoute active pour assister un enfant aux prises avec un problème, deux enfants en conflit ou toute une classe qui discute des préjugés contenus dans les livres d'histoire, les répercussions sont les mêmes sur les élèves. Ils se sentent bien dans leur peau et apprécient leur professeur. Comme ce dernier témoigne de l'intérêt et du respect pour leurs idées et leurs sentiments, les élèves se sentent appréciés et dignes d'estime. Ils aiment ces sentiments et finissent par estimer la personne qui en est à l'origine. Avec le temps, une relation d'affection et de respect mutuels s'établit entre le professeur et ses élèves.

Dans ces relations, non seulement les enseignants éprouvent moins de difficulté à faire régner la discipline — les enfants sont moins portés à se révolter et à se venger —, mais les élèves sont maîtres d'eux-mêmes, responsables et disciplinés.

Au début, les enseignants qui participent à nos formations sont plutôt sceptiques quant à la nécessité d'apprendre l'écoute empathique. «Nous sommes des enseignants et non des conseillers, et notre travail consiste à inculquer à nos élèves un certain savoir et non à les écouter démontrer leur «ignorance collective» au cours de discussions.»

Les administrateurs et les membres du conseil scolaire reprennent ces arguments pour justifier leur refus de permettre aux enseignants d'apprendre les techniques d'aide. Eux non plus ne voient pas le lien entre l'aptitude des enseignants à écouter, à aider et à animer des discussions et leur efficacité à promouvoir l'acquisition de connaissances. «C'est gentil d'être gentil, mais il faut bien leur enseigner quelque chose», semble être l'attitude générale.

Néanmoins, bien des faits précis prouvent que les qualités d'empathie, d'écoute et de facilitation que j'ai décrites aident vraiment les enseignants à atteindre les objectifs traditionnels de nos écoles comme la réussite scolaire, l'assiduité, la pensée créative, la motivation à apprendre et l'autodiscipline.

Recherches appuyant l'enseignement des procédés d'aide

Dans une importante étude menée en 1983 auprès de six cents enseignants et dix mille élèves, depuis la maternelle jusqu'à la douzième année, David Aspy et Flora Roebuck ont comparé les élèves dont les professeurs pratiquaient l'écoute empathique, l'acceptation, le respect et l'estime avec ceux dont les professeurs n'avaient pas appris à exercer ces capacités. Les auteurs ont découvert que les premiers:

- manquaient moins souvent l'école pendant l'année (quatre jours de moins par enfant);
- avaient obtenu de meilleures notes pour les matières scolaires, y compris les mathématiques et la lecture;
- étaient plus spontanés et démontraient une plus grande capacité de réflexion;
- avaient amélioré leur quotient intellectuel (de la maternelle jusqu'en cinquième année);
- avaient fait des progrès au chapitre de la créativité entre septembre et mai;
- avaient augmenté leurs notes en ce qui touche l'estime de soi;
- avaient perpétré moins d'actes de vandalisme sur la propriété de l'école;
- posaient moins de problèmes de discipline.

L'étude a également démontré que les classes des enseignants qui avaient appris les techniques d'aide présentaient les caractéristiques ci-dessous. Les élèves:

- parlaient davantage;
- résolvaient davantage leurs problèmes seuls;
- prenaient plus souvent la parole;
- répondaient davantage aux questions de l'enseignant;
- posaient plus de questions;
- apprenaient davantage;
- regardaient l'enseignant dans les yeux;
- bougeaient davantage;
- présentaient un plus haut niveau de pensée cognitive;
- faisaient preuve d'une plus grande créativité.

Par contre, l'estime personnelle des élèves des enseignants *n'ayant pas appris* les procédés d'aide avait *diminué*. Pour citer un des chercheurs, nos écoles ne devraient pas montrer aux enfants à s'aimer *moins*.

Plusieurs autres études (Aspy et Roebuck, 1975; Roebuck, 1975; Roebuck et Aspy, 1974) ont révélé que les enseignants qui témoignaient à leurs élèves un haut degré de compréhension empathique présentaient en général les traits ci-dessous. Ils:

- réagissaient davantage aux sentiments exprimés par leurs élèves;

- mettaient davantage à contribution les idées des élèves dans leurs échanges sur des sujets d'étude;
- discutaient et dialoguaient davantage avec les élèves;
- les complimentaient davantage;
- s'adressaient à leurs élèves d'une manière plus «vraie» et plus sincère (et moins rituelle);
- adaptaient davantage le programme scolaire aux besoins immédiats de chaque élève;
- souriaient davantage à leurs élèves;
- mettaient davantage l'accent sur le rendement et la créativité que sur l'évaluation;
- insistaient moins sur les notes et les examens;
- fixaient de concert avec leurs élèves les objectifs d'apprentissage.

Dans une autre étude menée en 1980, Flora Roebuck démontrait que l'un des avantages les plus importants liés à l'apprentissage des procédés d'aide touche à la diminution des comportements turbulents dans la classe. Cette étude portait sur quatre-vingt-huit classes de la deuxième à la sixième année. Flora Roebuck a évalué le niveau de compréhension empathique et de respect manifesté par l'enseignant à l'égard de ses élèves et le degré de participation des élèves permis par l'enseignant. Elle a également compté le nombre de comportements turbulents adoptés par les élèves de chaque classe pendant un mois. Résultats: les élèves sont plus dissipés dans les classes où les enseignants leur témoignent peu d'empathie et de respect, leur font peu de compliments et n'acceptent pas leurs idées et leurs opinions.

Je le répète: lorsque les relations entre enseignants et élèves sont fondées sur l'affection, le respect et l'amour mutuels, il est beaucoup plus facile de faire régner la discipline. Les enfants ne cherchent pas à harceler les professeurs qui les respectent et les aiment car ils finissent par les aimer. Le temps généralement consacré aux problèmes de discipline est désormais consacré à l'apprentissage et à l'enseignement.

Autres bienfaits résultant de l'apprentissage des procédés d'aide

Il y un autre avantage à apprendre à aider les enfants: vous serez plus aptes à les influencer lorsque vous voudrez les amener à modifier les comportements qui vous empêchent de satisfaire vos besoins et qui vous posent un problème. J'ai déjà énoncé le principe suivant au chapitre 8: *Les enfants refuseront de vous aider lorsque leur comportement* vous *posera un problème sauf si vous avez essayé de les aider lorsqu'* ils *avaient un problème.*

Cette forme de réciprocité exerce une grande influence dans toutes les relations. Vous vous en apercevrez lorsque vous mettrez à profit vos nouvelles capacités d'aide; et plus votre influence grandira moins vous serez tentés d'employer une discipline fondée sur le pouvoir pour amener les enfants à modifier leur comportement. En conséquence, vous éviterez de vous heurter à des comportements de révolte et de résistance (réactions de «combat»), et à des réactions de repli ou de «fuite». En outre, vous aiderez vos enfants ou vos élèves à développer leur sens de l'autodiscipline et de la responsabilité et leur maîtrise de soi. Ils vous témoigneront une forme nouvelle de respect, pas ce respect qui n'était en fait que de la peur face à votre Autorité P, mais le respect de votre droit de satisfaire vos besoins, parce que vous aurez fait de même avec eux.

Le bénéfice peut-être le plus grand que vous retirerez de l'écoute active, c'est que vos enfants ou vos élèves traîneront moins de problèmes irrésolus. Comme nous le savons maintenant, les enfants malheureux et frustrés ont plus tendance à se comporter d'une manière turbulente et destructrice que les enfants dont les besoins sont comblés. Les enfants perturbés, malheureux, insatisfaits sont ceux là même qui attirent les mesures disciplinaires. Ceux dont les parents et professeurs connaissent les techniques d'écoute n'auront peut-être pas moins de problèmes mais ils auront moins de problèmes *irrésolus*. Votre aptitude à écouter les aidera à développer cette capacité primordiale qui est celle de résoudre ses problèmes; en retour, ils se sentiront moins impuissants et auront davantage confiance en eux.

CHAPITRE 10

Pourquoi les adultes ne veulent pas cesser de discipliner les enfants

En dépit des innombrables difficultés que présente l'emploi de punitions et de récompenses au sein des familles et des écoles, de l'échec qu'affrontent manifestement les parents et les enseignants qui essaient de dominer les enfants au moyen de récompenses et de punitions, et de la profusion de recherches qui confirment tant l'inefficacité que la nocivité de la discipline fondée sur le pouvoir, la plupart des adultes sont persuadés qu'il faut discipliner les enfants. Même certains partisans de l'éducation «humaniste» et de l'éducation «centrée sur l'enfant» parmi les plus avant-gardistes défendent la nécessité de recourir aux récompenses et aux punitions sous une forme ou une autre pour assurer le développement sain de l'enfant. En fait, une petite poignée seulement de psychologues ou d'éducateurs soutiennent la position que je défends depuis un quart de siècle, à savoir que la discipline constitue une façon inefficace, désuète et nocive d'élever les enfants.

Un questionnaire distribué aux membres actifs de l'Association des psychologues de la Pennsylvanie du Nord-Ouest révélait que la *majorité* des psychologues battent leurs enfants et que la moitié d'entre eux estiment que les éducateurs devraient aussi pouvoir le faire.

Une autre étude menée dans ce même État révélait que les diverses catégories de personnes ci-dessous étaient favorables, dans les mêmes proportions, à l'emploi de châtiments corporels dans les écoles (Reardon et Reynolds, 1975):

Directeurs généraux du conseil de l'administration scolaire	81 p. 100
Directeurs d'école	78 p. 100
Administrateurs	68 p. 100
Enseignants	74 p. 100
Parents	71 p. 100
Étudiants	25 p. 100

Quelles raisons peuvent bien justifier cet entêtement quasi universel à imposer une discipline rigoureuse aux enfants? Dans les pages qui suivent, j'essaierai d'identifier les diverses origines de cette attitude.

La crainte de «gâter» les enfants

L'un des mythes les plus répandus en ce qui concerne l'éducation des enfants veut que l'on risque de les «gâter» si on les aide à satisfaire leurs besoins. Les adeptes de cette croyance voient les enfants comme des êtres qui éprouvent un désir excessif de satisfaire des besoins insatiables. «Gâtés» est certainement un mot bien étrange dans ce contexte, mais il sous-entend que les enfants choyés risquent de se changer en petits monstres égoïstes, étourdis, indisciplinés, exigeants, incapables de supporter la frustration, et ainsi de suite.

Par crainte de gâter les enfants («Qui aime bien châtie bien»), bien des parents et des enseignants décident de ne pas céder à leurs désirs. Dans une étude menée en Nouvelle-Zélande, soixante-neuf pour cent des mères de ce pays ont avoué que, de crainte de «gâter» leurs enfants, elles réprimaient leurs élans d'affection et se retenaient de leur offrir tout ce dont ils avaient besoin pour s'épanouir et développer un sentiment de bien-être (Ritchie et Ritchie, 1970).

Apparemment, les parents n'imaginent même pas que le désir de l'enfant d'être aimé et touché, de s'attacher, d'obtenir de l'attention, de jouer, d'être dorloté, etc. puisse répondre au même principe que d'autres besoins biologiques comme la faim ou la soif, c'est-à-dire que lorsque l'enfant en obtient suffisamment, il est comblé (ses besoins ne sont donc pas insatiables). De même, bien des adultes ne comprennent pas que la gratification des besoins de l'enfant est une source de satisfaction, de bien-être et de santé.

La croyance que les enfants sont essentiellement mauvais

Cette résistance à abolir la discipline rigoureuse envers les enfants est également fondée sur la croyance répandue selon laquelle on ne peut pas faire confiance aux enfants parce qu'ils naissent méchants. Depuis des années, cette attitude influence fortement la philosophie de l'éducation des enfants dans notre culture occidentale. D'où l'habitude d'«exorciser» les enfants et de vouloir «briser leur volonté». Cette vision exceptionnellement négative de leur nature est profondément enracinée dans notre histoire. Dans un sermon qu'il prononçait en 1742 et qui s'intitulait «À propos de l'obéissance à ses parents», John Wesley citait cet extrait d'une lettre que lui adressait sa mère:

> Pour façonner l'esprit des enfants, il faut d'abord vaincre leur volonté... Leur destinée, ciel ou enfer, dépend de cela seul. Ainsi, le parent qui s'efforce de le maîtriser [l'entêtement] chez ses enfants œuvre de concert avec Dieu pour sauver une âme. Le parent qui se montre tolérant est à la solde du diable... Je ne peux donc que répéter ceci: brisez leur volonté assez tôt; mettez-vous à la tâche avant qu'ils puissent courir seuls, avant qu'ils puissent parler clairement ou parler tout court. Quelles que soient vos souffrances, maîtrisez leur entêtement; brisez leur volonté si vous ne voulez pas les damner. Je vous conjure de ne pas négliger ce travail, ni de le remettre à plus tard! En conséquence, 1. apprenez à l'enfant à partir de l'âge d'un an à craindre le bâton et à pleurer sans bruit; 2. pour

> ce faire, ne lui donnez pas ce qu'il demande en criant; absolument rien, gros ou petit, de crainte de défaire ce que vous avez fait; 3. quoi qu'il en soit, à partir de cet âge, forcez-le à vous obéir, quitte à lui donner le fouet dix fois pour qu'il vous obéisse... Brisez sa volonté maintenant et son âme vivra; et il vous bénira sans doute pour toute l'éternité.

John Calvin préconisait des idées semblables sur les nourrissons: «Leur nature tout entière est une sorte de graine de péché qui ne peut que déplaire à Dieu.» Dans une première édition de *The Mothercraft Manuel* (Manuel sur l'art d'être mère) (Cook, 1978), principale publication d'un groupe axé sur l'éducation des enfants en Angleterre au siècle dernier, nous retrouvons cette même image des enfants:

> La maîtrise de soi, l'obéissance, la reconnaissance de l'autorité et, plus tard, le respect des aînés, voilà toutes des qualités qui résultent de la première année d'éducation... Le bébé que sa mère prend ou nourrit chaque fois qu'il pleure se transforme en véritable tyran qui ne laisse à sa mère aucune paix à l'état de veille. Par contre, l'enfant qu'on nourrit, couche et avec qui on joue à des heures régulières découvre bien vite que ses cris ne provoquent aucune réponse et il apprend la plus utile de toutes les leçons: la maîtrise de soi et la reconnaissance d'une autorité plus forte que la sienne... La mère consciencieuse doit être prête à se battre et à gagner sur tous les points, quelle que soit leur importance.

Bien que la plupart des parents modernes n'aillent pas jusqu'à considérer les enfants comme «méchants», beaucoup croient encore qu'ils essaient toujours de tirer leur épingle du jeu, sont égoïstes et ainsi de suite.

Peter Cook, psychologue néo-zélandais et moniteur expérimenté de *Parents efficaces* qui habite maintenant l'Australie, souligne plus clairement que quiconque les conséquences de cette vision stupéfiante des enfants comme des êtres pervers, méchants même, qu'il qualifie d'«attitude fondamentale de méfiance». Voici ce qu'il écrit:

> Ces idées poussent les parents à diriger le comportement des bambins plus âgés en les soumettant à un entraîne-

> ment souvent étayé par des menaces et des punitions. La plupart du temps, leur principal objectif est d'inculquer aux enfants les notions de «bien» et de «mal», et de se faire obéir. Cette approche peut sembler efficace, bien qu'elle exige parfois un tribut considérable, mais elle entraîne souvent des conflits croissants, des perturbations affectives et un sentiment de révolte chez les enfants... La théorie [cette attitude fondamentale de méfiance]... se transforme alors en prophétie auto-accomplie... Lorsque la méchanceté de l'enfant est considérée comme le résultat de son incapacité de maîtriser ses tendances naturelles jugées primitives, bestiales et donc mauvaises, cela renforce la conviction [de la mère] quant à la nécessité de les éliminer grâce à un entraînement approprié et, si possible, aimant; mais la contrainte et les menaces peuvent s'avérer nécessaires en cas de résistance. Si celle-ci devient trop grave, *il est justifié d'employer la violence pour ce qui est considéré, après tout, comme une bonne cause.* Si cette théorie et l'entraînement qui en découle produisent un enfant «méchant» ou «perturbé», cela ne fait que confirmer l'hypothèse voulant que l'enfant est fondamentalement mauvais, et on peut attribuer ces difficultés à des *punitions et à un entraînement insuffisants* [c'est moi qui souligne]. (Cook, 1978)

L'influence de cette vision dénigrante des enfants se reflétait déjà en 1946 dans un livre de poche publié par un évangéliste du nom de John R. Rice et intitulé *Correction and Discipline of Children* (Correction et discipline auprès des enfants), ouvrage que l'on trouve encore de nos jours. L'auteur soutient que les parents devraient administrer de bonnes vieilles corrections à l'enfant depuis sa naissance jusqu'à son mariage. Voici ce qu'il écrit:

> Cette bonne vieille correction est efficace même au berceau. Combien de fois n'ai-je pas entendu un enfant crier et hurler pour obtenir ce qu'il voulait et défier ses parents pendant une demi-heure. Puis vu enfin la mère ou le père régler toute l'affaire par quelques soufflets énergiques. L'enfant rossé perd soudain toute velléité de révolte, s'accroche à sa mère ou à son père pour manifester son

> repentir, puis s'endort paisiblement au bout de quelques minutes. (Rice, 1946)

Rice croit, lui aussi, que les enfants sont naturellement méchants; que les «parents, comme Dieu, doivent punir et récompenser»; qu'ils sont responsables devant Dieu de l'attitude soumise de leurs enfants; que «le manque de discipline mène au déshonneur public»; et que «fouetter les enfants les préserve de l'Enfer».

Si les gens croient que les enfants viennent au monde méchants, il est logique pour eux de devoir les redresser, les purger de leur fourberie, les socialiser, leur montrer la lumière, les dominer, les contraindre, les brimer, les surveiller, les former, les garder dans le droit chemin, les restreindre, les discipliner. On peut aisément justifier la punition physique, même grave, en invoquant cette perception extrêmement déformée de la nature des enfants et du devoir sacré des parents.

Une pensée polarisée sur les conflits entre adultes et enfants

Une autre raison justifiant le refus de renoncer à une discipline contraignante tient à la croyance répandue selon laquelle les inévitables conflits entre adultes et enfants doivent faire un gagnant et un perdant. Sur les milliers de parents et d'enseignants qui suivent nos cours, plus de quatre-vingt-dix pour cent à mon avis manifestent cette attitude «blanc ou noir». «Ou je gagne ou c'est l'enfant qui gagne»; «Si je perds, l'enfant gagnera». Or comme personne n'aime perdre dans un conflit, la seule approche acceptable consiste à user de son pouvoir pour arriver à ses fins, à supposer qu'on en ait, ce qui est le cas de la plupart des parents et des enseignants.

Comme je l'ai déjà dit, les adultes tombent des nues lorsqu'ils se rendent compte qu'il existe une troisième option où personne ne perd. La méthode sans perdant ou troisième méthode, où les deux parties en cause cherchent ensemble des solutions acceptables pour toutes deux, est une solution qui *répond à la fois aux besoins de l'adulte et à ceux de l'enfant.*

À mon avis, cette attitude blanc ou noir est l'une des principales raisons pour lesquelles bien des parents et des enseignants ne renoncent jamais au pouvoir qu'exige la première méthode (je gagne, tu perds). Ils supposent à tort que la seule solution de rechange (plutôt déplaisante) est la deuxième méthode (je perds, tu gagnes). Toutefois, leur résistance s'évanouit lorsqu'ils comprennent qu'il existe une troisième méthode qui satisfait *à la fois les besoins de l'enfant et ceux de l'adulte*. Personne n'est perdant.

La discipline punitive appuyée sur la Bible

Une portion plutôt importante de la communauté chrétienne, plus conservatrice et plus portée à interpréter la Bible au pied de la lettre, soutient que celle-ci investit les parents de l'autorité nécessaire pour discipliner les enfants tout en leur fournissant d'amples directives:

> Les enfants aiment ce qui est déraisonnable. Quelques bonnes corrections les guériront de cette tendance. (Proverbes, 22:15)
> N'hésite pas à punir ton enfant. Quelques bonnes corrections ne le tueront pas. (Proverbes, 23:13)
> Cela pourra au contraire le préserver d'erreurs mortelles. (Proverbes, 23:14)

On a publié, ces dernières années, une panoplie de livres conseillant aux parents d'adopter ce qu'on appelle l'approche biblique dans l'éducation des enfants. James Dobson est peut-être l'auteur le plus populaire de ce type d'ouvrages. C'est ce qu'il appelle «l'approche judéo-chrétienne»: «Je ne vise rien de plus que de verbaliser la tradition judéo-chrétienne concernant la discipline et de l'appliquer aux familles modernes.» (Dobson, 1978)

Toutefois, un regard sur la tradition judéo-chrétienne vieille de deux mille ans révèle une succession d'épisodes violents, de sévères raclées, d'emprisonnement dans des armoires, de privation alimentaire, de torture et même de commerce d'enfants. Dans un ouvrage très complet intitulé *History of Childhood* (Histoire de l'enfance) (1974) , Lloyd de Mause rapporte ses découvertes sur les méthodes disciplinaires employées dans l'histoire. Ses conclusions tracent un sombre portrait de violence et d'agressions:

> Les preuves que j'ai recueillies sur les méthodes disciplinaires employées avec les enfants me portent à croire qu'un pourcentage très élevé d'enfants nés avant le dix-

> huitième siècle étaient ce qu'on appellerait aujourd'hui des «enfants battus». Sur les deux cents énoncés et plus concernant la façon d'éduquer les enfants avant le dix-huitième siècle que j'ai étudiés, la plupart approuvent le fait de battre sévèrement les enfants... Plus nous remontons dans le temps, plus les enfants sont maltraités et susceptibles d'être tués, abandonnés, expédiés dans des bateaux, agressés sexuellement et terrorisés par leurs gardiens.

Outre qu'ils se fondent sur la Bible pour justifier les châtiments corporels infligés aux enfants, bien des auteurs présentent un argument supplémentaire en faveur de la discipline. Ils craignent que si on «permet» à l'enfant de désobéir à ses parents, il finira inévitablement par désobéir à ses professeurs, aux gendarmes, à sa parenté, aux voisins et en fin de compte à Dieu.

Je reste perplexe lorsque je vois que ceux qui partagent cette opinion n'envisagent jamais la possibilité qu'une discipline répressive puisse plus souvent *provoquer* la désobéissance que la guérir. Les enfants «défient volontairement» les adultes qui les commandent, leur dictent leur conduite, exigent beaucoup d'eux, les contraignent ou les briment. Ils ne peuvent pas se révolter contre un parent qui a appris à remplacer l'autorité fondée sur le pouvoir par des méthodes non directives visant à l'influencer et à l'instruire; ils ne peuvent pas désobéir à des règles qui n'ont pas été édifiées unilatéralement. Bref, il me semble que la désobéissance constitue une réaction face à l'emploi d'un pouvoir coercitif.

En dépit de sa conviction selon laquelle la discipline biblique est fondée sur l'amour, Dobson ne semble pas être un père très aimant:

> Lorsqu'un enfant essaie cette sorte de révolte opiniâtre, mieux vaut que vous l'en exorcisiez, et la douleur est un merveilleux purificateur... Vous avez tracé une ligne dans la poussière, et l'enfant la traverse délibérément de son gros orteil poilu. Qui va gagner? Qui est le plus courageux? Qui dirige ici? (Dobson, 1978)

On peut se demander avec raison si les partisans de la discipline-à-tout-prix possèdent la seule interprétation valable des enseignements de la Bible. D'autres auteurs chrétiens citent des passages préconisant une philosophie non répressive, douce, aimante et nourrissante en ce qui touche les relations interpersonnelles et l'éducation des enfants. Jésus invite ses disciples à «nourrir [ses] agneaux» et non à les corriger. Jésus dit encore: «Ne faites pas aux autres ce que vous ne voudriez pas qu'on vous fasse»; «Laissez les enfants venir à moi! Ne les en empêchez pas...»; «Tu dois aimer ton prochain comme toi-même»; «Celui qui reçoit un de ces enfants à cause de moi, me reçoit moi-même... Celui qui fait tomber dans le péché un de ces petits qui croient en moi, il vaudrait mieux pour lui qu'on lui attache au cou une grosse pierre et qu'on le jette dans la mer»; «Ne jugez pas les autres et Dieu ne vous jugera pas»; et ainsi de suite.

Ces passages sont très différents de ceux que choisissent les partisans d'une discipline rigoureuse. On peut trouver d'autres exemples dans un livre de Earl Gaulke*, pasteur luthérien et parent chrétien. Dans *You Can Have a Family Where Everybody Wins: Christian Perspectives on Parent Effectiveness Training* (Vous pouvez avoir une famille sans perdant: réflexions chrétiennes sur la formation *Parents efficaces*) (1975), l'auteur démontre aux parents que les aptitudes enseignées dans nos cours sont conformes à la foi chrétienne et que «les aptitudes des parents efficaces sont reliées à l'amour de Dieu en Jésus-Christ et acquièrent une efficacité encore plus grande du fait qu'elles sont alimentées par cet amour».

Le mythe de la permissivité

Bien des gens croient que tout ce qui ne tourne pas rond chez les enfants est attribuable à l'excessive permissivité de leurs parents. C'est ce que j'appelle le «mythe de la permissivité», qui impute à celle-ci les pires délits commis par les jeunes: délinquance, toxicomanie, violence, relations sexuelles avant le mariage, alcoolisme, abandon des études, vandalisme, refus de l'autorité.

En général, c'est le docteur Benjamin Spock, auteur du célèbre ouvrage *Comment soigner et éduquer son enfant* (1972), qui supporte tout le fardeau du blâme à cet égard. À mon avis, cela est tout à fait injustifié et le public a grossièrement faussé l'image de cet homme. Une lecture attentive de l'ouvrage précité et d'articles de magazine démontre

* Earl Gaulke est l'un des milliers et plus de prêtres et de rabbins qui ont suivi notre formation et sont devenus moniteurs. Ce groupe important comprend des ministres de différents cultes protestants ainsi que des prêtres de diverses allégeances catholiques.

hors de tout doute que le docteur Spock invite les parents à «fixer des limites» et qu'il les met en garde contre la «soumission parentale» et l'«inaptitude à se montrer ferme». Il avise les parents que la façon d'amener un enfant à adopter ou à abandonner un comportement donné consiste à se montrer clair et précis... et à garder un œil sur lui jusqu'à ce qu'il obéisse.

Avec le temps, l'histoire consacrera l'aide considérable apportée par le docteur Spock aux parents. Il a partagé avec eux une grande partie de son expérience et de son savoir pédiatriques, ce qui les a rendus plus confiants, moins anxieux; et ce qui est le plus important pour le bien-être et la santé affective des enfants, il les a aidés à *accepter* davantage leurs enfants. Pour employer la terminologie propre à nos cours, il a aidé des millions de parents à élargir la zone sans problème de leur fenêtre des comportements (voir page 124), c'est-à-dire qu'il a permis aux parents de réduire le nombre de comportements qu'ils auraient trouvé dérangeants et inacceptables chez leurs enfants en temps normal. Plus les parents acceptent leurs enfants, plus leur vie devient agréable et leurs relations aimantes.

Je lève mon chapeau au docteur Spock pour cette magnifique contribution. Je souhaiterais cependant préciser que, parce qu'il était pédiatre, le savoir que le docteur Spock a partagé avec ses lecteurs était surtout d'ordre *médical* et qu'il a aidé les parents à faire face aux problèmes de santé, de diète et de nutrition, de sommeil, d'hygiène, de maladies courantes, etc. On comprend qu'il ait très peu parlé de la psychologie des enfants ainsi que des façons de diriger une famille, de counseling, de relations entre parents et enfants, de communication, de résolution de problèmes et de conflits, d'autorité et de pouvoir, de mécanismes d'adaptation, de conflits de valeur, de punitions et de récompenses, de styles démocratiques d'éducation, et ainsi de suite. Or, comme le docteur Spock ne s'est pas prononcé sur la question de la permissivité, on ne peut donc certainement pas le qualifier de «permissiviste».

Qu'entend-on par *permissivité*? Dans l'esprit de la plupart des gens, la permissivité est associée à un *manque de contrôle* sur les enfants, au fait de leur accorder une trop grande liberté, d'être trop tolérant. Parce qu'ils croient que la permissivité est à la source de tous les problèmes qu'ils appréhendent le plus, les adultes en concluent que la seule solution de rechange consiste à se montrer stricts, à exercer un *contrôle sévère* sur les enfants, à restreindre leur liberté, à édifier et à appliquer des règles, à user de leur pouvoir. Cette attitude blanc ou noir est celle que l'on retrouve dans la plupart des ouvrages préconisant une discipline rigoureuse. À mon avis, les auteurs de ces ouvrages font preuve d'un illogisme grave. Tout d'abord, ils imputent tous les travers des enfants à la permissivité des parents; puis, ils font croire à ceux-ci que la seule chose à faire pour les éviter est de faire preuve d'autorité, c'est-à-dire de se montrer stricts, d'établir des règles et de les appliquer à la lettre, de fixer des limites précises, d'employer des châtiments corporels et d'exiger l'obéissance.

Laissez-moi vous expliquer pourquoi la notion de permissivité relève du simple mythe. Tout d'abord, contrairement à la croyance populaire, seule une petite poignée de parents sont vraiment permissifs, comme le prouvent de nombreuses statistiques à ce sujet. En réalité, la plupart des parents recourent aux châtiments physiques, comme je l'ai déjà mentionné. Ainsi, l'auteur de *Behind Closed Doors* évaluent à entre 3,1 et 4 millions le nombre d'enfants américains ayant reçu des coups de pied, ou ayant été mordus ou frappés à un moment de leur vie, et à entre 1,4 et 2,3 millions le nombre de ceux qui ont été battus pendant leur enfance. (Straus, Gelles et Steinmetz, 1980)

Peut-on qualifier notre société de permissive? Il serait plus juste de dire que nous formons une société de parents autoritaires qui essaient de dominer leurs enfants au moyen des punitions physiques.

Si la permissivité n'est pas en cause, qu'est-ce donc qui entraîne tant d'enfants sur la mauvaise voie? Comme je l'ai démontré aux chapitres 4 et 5, il est clair qu'une discipline rigoureuse et fondée sur le pouvoir est en cause. De nombreuses études ont démontré que les délinquants étaient issus de parents abusant du pouvoir et des punitions, que les écoles où sévissent les châtiments physiques subissent davantage d'actes de vandalisme que les autres et que les criminels violents, bien plus que les citoyens honnêtes, ont souvent été battus par leurs parents.

Il est évident que les parents permissifs ne sont pas responsables de la présence de délinquants et de criminels dans notre société. Les enfants qui ont de graves ennuis sont invariablement ceux qui réagissent à leurs parents, se rebellent contre eux ou fuient la négligence ou les mauvais traitements. Les jeunes gens malheureux, agressifs et révoltés de notre société n'ont pas souffert d'un excès de *liberté*; au contraire, on leur a trop serré la vis, ils ont été soumis à une discipline trop sévère, ont subi trop de souffrances et de privations.

Que l'on me comprenne bien. Je suis aussi fermement opposé à la permissivité qu'à la discipline stricte. En premier lieu, je considère que la permissivité avec les enfants ou les élèves (même si elle est rare) est aussi nocive pour les *adultes* que pour les enfants. Les enfants à qui on n'impose aucune limite finissent par traiter leurs parents ou leurs professeurs d'une manière honteuse, bafouant leurs besoins et leurs droits. Ils refusent souvent d'assumer leur part des tâches domestiques et scolaires de sorte que ce sont *les parents et les enseignants* qui sont les vrais perdants et qui, on le comprend, se sentent en colère, malheureux et frustrés.

Les enfants de parents et d'enseignants permissifs ne s'en tirent pas si bien non plus car il leur arrive de se sentir coupables de la manière dont ils traitent les autres; souvent ils ne se sentent pas aimés parce qu'il est difficile d'aimer les enfants écervelés et égoïstes; en outre, ils ont souvent de la difficulté à se faire des amis parce qu'ils essaient toujours d'avoir le dessus, comme ils le font avec les adultes.

J'espère que le lecteur comprend clairement maintenant pourquoi les parents ne devraient se montrer *ni* tolérants *ni* stricts, *ni* mous *ni* durs, *ni* permissifs *ni* autoritaires. Il ne s'agit pas d'être tout l'un ou tout l'autre. Les deux attitudes peuvent nuire aux enfants et à leurs relations avec leurs parents.

En résumé: on a dupé la plupart des gens en les persuadant que la permissivité était à l'origine de tous les maux des enfants d'aujourd'hui, et que l'autorité et une discipline strictes renforcées par les punitions étaient les seuls remèdes à tous ces maux. Cette croyance est erronée pour deux raisons: en premier lieu, la permissivité est un phénomène rare; en second lieu, des données précises suggèrent que ce sont les traitements autoritaires et répressifs qui mettent les enfants sur la mauvaise pente et non la permissivité. Nous avons donc besoin d'une manière tout à fait nouvelle de traiter les enfants, qui ne fait des parents ni des dictateurs ni des paillassons.

Une attitude opposée à la direction démocratique

L'une des raisons pour lesquelles bien des gens refusent d'abandonner la discipline répressive tient aux puissants préjugés qu'ils nourrissent à l'endroit des groupes et des modes de direction démocratiques. Dans nos cours, tous nos moniteurs ont été frappés de constater le pourcentage élevé de parents, d'enseignants, d'administrateurs scolaires et de directeurs d'entreprise qui voient la direction démocratique d'un œil négatif. Nous entendons constamment des commentaires comme ceux-ci:

- Les groupes sont incapables de prendre des décisions.
- Les dirigeants en savent davantage; c'est donc à eux que revient la décision finale.
- Un comité qui essaie de fabriquer un cheval aboutit avec un chameau.
- Nos trois enfants nous mettraient en minorité.
- Les décisions de groupe reflètent l'ignorance de tous les membres.
- La démocratie est inefficace en affaires.
- Les groupes démocratiques sont inefficaces.
- Quelqu'un doit commander.

En tant que façon de gouverner les familles, les classes, les groupes de travail et les entreprises, la direction démocratique n'a pas bonne réputation. Il est intéressant de noter qu'on doute à l'échelle mondiale de la capacité d'un gouvernement démocratique à gouverner un pays d'une manière efficace. Bien que de nombreux pays se vantent d'être «démocratiques», un très grand nombre des pays membres des Nations Unies sont des dictatures ou des autocraties. De nombreux dirigeants de pays du Tiers-Monde rejettent la démocratie en faveur d'un gouvernement autocratique, sévère et répressif. Même certaines des sociétés occidentales les plus modernes sont gouvernées par de puissants groupes militaires ou religieux qui utilisent le châtiment physique comme principal moyen de domination.

Dans nos propres écoles, nous vantons en théorie les vertus de la démocratie sans l'appliquer. Il y a un écart entre *la matière* que nous enseignons et la *façon* dont nous l'enseignons. C'est pourquoi rares sont les jeunes qui apprennent à faire partie d'un groupe démocratique, que ce soit à la maison ou à l'école. Au lieu de cela, ils passent de la maison à l'école, chaque institution étant dotée d'un «responsable» qui établit les règlements d'une manière unilatérale et les fait appliquer au moyen de récompenses et de punitions. Pas étonnant que la plupart des enfants entament leur rôle d'adulte et de parent sans avoir jamais participé à un groupe démocratique.

Dans un article qui recommande la méthode démocratique dans les écoles comme moyen d'enseigner l'autodiscipline, les éducateurs Floyd Pepper et Steven Henry écrivent ceci:

> Les principes et valeurs démocratiques essentiels à l'enseignement de l'autodiscipline englobent l'égalité, le res-

> pect mutuel, les responsabilités partagées et la prise de décision en groupe. Dans une classe démocratique, les élèves et les professeurs participent conjointement à la planification, à l'organisation et à l'application des règles, ainsi qu'à l'enseignement, à l'apprentissage, à la réflexion et à la vie harmonieuse de la classe. (Pepper et Henry, 1985)

Malheureusement, il est probable qu'un élève sur mille, au plus, a jamais connu une expérience de ce genre.

Résistance à la formation

La plupart des professionnels seraient d'accord avec le fait que les parents et les enseignants doivent d'abord constater l'efficacité de certaines solutions de rechange avant d'abandonner l'idée qu'il faut discipliner les enfants. Et, à quelques exceptions près, ils devront s'exercer avant de se sentir assez compétents pour employer nos méthodes non répressives. Or, bien des parents et des enseignants résistent encore à l'idée de «suivre un cours» afin d'acquérir une plus grande efficacité à cet égard.

L'idée de devenir un parent plus efficace en suivant une formation spéciale bat en brèche bien des visions traditionnelles du rôle de parents. En général, chaque fois que les parents éprouvent des difficultés mineures en ce qui touche l'éducation de leurs enfants, ils blâment ces derniers: Jojo est un enfant «à problèmes», Suzie est «mésadaptée», David est «incorrigible», Jacquot est «hyperactif», Linda «n'accepte pas l'autorité», Raymond est «perturbé émotivement», Pierrot est «mauvais».

Rares sont les parents qui se demandent si leurs problèmes auraient quelque chose à voir avec l'inefficacité de leurs méthodes d'éducation. De sorte que lorsque les relations se détériorent gravement entre les parents et les enfants, les premiers songent tout de suite à emmener l'enfant pour le faire «réparer», «conseiller», «adapter», «discipliner» ou «remettre dans le droit chemin».

La plupart des parents imputent leurs problèmes familiaux aux changements sociaux: télévision omniprésente, dégradation de l'autorité, disponibilité des drogues, disparition de la famille traditionnelle, hausse du taux de divorce, absence de garderies, remise en question des valeurs morales essentielles, augmentation des richesses, et ainsi de suite. Bien que je ne nie pas l'influence possible de ces facteurs sur la vie familiale, je suis persuadé que le fait de les rendre responsables de tous les maux empêche les parents de se questionner sur les raisons de la détérioration de leurs relations avec leurs enfants. Cette attitude traditionnelle empêche les parents de voir leur propre incompétence comme la cause la plus importante des problèmes qu'ils affrontent avec leurs enfants.

Dans nos cours *Parents efficaces*, nous entendons bien d'autres raisons pour lesquelles les parents ne veulent pas apprendre à devenir de meilleurs parents. Mentionnons entre autres les suivantes:

Il nous suffit d'aimer nos enfants. Certes, l'amour est important mais il n'est pas suffisant pour être un parent efficace. D'autres facteurs entrent en jeu: le temps passé avec l'enfant; la capacité d'écouter avec empathie; le degré d'acceptation du comportement de l'enfant; l'envoi de messages «je» plutôt que de messages «tu»; le fait de savoir qu'on peut résoudre les conflits sans qu'il y ait de perdant; et ainsi de suite. En outre, l'amour n'est pas une potion dont les parents disposent en quantité illimitée et qu'ils peuvent prodiguer quotidiennement. Je sais par expérience que si les parents sont incapables de modifier les comportements inacceptables de leurs enfants, ils éprouvent de la colère et du ressentiment parce que leurs besoins ne sont pas satisfaits. Avec le temps, ils peuvent même finir par moins aimer leurs enfants (les détester même).

Nous n'avons pas de problèmes graves pour l'instant. La résistance à la plupart des mesures préventives prend sa source dans cette conviction. Si on n'est pas gravement malade, pourquoi bien se nourrir, faire de l'exercice régulièrement ou cesser de fumer? Apprendre à être parents, c'est apprendre à *prévenir* les problèmes, s'exercer avant l'apparition des troubles. Une fois les relations détériorées entre parents et enfants, il peut être trop tard pour recoller les morceaux.

D'autres parents en ont plus besoin que nous. Ces «autres parents» sont en général des gens pauvres, non éduqués ou «culturellement défavorisés». Bien des parents croient que seules ces familles produisent des enfants délinquants, décrocheurs, suicidaires ou toxicomanes. Or nous savons que cela est faux et que toutes les familles peuvent avoir de graves ennuis.

Nous avons tout le temps, nos enfants sont encore jeunes. Pourtant, c'est quand les enfants sont jeunes qu'ils développent des modèles de comportement comme la prévenance, l'estime de soi, le sens des responsabilités, la confiance en soi ou leurs contraires. Les parents doivent apprendre l'efficacité quand leurs enfants sont très petits car c'est à ce moment-là qu'elle porte le plus de fruits.

Les enfants perturbés sont pour la plupart issus de foyers désunis. Faux. En fait, ce sont souvent les ennuis que leur causent les enfants qui incitent les parents à divorcer. Nous savons également que les gens qui n'ont pas la compétence nécessaire pour réussir leur mariage sont également inefficaces en tant que parents. Les enfants perturbés sont parfois issus de foyers désunis, mais cela ne veut pas dire que cette situation en est la *cause.*

Nous ne sommes pas malades sur le plan affectif. Malheureusement, l'idée de suivre un cours pour devenir un parent efficace peut être aussi mal vue que le fait de suivre une psychothérapie, surtout si les parents voient un aspect «psychologique» dans notre programme. En fait, suivre une formation de parent ne signifie nullement qu'on soit «malade» de même que se confesser n'indique pas qu'on ait commis une faute grave. La formation de parent est une expérience éducative, ce n'est pas de la thérapie. Elle est préventive et ne constitue nullement un traitement.

Personne ne s'y connaît assez pour me dire comment élever mes enfants. Cette attitude reflète un malentendu sur la nature des cours destinés aux parents. Dans ces cours, nous ne montrons pas aux parents ce qu'ils doivent enseigner à leurs enfants, pas plus que nous n'offrons des solutions miracles aux centaines de problèmes différents qu'affrontent les familles. Nous enseignons plutôt des aptitudes et des méthodes qui ont fait leurs preuves afin de favoriser une communication bilatérale efficace, d'aider les enfants à régler leurs problèmes à leur façon et de résoudre les conflits entre parents et enfants de manière qu'il n'y ait pas de perdant. Ce sont là les aptitudes mêmes dont on a besoin pour entretenir des relations enrichissantes avec n'importe qui, que ce soit son conjoint, ses amis, ses collègues de travail ou ses beaux-parents.

La crainte du changement dans la famille

Une autre raison pour laquelle on craint d'abandonner la discipline fondée sur le pouvoir tient à la crainte de voir changer le fondement de la famille. Cela apparaît clairement chez les auteurs chrétiens qui appuient la formule autoritaire et qui sont aussi d'ardents défenseurs d'une vision conservatrice de la famille beaucoup plus globale, qui s'oppose entre autres au féminisme, à la régulation des naissances, à l'éducation sexuelle, à l'avortement, à l'éducation humaniste et à l'homosexualité tout en appuyant la peine de mort, le capitalisme, la défense militaire, l'armement nucléaire et l'aide militaire aux régimes anticommunistes.

Ann Eggebroten, dans le magazine *The Other Side* (L'autre point de vue), signale à notre attention la «puissante inclination politique» des défenseurs d'une discipline rigoureuse:

> Au fond, ces objectifs conservateurs tournent autour de la protection du statu quo américain, tel que défini un beau jour ensoleillé de 1951, en banlieue. La principale caractéristique à protéger est la Famille et le principal danger à éviter, un Gouvernement mondial (une mainmise communiste)... Ces auteurs conservateurs se rapportent habituellement à la «tradition judéo-chrétienne»... à «la manière de faire de nos ancêtres». Ainsi, James Dobson se porte à la défense d'un vague «concept judéo-chrétien de virilité» qui, selon lui, «est brouillé par le mouvement de libération des femmes». Il sous-entend que Jésus nous invite à défendre un certain modèle clairement biblique de virilité, un sujet que Jésus n'a pourtant pas abordé. (Eggebroten, 1987)

La formation *Parents efficaces* a parfois été la proie de violentes critiques de la part de ceux qui la voient comme une menace pour la famille hiérarchique, qui jugent qu'elle sape l'autorité paternelle, encourage l'égalité des droits des femmes et des enfants ainsi que la communication ouverte et franche entre enfants et parents. En fait, le cours *Parents efficaces* (à l'instar de la plupart des autres programmes de formation destinés aux parents) peut constituer une menace indirecte pour les familles non démocratiques du simple fait qu'il présente un modèle efficace de famille démocratique.

L'histoire nous a souvent montré que la peur peut pousser les gens (et les pays) vers l'autoritarisme, les inciter à accroître leur domination sur les autres, à préconiser la sévère répression des criminels, à restreindre la liberté des citoyens. Témoin cet appel vibrant lancé par Ronald Reagan en faveur d'un retour à «cette bonne vieille discipline» dans les écoles américaines. Le pouvoir autoritaire a souvent été considéré comme un bouclier durable et fiable pour nous protéger de nos hantises. Marilyn French souligne ce phénomène d'une façon irrésistible dans son populaire ouvrage intitulé *La fascination du pouvoir:*

> On l'a [le pouvoir] porté aux nues en le présentant comme un rempart contre la souffrance et la fugacité du plaisir. Il n'a rien d'un rempart; il est aussi éphémère que tout autre élément de la vie. La contrainte semble une méthode plus simple, plus rapide que toute autre, d'établir l'ordre; pourtant elle prend autant de temps, est aussi fastidieuse et bien plus coûteuse que le contact personnel, la persuasion, ou l'écoute des autres et la coopération, quand il s'agit de créer l'harmonie d'un groupe. (French, 1987)

En lisant ce passage, je suis frappé par les similitudes qui existent entre les solutions de rechange proposées par l'auteure et celles que je prône, bien que nous n'employions pas les mêmes termes:

> Ce qu'elle appelle «contact personnel», je le nomme «messages «je» de prévention et de confrontation».
> Sa «persuasion» est mon «influence» fondée sur l'Autorité E.
> Ce qu'elle nomme «l'écoute des autres», je l'appelle «écoute active».
> Là où elle parle de «créer l'harmonie d'un groupe», je parle de «troisième méthode sans perdant» pour résoudre les conflits.

Les hommes en particulier semblent moins portés à renoncer à leur position de pouvoir dans la famille, pouvoir qu'ils exercent sur leur femme comme sur leurs enfants. Une de leurs plus grandes craintes, comme je l'ai déjà mentionné, est de voir leurs enfants désobéir si on leur en donne l'occasion, être gâtés ou perturbés de toute autre façon si la famille ne s'en tient pas aux «méthodes éprouvées» et ne respecte pas la domination paternelle. Or je sais par expérience que cette attitude entre autres nuit sérieusement aux relations entre le père, sa femme et ses enfants. La plupart des professionnels qui œuvrent auprès des familles seraient d'accord pour dire qu'en général les hommes ne sont pas de bons pères car leur insistance à dominer au moyen du pouvoir les empêche d'entretenir des relations chaleureuses, aidantes et aimantes avec les membres de leur famille.

Nos cours *Parents efficaces* comptent beaucoup moins de pères que de mères (un sur trois). En outre, parmi les mères qui nous confient leur difficulté à mettre en pratique leurs aptitudes nouvellement acquises, nombreuses sont celles qui se heurtent à la résistance d'un mari autocratique.

La résistance au changement à l'école

Les raisons qui font que l'on s'entête à pratiquer une discipline rigoureuse dans les écoles sont à peu de chose près les mêmes que l'on retrouve chez les parents. Après tout, les enseignants et les administrateurs scolaires ont déjà été des enfants soumis à une discipline fondée sur le pouvoir et à un puissant modèle de récompenses et de punitions.

En outre, la plupart des enseignants ont eu eux-mêmes des professeurs qui dirigeaient *leurs* classes d'une manière autocratique et menaient leurs élèves à la baguette. Les administrateurs scolaires aussi ont eu des directeurs d'école beaucoup plus autoritaires que démocratiques. Je soupçonne que très peu d'enseignants ou d'administrateurs ont eu des professeurs ou des directeurs démocratiques et non intransigeants qui auraient pu leur servir de modèles dans leur vie professionnelle.

Il ne faut pas oublier la résistance à changer nos écoles qui sont de vraies *institutions traditionnalistes*. Charles Silberman, dans son ouvrage classique intitulé *Crisis in the classroom* (La classe en crise) publié en 1970, met en relief quelques pratiques traditionnelles qui ont traversé les époques:

> Les «éléments essentiels» qui rendent l'enseignement si uniforme à travers les époques et les cultures découlent simplement de présomptions et de comportements n'ayant jamais été remis en question. Le souci de l'ordre et du contrôle, l'adhésion servile à l'horaire et au plan de cours,

> l'obsession de la routine pour la routine, l'absence de bruit et de mouvement, l'ennui et la répression, l'universalité du cours magistral ou de la «discussion» dominée par le professeur dans laquelle celui-ci donne des instructions à une classe considérée comme une unité, l'accent mis sur le verbal et l'abstrait, l'incapacité des élèves de travailler seuls, la dichotomie entre le travail et le jeu, aucun des ces éléments n'est nécessaire et tous peuvent être éliminés.

Je suis d'accord avec cette liste des pratiques courantes qui ont opiniâtrement résisté au changement dans les écoles. Je crois que chacune d'elles contribue d'une manière significative à créer le grave problème disciplinaire qui sévit dans toutes les écoles américaines. Toutefois, j'ajouterais quelques éléments à cette liste: le système de notation, qui récompense un petit groupe au détriment de la majorité; les activités hors cours qui valorisent uniquement la force musculaire ou la beauté; et la tradition qui veut que presque tous les élèves suivent les mêmes cours, ce qui suppose qu'ils possèdent tous la même capacité mentale.

Carl Rogers, le seul psychologue à s'être distingué à la fois sur le plan professionnel et sur le plan scientifique aux yeux de l'American Psychological Association, a déjà dit à l'intention d'un groupe d'entre nous qui étions réunis pour discuter au sujet des écoles: «Lorsque je visite les écoles que fréquentent mes petits-enfants, j'y vois à peu près la même chose qu'il y a soixante ans lorsque j'étais moi-même enfant.» Je crois que la plupart des autres professionnels qui ont sérieusement étudié notre système scolaire approuveraient cette observation.

Laissez-moi résumer cet examen des motifs qui justifient l'entêtement des adultes à discipliner et à dominer les enfants. Je ne peux résister à la tentation de généraliser en affirmant que cet entêtement est en grande partie attribuable à une cause unique, soit une méfiance presque universelle à l'endroit des groupes démocratiques et un manque d'expérience quant à leur fonctionnement. C'est un peu un truisme de dire que l'on s'accroche à ce qui est familier et que l'on craint d'affronter l'inconnu. J'ai fini par croire que, pour la plupart des gens, la démocratie représente l'inconnu.

Dans le prochain chapitre, j'essaierai d'expliquer ce que les familles et les écoles démocratiques — par opposition à celles qui sont autocratiques — peuvent faire pour la santé et le bien-être de leurs membres.

CHAPITRE 11

Les relations démocratiques, source de santé et de bien-être

Cette étude approfondie de la notion de discipline et de son application m'a permis de mieux comprendre sa nature précise et de recueillir une panoplie de données sur son inefficacité ainsi que sa nocivité pour les enfants et les jeunes. Elle m'a également permis de découvrir certaines solutions de rechange nouvelles et efficaces, particulièrement dans les écoles. Elle a à la fois confirmé et renforcé ma croyance en la validité des procédés que nous enseignons dans le monde entier à travers nos programmes *Parents efficaces* et *Enseignants efficaces,* notamment la communication bilatérale, la résolution de problèmes et de conflits, la consultation et la facilitation.

Mais ce qui est encore plus gratifiant pour moi, c'est que cette tâche a clarifié dans mon esprit une idée à laquelle je songe et dont je discute avec mes collègues depuis des années, à savoir que les relations et les groupes démocratiques sont des facteurs de «santé» tandis que ceux qui ne le sont pas rendent les gens «malades». Les uns produisent le «bien-être» tandis que les autres sont source de «maladie».

Il devient de plus en plus évident que les organisations qui pratiquent la gestion participative (décision de groupe, participation de l'employé, communication bilatérale) se caractérisent par une amélioration du rendement, du moral et de la santé physique des employés, et une diminution du roulement de la main-d'œuvre, du nombre de griefs et du taux d'absentéisme. Les employés se sentent mieux dans leur peau, aiment leur travail, s'estiment davantage, ont une plus grande confiance en eux-mêmes et se sentent moins impuissants. Comme nous l'avons vu au chapitre 7, ce sont là les résultats d'une étude menée auprès de cinquante compagnies par John Simmons et William Mares en 1983.

Lorsqu'on applique la direction participative dans les écoles, on se rend compte que les élèves améliorent de façon significative leurs habitudes concernant l'étude, leurs aptitudes sociales et leur niveau de raisonnement moral, qu'ils établissent des relations plus étroites avec les enfants de divers milieux et races, et sont moins turbulents. C'est ce qu'ont prouvé d'autres recherches décrites au chapitre 7.

Les parents qui apprennent à créer une ambiance démocratique favorisent-ils la santé et le bien-être de leurs enfants? Ma réponse à cette question est «oui», comme le démontrent un grand nombre de recherches sur ce sujet.

Des chercheurs tout à fait étrangers à notre programme *Parents efficaces* ont évalué les effets de ce cours. En 1983, un psychologue de l'université de Boston, Ronald Levant, publiait une compilation de vingt-trois de ces études. Bien que nombre d'entre elles présentent de graves problèmes méthodologiques, il en a choisi trois qui répondaient tout à fait aux critères de base à cet égard. Chaque étude comparait des parents ayant suivi le cours avec des parents d'un groupe témoin n'ayant pas suivi le cours. Sur trente-cinq comparaisons, vingt-quatre (ou soixante-neuf pour cent) favorisaient les parents participants, aucune ne favorisait le groupe témoin et onze (trente et un pour cent) n'établissaient aucune différence entre les deux groupes.

Ronald Levant a découvert que le cours *Parents efficaces* améliorait nettement les attitudes et les comportements des parents, qui devenaient plus acceptants, plus confiants et plus compréhensifs. Les enfants de ces parents s'estimaient davantage et leurs professeurs jugeaient d'une manière plus positive leur comportement en classe.

Plus tard, en 1985, un étudiant de Ronald Levant utilisa une nouvelle méthode statistique pour combiner les résultats de vingt-six études différentes et refaire l'analyse des données combinées. Cette méthode, appelée «étude métaanalytique», donna les résultats ci-dessous:

- Le cours *Parents efficaces* a eu des conséquences positives tant sur les attitudes que sur les comportements des parents et ces conséquences ont persisté jusqu'à vingt-six semaines après la fin du cours.
- Les études mieux conçues et plus scientifiques démontraient de plus grands changements positifs chez les parents et les enfants que les études plus mal conçues.
- Les parents obtenaient de meilleurs résultats aux tests destinés à évaluer leur «idéal démocratique» ainsi que leur degré d'acceptation et de compréhension des enfants.
- L'effet le plus remarquable du cours *Parents efficaces* sur les enfants était une amélioration de leur estime de soi. (Cedar, 1985)

Ronald Levant, qui parrainait la recherche de Bruce Cedar, commenta ainsi les résultats obtenus par celui-ci: «Le cours *Parents efficaces* s'en sort avec un bilan de santé impeccable, bien qu'une recherche de plus haut calibre soit encore nécessaire.»

Les effets du programme *Enseignants efficaces* ont été évalués dans huit études révisées et résumées par Edmund Emmer et Amy Aussiker de l'université du Texas à Austin. Voici leur conclusion:

> Les études portant sur le comportement des enseignants ayant suivi la formation prouvent généralement que ces derniers ont amélioré leur capacité d'appliquer les aptitudes apprises pendant le cours *Enseignants efficaces*. Les conséquences du cours variaient des plus minimes aux plus importantes, ces dernières étant plus courantes... Les résultats démontrent que le cours *Enseignants efficaces* peut modifier l'attitude et le comportement des

> enseignants de manière à les rendre plus conformes au modèle qu'il enseigne: vision plus démocratique de l'emploi de l'autorité, plus grand souci des perceptions et des sentiments des élèves, comportement reflétant l'acceptation des élèves. (Emmer et Aussiker, 1987)

Plusieurs autres recherches révèlent les conséquences positives d'une éducation parentale démocratique (parents n'ayant pas suivi le cours) sur l'estime de soi des enfants:

- L'étude menée par Stanley Coopersmith (1967) sur des garçons de cinquième et de sixième année révéla que les parents des garçons qui possédaient un grande estime de soi (par contraste avec les parents des autres garçons) préféraient discuter avec leurs enfants plutôt que de leur imposer une discipline rigoureuse et prenaient les décisions de concert avec ceux-ci tout en acceptant qu'ils mettent en doute le point de vue de leurs parents.
- Ayant passé en revue un certain nombre d'études portant sur les antécédents familiaux d'enfants possédant une grande estime de soi, Eleanor Maccoby et John Martin (1983) résumèrent ainsi leurs découvertes: «Nos recherches démontrent que ni une domination autoritaire ni une liberté et une permissivité illimitées ne constituent la clé du développement d'une grande estime de soi chez les enfants. Il semble plutôt qu'un modèle d'interaction où les parents ont des exigences raisonnables mais fermes que les enfants trouvent légitimes, et *où les parents n'imposent pas de restrictions mais laissent une certaine marge de choix et de contrôle entre les mains des enfants*, soit le modèle le plus susceptible de promouvoir l'estime de soi.» (C'est moi qui souligne.)

J'ai découvert deux études reliant les styles d'éducation parentale à la santé physique des enfants:

- Dans la première étude, on a comparé le comportement des mères d'enfants souffrant de maladies psychosomatiques (asthme, arthrite, colite ulcéreuse, ulcère d'estomac et eczéma atopique) avec celui d'un groupe témoin composé de mères dont les enfants souffraient de maladies d'origine autre que psychosomatique (polio, maladie cardiaque congénitale, néphrose, hémophilie). *Résultat:* les mères des enfants souffrant de maladies psychosomatiques étaient plus dominatrices et argumentaient davantage que les autres mères. (Garner et Wenar, 1959)

- Une seconde étude révélait des caractéristiques semblables chez les mères d'enfants asthmatiques peu sujets aux attaques par contraste avec un groupe témoin formé de mères dont les enfants étaient *fortement* sujets aux attaques (facteurs somatiques élevés). Les mères des deux groupes d'enfants asthmatiques étaient très portées à critiquer et à rejeter leurs enfants. (Block et al., 1964)

Une étude classique réalisée il y a bien des années apporte la preuve la plus remarquable du potentiel de santé des milieux familiaux démocratiques. Cette étude, menée sous la tutelle du Fels Institute à Antioch, en Ohio, déterminait trois types de famille: autocratique, permissif et démocratique. Les enfants de ces familles subirent une batterie de tests, puis furent soumis à d'autres tests périodiques jusqu'à ce qu'ils atteignent l'adolescence. La découverte la plus étonnante révélée par cette étude se rapportait à la modification du quotient intellectuel des enfants. Avec les années, le Q.I. des enfants de parents autocratiques avait légèrement régressé, tandis que celui des enfants de parents permissifs demeurait à peu près inchangé. Par contre, les enfants de parents démocratiques augmentèrent leur Q.I. de façon significative avec les années, la hausse la plus importante étant de huit points. Les chercheurs en conclurent que le milieu démocratique est le plus propice à l'évolution mentale. Les parents démocratiques entouraient leurs enfants d'une atmosphère fondée sur la liberté, l'affection et la stimulation intellectuelle. Leurs enfants obtinrent en outre des notes plus élevées à l'école sur le plan de l'originalité, de la capacité d'organisation, de la patience, de la curiosité et de l'imagination. Ils avaient occupé davantage de postes de direction à l'école et obtinrent des résultats plus élevés au chapitre de l'adaptation affective et de la maturité. Pour citer les chercheurs:

> Lorsque l'enfant issu d'un foyer démocratique atteint l'âge scolaire, il a fait des progrès sociaux marqués. Il est populaire et c'est un chef; il est amical et facile à vivre; il

> paraît émotivement confiant, serein, calme; ayant tissé des liens étroits avec ses parents, il s'adapte facilement à ses professeurs. (Baldwin, Kalhorn et Breese, 1945)

Dans les chapitres précédents, j'ai cité d'autres résultats de recherche prouvant que les familles non autoritaires et non répressives produisent des enfants plus efficaces et plus «sains» sous plusieurs aspects. Ils présentaient les traits suivants:

- moins agressifs
- moins portés à commettre des actes de vandalisme
- moins violents à l'égard des autres enfants
- plus grande estime de soi
- moins de tendances suicidaires
- meilleures relations avec leurs camarades
- plus sociables
- plus capables d'autocontrôle
- moins de dépressions et de crises de larmes
- plus heureux en amour
- moins inquiets et moins angoissés
- moins coupables
- moins querelleurs
- moins timides

Une recherche originale portant sur les causes fondamentales des problèmes mentaux et affectifs prévalant dans notre société vient corroborer ma croyance que les relations entre des personnes usant de pouvoir sur les autres sont sources de maladie. Dans le premier ouvrage entièrement consacré à la prévention de la psychopathologie, les psychologues Marc Kessler et George Albee passent en revue d'une manière approfondie des documents (trois cent quatre-vingt-un articles et livres) sur les origines et la prévention des troubles mentaux et affectifs. Ils concluent ainsi leur ouvrage:

> Il est tentant de proposer d'élargir l'aspect humain des paroles de Lord Acton: «Le pouvoir tend à corrompre; le pouvoir absolu corrompt d'une manière absolue.» Où que nous ayons regardé, quelle que soit l'étude sociale passée en revue, nous avons découvert que les principales causes du stress et de la détresse mentale sont en général reliées à

> une forme ou une autre de pouvoir excessif. Les polluants d'une société industrielle consommatrice de pouvoir; l'exploitation des faibles par les puissants; la dépendance excessive d'une culture automatisée envers les moteurs puissants (symboles de puissance consommateurs de pouvoir); la détérioration de l'environnement par les déchets d'une société aimant son confort au point de céder à toutes ses impulsions; la lutte de pouvoir entre les riches pays consommateurs et les pays exploités du Tiers-Monde; la vengeance des pauvres et des exploités; à un niveau plus personnel, l'exploitation des femmes par les hommes, des enfants par les adultes, des personnes âgées par une société qui adule la jeunesse — cela suffit pour avancer l'hypothèse qu'une réduction radicale du pouvoir pourrait améliorer la santé mentale des gens. (Kessler et Albee, 1977)

Des recherches démontrent sans équivoque que les familles démocratiques offrent un milieu interpersonnel qui produit des jeunes gens sains, créateurs et en pleine possession de leurs moyens. Mais comment cela se produit-il? Qu'est-ce qui différencie ces familles des autres? Les recherches nous donnent des indices, mais nous en avons appris bien davantage auprès de nos participants.

Moins de privations et d'humiliations

La caractéristique la plus courante de ce que nous avons appelé la famille démocratique est sans doute l'absence de punition, physique ou autre, comme moyen de modifier les comportements inacceptables des enfants. Dans la famille traditionnelle, la domination autocratique fondée sur le pouvoir exige, comme nous l'avons vu, le fréquent recours à la punition afin d'amener les enfants à obéir. Or, comme la punition est souvent, par définition, humiliante et frustrante, cette frustration nuit certainement à la santé mentale ou physique, ou les deux, de l'enfant. Abraham Maslow, l'un des fondateurs de l'Association de psychologie humaniste, a énoncé ce principe d'une manière ferme et non équivoque:

> Il faut que les gens comprennent clairement que chaque fois qu'ils menacent, humilient, blessent inutilement, dominent ou rejettent un autre être humain, ils contribuent, même de façon minime, à créer une psychopathologie. Ils doivent se

> rendre compte que chaque être humain qui se montre aimable, aidant, honnête, démocratique sur le plan psychologique, affectueux et chaleureux, constitue une force psychothérapeutique, si petite soit-elle. (Maslow, 1974)

Les parents qui traitent leurs enfants tel que le décrit Maslow, qui prennent l'habitude d'employer les méthodes non fondées sur le pouvoir que j'ai décrites en détail aux chapitres 6 et 7, et qui respectent les droits égaux de tous les membres de la famille de satisfaire leurs besoins, auront des enfants qui n'auront pas besoin de recourir à des mécanismes d'adaptation autodestructeurs, ni à des comportements extrêmes (colère, révolte, délinquance, alcoolisme, fuite dans les drogues, boulimie, agressivité, timidité) pour la simple raison qu'il n'y aura rien dans leur famille contre quoi se battre, rien à fuir ni personne à qui se soumettre. Ils ne souffriront jamais de la privation, de l'estime de soi médiocre et de l'impuissance qui incitent les jeunes à recourir à ces mécanismes d'adaptation. Je ne dis pas que leur vie sera un jardin de roses, qu'ils n'auront jamais de problèmes ni de déceptions. Mais plus je travaille avec les familles en thérapie ou en cours et plus je lis le nombre croissant de résultats de recherche qui démontrent les facteurs qui contribuent à produire des enfants sains ou malsains, efficaces ou inefficaces, perdants ou gagnants, plus je suis convaincu que les enfants élevés dans une atmosphère chaleureuse, acceptante et non répressive possèdent les ressources nécessaires (les leurs alliées à l'appui de leurs parents) pour affronter de manière constructive les problèmes, conflits et déceptions qui surgissent habituellement en dehors de la famille.

Moins de stress, moins de maladies

Les familles dont les parents mettent en œuvre avec succès le style d'éducation démocratique préconisé dans le cours *Parents efficaces* présentent d'autres traits positifs. Grâce aux études scientifiques sur le stress menées par le célèbre physiologiste Hans Selye, nous savons que la maladie suit souvent de très hauts niveaux de stress causé par la douleur, l'amour non partagé, la dépression, les pertes financières, l'humiliation, la privation affective et d'autres événements douloureux. Comme toutes les personnes issues de foyers répressifs et autocratiques le savent, la vie dans ce type de famille produit toujours un grand stress. Ce stress découle de la douleur et de l'humiliation suscitées par les châtiments physiques, de la peur et de l'anxiété résultant de la possibilité d'être puni, de la tension liée aux fréquentes tentatives d'échapper aux punitions, de la colère et du ressentiment déclenchés par la soumission à un plus puissant que soi et des sentiments confus d'amour et de haine que l'on éprouve envers ses parents.

Par contraste avec ces familles stressantes et autocratiques, celles où les parents ont appris à fonctionner d'une manière démocratique jouissent d'un climat marqué par la coopération, le partage des tâches, la résolution équitable des conflits, la satisfaction mutuelle des besoins et la considération pour les autres, sans contrainte parentale, sans punition ni peur. Les enfants des parents «efficaces» sont donc moins sujets au stress et partant, à la maladie. Il n'est pas étonnant d'entendre certains participants du cours *Parents efficaces* signaler que leurs enfants ont moins de rhumes, d'indigestions, d'allergies. Dans mon livre *Parents efficaces,* je raconte l'histoire d'un enfant asthmatique qui n'eut jamais plus de crise après une séance intense d'écoute active avec sa mère au cours de laquelle il finit par avouer qu'il craignait de mourir dans son sommeil s'il fermait la bouche quand son nez était bouché. (Gordon, 1977)

L'idée que les adultes peuvent vraiment rendre leurs enfants malades n'est donc pas surprenante vu les relations compliquées qui existent entre le stress émotif et la maladie, comme l'ont démontré les recherches. La domination, les punitions, les critiques, les restrictions et le rejet suscitent toujours chez les enfants de la peur, de la colère, de l'apathie et de la frustration, tous ces sentiments constituant des symptômes courants de stress physiologique. Il est certainement logique de présumer que lorsque les adultes sont moins dominateurs, moins répressifs et moins restrictifs, les enfants ont plus de chances de grandir sans souffrir du stress et d'être ainsi plus résistants face à la maladie.

Une plus grande capacité de régler ses problèmes

La vie est souvent difficile et compliquée, et tous les enfants éprouvent parfois des difficultés à satisfaire certains besoins essentiels. Pour surmonter ces difficultés, ils doivent apprendre à régler leurs problèmes de manière efficace. Le modèle d'éducation familiale et scolaire que je propose ici invite les enfants à participer activement à la résolution des problèmes au lieu de subir les solutions imposées par les adultes. Dans un milieu démocratique, les enfants apprennent sur le tas à employer la méthode de résolution de problème pour édifier des règles familiales et scolaires, élaborer des projets et résoudre toutes sortes de conflits. Quand parents et enseignants renoncent à être des solutionneurs, des décideurs et des faiseurs de lois, ils laissent les enfants participer à part entière aux processus de décision, ce qui leur permet d'acquérir une compétence qu'ils mettront à profit dans tous les domaines, leur vie durant. En outre, ils y gagneront sur le plan de la confiance, de l'estime de soi et de l'autonomie, et ils auront le sentiment d'avoir leur vie bien en main.

Moins de colère et d'hostilité

Lorsque les jeunes (ainsi que les adultes) se sentent frustrés ou vaincus, ils se mettent souvent en colère et se mettent à se détester ou à haïr les autres. Ces réactions de colère et d'hostilité sont courantes chez ceux qui se sentent démunis ou ont toujours l'impression de perdre. Les aptitudes que nous avons examinées dans ce livre diminuent nettement la probabilité pour les enfants de perdre dans les conflits qui les opposent à leurs parents ou à leurs professeurs, ou de se sentir comme des citoyens de second ordre. Les enfants comblés ont peu de chances de se transformer en membres hostiles et vengeurs de la société.

Libération face à la peur

La discipline répressive et fondée sur le pouvoir, pour sa part, maintient les enfants dans la peur de leurs parents ou de leurs professeurs. Les chiens battus deviennent peureux, nerveux, vigilants, de même que certains enfants élevés dans un milieu autoritaire. Vivre dans un climat de danger potentiel constant est nocif pour la santé mentale d'une personne, comme nous l'ont si bien montré les études menées auprès des anciens combattants du Viêt-nam, bien que cet exemple soit extrême. Mais les enfants de familles et de classes démocratiques n'ont pas à craindre d'être punis ou privés, de perdre ou d'échouer.

Un plus grand sens des responsabilités et un sentiment de maîtriser son destin accrus

Les expériences ont démontré que le sentiment de ne pas être responsable de sa vie, de son destin, peut nuire à la santé mentale et causer en particulier la dépression, l'angoisse, le stress. Les formations *Parents efficaces* et *Enseignants efficaces* visent à encourager les enfants à se contrôler eux-mêmes plutôt que de se soumettre au contrôle des adultes, ainsi qu'à développer leur détermination interne. Les psychologues, qui se sont tout récemment penchés sur cette question, parlent de «maîtrise de sa destinée». Les enseignants et les parents autocratiques qui s'appuient fortement sur le contrôle externe entraînent des sentiments de dépendance et d'impuissance chez leurs enfants. Par contre, ceux qui accordent aux enfants une grande liberté et leur confient des responsabilités leur font sentir qu'ils peuvent être responsables de leur destinée. Au chapitre 5, j'ai décrit les expériences réalisées par Stanley Milgram (1979) sur l'obéissance à l'autorité. Rappelez-vous sa conclusion: «La disparition du sens des responsabilités est la conséquence la plus remarquable de la soumission à l'autorité.»

Moins de comportements autodestructeurs

Les jeunes gens adoptent habituellement plusieurs comportements autodestructeurs et téméraires à la fois. Les enfants qui se sentent démunis ou qui affrontent de grandes souffrances ou de grandes injustices dans leur vie peuvent réagir en recourant à une variété de comportements malsains: cigarette, drogue, conduite imprudente, conduite sous l'influence de la drogue ou de l'alcool, relations sexuelles précoces. Dans les familles et les écoles où l'on respecte les besoins fondamentaux des jeunes, où l'on règle les conflits sans faire de perdant et où l'on privilégie la justice, les enfants ont beaucoup moins de raisons de s'engager dans des comportements aussi destructeurs pour la santé.

Meilleures aptitudes sociales

Bien des parents qui appliquent les méthodes de *Parents efficaces* dans leur vie familiale rapportent que leurs enfants finissent par devenir habiles à employer les mêmes procédés, sans doute parce qu'ils imitent le comportement de leurs parents. Comme leurs parents les écoutent, ils apprennent à écouter avec empathie. Comme leurs parents émettent des messages «je», ils s'expriment d'une manière ouverte, honnête et sans blâmer. Et comme ils ont participé à plusieurs séances de résolution de problèmes avec leurs parents, ils font de même avec les autres et résolvent leurs conflits sans qu'il y ait de perdant.

Nos parents participants nous ont affirmé — et nous l'avons constaté maintes fois par nous-mêmes — que leurs enfants ont de nombreux amis proches; que ceux-ci leur soumettent leurs problèmes; qu'ils règlent amicalement leurs conflits avec leurs amis; que les benjamins les adorent, les respectent et cherchent à les imiter; que les adultes sont attirés par leur caractère aimable et sociable; qu'ils n'exploitent pas les autres; qu'ils assument toujours leur part du travail; et, comme l'ont révélé les études menées au Fels Institute, qu'ils ont tendance à occuper des postes de direction à l'école et au sein des organismes religieux.

Grâce à ces expériences positives, les enfants issus de familles démocratiques nouent des amitiés durables, connaissent rarement la solitude et le rejet, développent leur confiance en eux et leur estime de soi, et se sentent aimés et admirés par les autres. Bref, grâce à une vie familiale saine, ils ont acquis des aptitudes interpersonnelles qui leur apporteront un plus grand nombre encore de relations saines et de réussites à l'extérieur de la famille.

Tant les résultats de recherche que l'observation médicale des familles ayant appris à fonctionner d'une manière plus démocratique nous ont permis de comprendre les processus précis grâce auxquels les enfants de ces familles apprennent à s'estimer, à devenir responsables, à développer leur confiance en eux, à s'autodiscipliner et à nouer des amitiés étroites, autrement dit, à devenir mentalement, physiquement et socialement plus sains.

Cette relation de cause à effet n'est pas étonnante puisque l'on reconnaît qu'en général les citoyens de pays démocratiques sont plus satisfaits, plus riches, plus libres et plus autonomes que les citoyens vivant sous un régime autoritaire.

Il en va de même dans les milieux de travail. Alors que seule une petite poignée de personnes a vraiment travaillé sous la tutelle de chefs vraiment démocratiques, qui n'a pas connu la frustration, la contrainte, la peur, l'insécurité et le sentiment de privation qu'entraîne le fait d'avoir un patron autoritaire? Heureusement, on a généralement la liberté d'échapper à cette situation et de chercher un nouvel emploi.

Ce qui n'est pas le cas des enfants. Jusqu'à ce qu'ils atteignent l'adolescence, ils doivent supporter leurs parents et leurs professeurs. C'est pourquoi nous devons plus que jamais intensifier nos efforts pour démocratiser nos familles et nos écoles, afin de détruire les causes de la psychopathologie chez nos enfants avant qu'elles ne s'enracinent, au lieu de se contenter de traiter les jeunes qui ont déjà commencé à souffrir de troubles psychologiques.

Prenons le cas des drogues et de l'alcool. Je suis convaincu qu'il serait beaucoup plus efficace de trouver des façons de démocratiser les familles et les écoles pour réduire la fréquence de ces comportements destructeurs chez nos jeunes plutôt que d'adopter des stratégies visant à les changer: refus, cours sur les dangers de l'alcool et des drogues, counseling et autres traitements, campagnes d'information à l'intention des parents sur les symptômes de la toxicomanie et de l'alcoolisme chez les enfants, et ainsi de suite. Marc Kessler et George Albee, dans un ouvrage original intitulé *Primary Prevention in Psychopathology* (Prévention primaire en psychopathologie), mettent l'accent sur la prévention plutôt que sur la guérison.

> En ce qui concerne la santé publique, chacun sait qu'aucune maladie humaine répandue n'est jamais maîtrisée par le traitement de malades isolés. On n'a pas vaincu la rougeole en traitant les patients atteints de cette maladie; de même que la guérison d'individus n'a pas constitué la solution à la fièvre typhoïde, à la polio ou aux oreillons. Chaque plaie qui afflige l'humanité a été vaincue lorsqu'on en a découvert la cause et qu'on a pris des mesures efficaces pour la détruire. C'est ce qu'on appelle la prévention primaire. (Kessler et Albee, 1977)

Je crois fermement que nous avons découvert au moins l'*une* des principales causes de la psychopathologie et de la délinquance chez les jeunes: notre grande dépendance envers la discipline répressive et fondée sur le pouvoir pour dominer leur vie à la maison et à l'école. Cette découverte est encourageante en soi, mais le fait que nous possédons déjà des solutions de rechange valables et plus efficaces l'est encore davantage. Ces nouvelles méthodes façonnent le genre de jeunes que nous voulons, la sorte de société dont nous avons besoin.

Notre attitude envers les enfants joue un rôle beaucoup plus important dans la nature de notre société que nous le croyons. Dans son livre intitulé *Cosmos* (1980), Carl Sagan décrit une étude effectuée par le neuropsychologue James Prescott qui porte sur une analyse multiculturelle de quatre cents sociétés préindustrielles. M. Prescott a découvert que les cultures dans lesquelles les enfants sont punis physiquement et privés d'affection sont souvent caractérisées par l'esclavage, l'homicide, la torture et la mutilation des ennemis, une forte croyance à l'infériorité des femmes et une puissante dévotion envers l'un ou plusieurs des êtres surnaturels qui interviennent dans la vie quotidienne. M. Prescott conclut que ces cultures sont formées d'individus qu'on a privés des plaisirs physiques au cours d'au moins une des deux étapes critiques de la vie, soit l'enfance et l'adolescence. Au contraire, les sociétés qui encouragent les démonstrations d'affection et tolèrent les rapports sexuels avant le mariage sont moins sujettes à la violence et au vol, elles ne sont pas portées à adopter une religion organisée ni à faire l'étalage des richesses individuelles.

Il est tentant de conclure cette analyse de la discipline et de ses solutions de rechange en formulant des hypothèses sur les conséquences à long terme, pour notre société, d'une démocratisation de nos familles et de nos écoles, et de l'abolition de la domination des enfants au moyen d'une discipline fondée sur le pouvoir. Si l'on se fie aux recherches citées dans les chapitres précédents, on pourrait presque à coup sûr observer certaines des répercussions ci-dessous, les autres étant plus ou moins fondées sur des conjectures. Toutes reposent cependant en partie sur des faits ou sont corroborées par l'expérience. Nombre des conséquences que j'entrevois sont assez importantes et seraient fortement ressenties dans notre société:

1. Les enfants bénéficieraient d'une meilleure santé physique et affective.
2. Nous assisterions à une réduction notoire des comportements destructeurs et téméraires qu'adoptent parfois les adolescents et qui sont si nocifs pour notre société: délinquance juvénile, alcoolisme, toxicomanie, conduite imprudente, vandalisme, absence non autorisée, suicide, viol, violence organisée, grossesses hors mariage, homicide.
3. Le nombre de jeunes rejetés par leurs parents ou quittant la résidence paternelle de leur plein gré pour devenir des «clochards» adolescents diminuerait.
4. Tous les élèves, malgré leurs capacités intellectuelles différentes, auraient la chance d'apprendre à leur propre rythme et ne connaîtraient plus l'expérience pénible et honteuse que constituent un échec, l'abandon des études ou l'analphabétisme.
5. Les relations entre enseignants et étudiants, presque universellement hostiles aujourd'hui, deviendraient plus amicales et professionnelles. Les enfants aimeraient leurs profs et seraient heureux d'aller à l'école.
6. Nous assisterions à une diminution radicale de la violence familiale: violence des parents envers les enfants, des enfants entre eux, des conjoints entre eux, ou des enfants envers les parents.
7. La plupart des enfants seraient intéressés à apprendre, ils s'épanouiraient et s'estimeraient de plus en plus.

8. L'adolescence ne serait plus une période orageuse et tendue, tant pour les parents que pour les jeunes.
9. Le système d'évaluation en vigueur dans les écoles, si destructeur pour l'estime de soi des élèves, serait éliminé, et on évaluerait les progrès individuels des élèves en ce qui touche la maîtrise de certaines aptitudes et matières scolaires. Il n'y aurait donc plus d'échecs scolaires puisque chaque élève pourrait s'instruire en exploitant le meilleur de ses capacités.
10. Les jeunes gens respecteraient les besoins et les droits des autres parce que les adultes respecteraient les leurs.
11. Les diplômés de nos écoles, collèges et écoles professionnelles maîtriseraient les procédés nécessaires pour travailler en collaboration, appliquer la gestion participative, résoudre leurs conflits à l'amiable et établir des relations démocratiques et non fondées sur le pouvoir.
12. Il y aurait moins d'injustices, moins de meurtres insensés et incompréhensibles et moins de guerres.
13. Moins de gens se sentiraient impuissants et désespérés ou attribueraient leurs malheurs à des facteurs extérieurs à eux-mêmes.
14. Moins de gens se soumettraient servilement à une autorité arbitraire.
15. Plus de jeunes deviendraient des adultes doués de normes morales élevées.

Je suis convaincu que nous verrions graduellement émerger au cours des générations successives une toute «nouvelle espèce» de jeunes gens, vraiment différents de la jeunesse d'aujourd'hui: des jeunes plus sains, plus heureux, plus spontanés, plus assurés, plus autonomes, plus prévenants et assez aptes à se discipliner eux-mêmes.

Je connais déjà un nombre considérable de jeunes de cette nouvelle espèce, fils et filles de parents qui ont appris les procédés que j'enseigne dans *Parents efficaces* ou élèves de professeurs qui ont participé à la formation *Enseignants efficaces* et peuvent désormais diriger leurs classes d'une manière démocratique et traiter leurs élèves avec respect. Croyez-moi, ces jeunes sont formidables.

Bibliographie

Aspy D. et Roebuck, F., Recherche sur l'approche centrée sur la personne en éducation. In C.R. Rogers, Liberté pour apprendre, Dunod, 1971.

_______, *On n'apprend pas d'un prof qu'on n'aime pas,* Actualisation, 1990.

Dreikurs & Soltz, *Le défi de l'enfant,* Laffont, 1972.

French, Marilyn, *La fascination du pouvoir,* Acropole, 1987.

Gordon, Thomas, *Cadres et dirigeants efficaces,* Belfond, 1981.

_______, *Enseignants efficaces,* Le Jour, Actualisation, 1980.

_______, et J. Sands, *La méthode Gordon expérimentée et vécue,* Belfond, 1979.

_______, *Parents efficaces,* Le Jour, Actualisation, 1977.

Holt, John, *Parents et maîtres face à l'échec scolaire,* Casterman, 1968.

Krumboltz & Krumboltz, *Comment intervenir auprès des enfants,* Saint-Yves, 1975.

Maslow, Abraham, *Vers une psychologie de l'être,* Fayart, 1974.

Milgram, Stanley, *Soumission à l'autorité,* Calmann-Lévy, 1979.

Rogers, Carl. R., *Liberté pour apprendre,* Dunod, 1971.

_______, *Psychothérapie et relations humaines,* Institut de recherches psychologiques, 1966.

Rosemond, Benjamin, *L'autorité des parents dans la famille,* Éditions de l'Homme, 1982.

Spock, Benjamin, *Comment soigner et éduquer son enfant,* Verviers, 1972.

Table des matières

Pour vous familiariser avec l'approche décrite dans cet ouvrage, vous pouvez participer à une formation ou obtenir une consultation en communiquant avec un des organismes mentionnés à la page 4.